■ 就业与民生系列丛书

U0515374

收入差距、居民经济决策与福利水平

静态分布、动态传递与机会均等

周广肃 ◎ 著

中国财经出版传媒集团

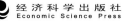

经济科学出版社
Economic Science Press

·北 京·

图书在版编目（CIP）数据

收入差距、居民经济决策与福利水平：静态分布、动态传递与机会均等/周广肃著. --北京：经济科学出版社，2024.3

（就业与民生系列丛书）

ISBN 978 - 7 - 5218 - 4436 - 8

Ⅰ. 收… Ⅱ. ①周… Ⅲ. ①收入差距 - 研究 - 中国
Ⅳ. ①F124.7

中国国家版本馆 CIP 数据核字（2023）第 012289 号

责任编辑：王柳松
责任校对：刘　昕
责任印制：邱　天

收入差距、居民经济决策与福利水平
——静态分布、动态传递与机会均等

周广肃　著

经济科学出版社出版、发行　新华书店经销

社址：北京市海淀区阜成路甲 28 号　邮编：100142

总编部电话：010-88191217　发行部电话：010-88191522

网址：www.esp.com.cn

电子邮箱：esp@esp.com.cn

天猫网店：经济科学出版社旗舰店

网址：http://jjkxcbs.tmall.com

固安华明印业有限公司印装

710×1000　16 开　15 印张　250000 字

2024 年 3 月第 1 版　2024 年 3 月第 1 次印刷

ISBN 978 - 7 - 5218 - 4436 - 8　定价：69.00 元

（图书出现印装问题，本社负责调换。电话：010 - 88191545）

（版权所有　侵权必究　打击盗版　举报热线：010 - 88191661

QQ：2242791300　营销中心电话：010 - 88191537

电子邮箱：dbts@esp.com.cn）

序　言

　　收入分配问题一直是经济学研究的重要议题，让人民更公平、更合理地共享改革和发展的成果，是党和国家一直努力奋斗的目标。共同富裕是社会主义的本质要求，是中国式现代化的重要特征，要坚持以人民为中心的发展思想，在高质量发展中促进共同富裕。① 这再次强调了共同富裕的发展目标，引起社会各界的广泛关注与热烈讨论。

　　从字面上理解，共同富裕主要包含两个层面的含义，一是需要通过高质量发展进一步提高居民的富裕程度；二是需要缩小收入差距，形成更合理的收入分配结构。那么，推动收入分配结构合理化为何如此重要呢？众所周知，改革开放40余年以来，中国维持了高速经济增长，居民富裕程度不断提高并且消除了绝对贫困，但是，收入差距较大。国家统计局的数据显示，2021年，中国居民人均可支配收入的基尼系数达到0.466。② 收入差距变化不仅是社会经济制度运行的结果，而且，会作为前因变量对居民经济决策和福利水平产生显著影响，甚至最终会影响宏观经济增长与社会稳定。

　　在当前的社会经济发展阶段，中国的收入分配格局呈现了新的特征，收入分配状况恶化不再是简单的数量上的不均等问题，更多表现为收入分配过程中存在的不公平，换言之，机会不均等问题逐渐凸显。机会不均等主要是指，超越了个人控制的环境因素所产生的差异，是收入差距的重要来源。社会上流行的有关"富二代""学二代"等问题的讨论，显示了社会公众对机会不均等和代际流动等问题的关注。目前，机会不均等导致的收入差距占总体收入差距的比重越来越高，将对经济社会发展产生更严重的影响，这正是本书重点关注的内容之一。

　　笔者从博士阶段一直致力于研究中国的收入分配和社会流动性等问题，已经围绕这一主题形成了较丰硕的研究成果，并在相关研究领域有

　　① 中国政府网. https：//www. gov. cn/xinwen/2021－08/17/content_ 5631780. htm? jump＝false.
　　② 国家统计局. https：//data. stats. gov. cn/easyquery. htm？ cn＝C01&zb＝A0A0G&sj＝2022.

了一定学术影响。因此，笔者将部分代表性成果进行归纳总结，形成本书的核心内容，希望本书能成为帮助读者理解中国收入分配问题和社会流动性问题的重要参考资料。具体而言，本书内容主要包括三大部分：第一部分为中国特色经济制度（现象）与收入差距，主要介绍了最低工资制度、新型农村社会养老保险制度、工业机器人应用等具有中国特色的经济制度（现象）对收入差距的影响，能帮助读者更好地理解相关制度（现象）的收入分配效应；第二部分为收入差距与中国居民的经济决策和福利水平，主要介绍了收入差距对中国家庭消费、金融投资和创业决策的影响，并对异质性效果和影响机制进行了探讨；第三部分为中国社会的代际流动性与机会不均等，不仅介绍了数字金融对代际流动性的影响，还通过构建机会不均等的衡量指标，分析了其对中国家庭教育投资和住房可及性问题的影响。

本书的特色主要体现在以下三个方面。

第一，本书结合一些具有中国特色的经济制度（现象），探讨其对收入分配的影响。为了缩小收入差距、实现共同富裕，中国进行了一系列政策尝试和改革，然而，这些政策的收入分配效应究竟如何，需要进行规范严谨的政策评估。本书选取了较具中国特色的且对中低收入群体具有一定倾向性的最低工资制度、新型农村养老保险制度，以及工业机器人应用等经济现象，通过相关评估方法探究其对于收入分配的影响及其影响机制。这些分析结果，对理解相关经济制度（现象）的收入分配效应及未来进行相应的政策调整提供了参考依据。

第二，本书将收入差距作为前因变量，探究其对家庭经济决策和福利水平的影响。大部分既有文献通常将收入差距作为经济社会运行的结果变量加以测度，并通过各种方法探究其背后的决定因素。不同于既有研究，本书主要基于现有的收入分配状况来探究其对家庭经济决策产生的影响。从这一视角分析，不仅有利于更全面地理解收入差距对经济社会产生的影响，而且，为采取合理措施规避收入差距产生的负面影响提供了理论支撑。

第三，本书还将机会不均等引入分析中，对其加以测度并探究了影响后果。机会不均等是指，不由个人控制的因素所导致的不平等，已经成为影响收入差距的重要因素之一，但是，目前，关于机会不均等的研究相对较少。如何能够精准地测度机会不均等水平，成为影响研究推进的主要限制因素。本书根据近年来关于机会不均等问题的研究成果并结合中国的实际情况，创新性地提出了测度中国机会不均等的指标，并利用这一指标衡量的结果，探究了机会不均等问题对于中国家庭经济决策和福利的影响，从而将相关问题的研究推向新的层面。

　　本书能够问世，得益于家人、师长和合作者的鼓励支持，也得到了中国人民大学中国就业与民生研究院和劳动人事学院各位领导和同事们的大力帮助。笔者在中国人民大学指导的研究生也为本书做出了十分优秀的研究助理工作。在此，感谢所有为本书顺利出版提供支持的朋友们！

　　由于本人学识所限，疏漏与不当之处在所难免，也请各位读者与专家同行批评指正！

周广肃

2023 年 9 月

目　　录

第二部分　收入差距与中国居民的经济决策和福利水平

第三部分　中国社会的代际流动性与机会不均等

第一部分
中国特色经济制度（现象）与收入差距

第1章 最低工资制度与城镇居民收入差距

1.1 概述

改革开放以来，中国经济高速、持续增长，居民收入水平不断提高，农村居民人均可支配收入和城镇居民人均可支配收入分别从 1978 年的 133.6 元、343.4 元增长到 2018 年的 14 617 元、39 251 元，1978～2018 年中国居民人均可支配收入，如图 1.1 所示。经济快速发展和收入水平大幅提升带来了一系列积极的经济社会影响，如促进产业结构升级（刘伟和蔡志洲，2018）、缓解地区贫困（李小云等，2010）、改善居民健康状况（王新军等，2012）等，但同时引发了资源消耗持续增加（杨子晖，2011）、环境污染日渐加重（杨继生等，2013）等生态问题以及收入差距加剧等一系列社会问题（魏婕和任保平，2011）。

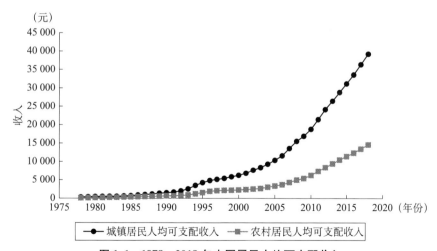

图 1.1　1978～2018 年中国居民人均可支配收入

资料来源：笔者根据国家统计局相关数据整理绘制而得，https://data.stats.gov.cn/easyquery.htm? cn = col.

21 世纪以来，收入差距问题变得更加突出。1995～2016 年中国居民收入基尼系数变化情况，见图 1.2。从图 1.2 中可以看出，中国居民收入基尼系数在 2000 年后由约 0.40 急剧升高至近 0.50，此后，便一直维持在 0.40～0.50 区间的较高水平。收入差距扩大通常会引发一系列经济问题和社会问题：一些研究文献从宏观层面分析发现，收入差距扩大会对经济增长产生负向影响（米增渝等，2012），导致该地区脱贫速度下降甚至贫困再次发生，不利于贫困问题的解决（罗楚亮，2012）；另一些研究文献则从微观层面入手，发现收入差距会影响居民的消费行为、投资行为和健康水平（周广肃等，2014，2018），甚至可能加大违法犯罪活动（吴一平和芮萌，2011）。由此可见，收入差距扩大不仅会带来经济上的负面影响，不利于经济的健康可持续发展，而且，在一定程度上增加了社会不安定因素，影响社会和谐稳定。

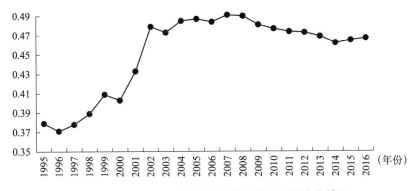

图 1.2　1995～2016 年中国居民收入基尼系数变化情况

资料来源：笔者根据国家统计局相关数据整理绘制而得，https：//data.stats.gov.cn/easyquery.htm？cn＝C01&zb＝A0A0G&sj＝2022。

日益扩大的收入差距引起政府关注，政府可以通过税收政策、公共转移支付制度、均衡城乡教育制度、调整最低工资标准制度等一系列政策制度来调整收入分配状况。其中，对税收政策、公共转移支付制度和均衡城乡教育制度对于收入差距的影响，多数研究文献都得出了较为一致的结论：合理的税收制度有助于缩小收入差距（Guvenen et al.，2014；Lustig et al.，2014），积极的财政转移支付制度对缩小收入差距有正向作用（Soares et al.，2010），而教育均等化也有利于缩小收入差距（Abdullah et al.，2015）。然而，最低工资制度对收入差距的影响，目前学界的讨论较少且尚未达成一致。一方面，最低工资标准的提高可以通过截断效应直接提高低工资水平劳动者的收入，同时，也可能会降低该部分群体在劳动力市场面临的摩擦进而改善就业，最终使收入差距有所缩小（Machin et al.，2003；Dube et al.，2007；Addison et al.，2009；Giuliano，2013）；另一方面，最低工资制度也会通过溢出效应增加高工资水平劳动者的收入，并且，会通过失业效应造成劳动力就业减少，最终加大收入差距（Lee，1999；Falk，2006；Aaronson and French，2007；Tamai，2009）。

本章使用中国家庭追踪调查（CFPS）2010年、2012年和2014年的微观数据和与之匹配的区（县）层面最低工资标准，探究中国最低工资标准对居民收入差距的影响，结果显示，最低工资标准提高能显著缩小居民收入差距。在使用工具变量方法处理内生性问题并进行稳健性检验后，结果依然保持稳健。本章进一步对最低工资标准影响收入差距的机制进行分析，发现最低工资标准的提高主要通过收入效应提高低收入人群的工资水平，而对中高收入人群的就业无明显影响。因此，最低工资标准在缩小低收入人群与中高收入人群收入差距的基础上，缩小了整体收入差距。

与既有文献相比，本章的主要贡献在于三点：一是本章使用中国家庭追踪调查的面板数据进行实证研究，样本更具全国代表性，有效地弥补了既有文献仅针对特定群体或仅运用理论模型进行研究的不足；二是本章以面板数据双向固定效应模型为基础，进一步使用工具变量法以尽可能克服潜在内生性问题导致的估计偏误，估计结果更为准确；三是基于对既有文献的梳理，本章还对最低工资标准如何影响收入差距的机制进行了深入探讨。

1.2　制度背景与相关理论研究

1.2.1　最低工资标准的制度背景

最低工资标准是指，在依法签订劳动合同约定的工作时间或法定工作时间内完成了正常劳动的前提下，劳动者应获得的最低劳动报酬。一般采取月最低工资标准和小时最低工资标准两种形式，前者适用于全日制就业劳动者，后者适用于非全日制就业劳动者。

最低工资标准制度起源于19世纪末的新西兰和澳大利亚，在中国实施时间相对较短，是中国劳动与社会保障制度的重要组成部分。1993年，劳动部颁布了《企业最低工资规定》，奠定了中国最低工资标准制度的基础。1994 年，《中华人民共和国劳动法》颁布，进一步为最低工资标准制度的确定提供了法律保障。2004 年，劳动和社会保障部通过的《最低工资规定》正式实施，是中国正式确立最低工资标准制度的重大标志。

中国不同地区可以根据经济发展水平制定不同最低工资标准，中国最低工资标准的地区差异比较大。根据各省（区、市）人力资源和社会保障局公开数据显示，2018 年，月最低工资标准最高的为上海市的 2 420 元，最低的为海南省的 1 430 元，二者差异接近 1 000 元。而在 2008 年，月最低工资标准最高的为浙江省和上海市的 960 元，最低为江西省的 510 元，二者差距仅为 450 元（以上所使用最低工资标准数据均为第一档）。一方面，体现了最低工资标准地区差异较大；另一方面，说明随着各省（区、市）经济发展不平衡加剧，最低工资标准地区之间的差异进一步加大。

1.2.2　最低工资标准对收入差距的影响途径：基于文献的分析

通过对中外文相关文献的梳理总结我们发现，最低工资标准将会通过以下两种途径对一个地区内居民收入差距产生影响。

第一，最低工资标准可以通过收入效应影响收入差距，特别是对于工资水平低于最低工资标准的劳动者而言，最低工资标准的提升会产生截断效应，直接提升他们的工资水平，从而缩小收入差距。在英美等发达国家均有学者研究发现，最低工资标准能够有效地提高低收入人群的工资水平，缩小工资差距（Machin et al.，2003；Dube et al.，2007），而在发展中国家，也有学者基于巴西的家庭数据分析得出了类似的结论，无论是私营部门还是公共部门，最低工资标准的提高都能缩减工资的分布差距（Lemos，2007，2009）。

但也有一些研究文献认为，最低工资标准可能会通过提高保留工资对工资水平原本就高于最低工资标准的劳动者造成更显著的溢出效应（Falk et al.，2006），这种溢出效应使得高收入者工资水平更大幅度地提高，反而进一步扩大收入差距。李（Lee，1999）基于美国各州最低工资标准的变化，通过分析工资分布中不同分位点处的工资变化发现，最低工资标准的提高存在显著的溢出效应。坎波利蒂（Campolieti，2011）通过对加拿大的数据进行研究，发现最低工资标准上涨带来的收入增加中，有70% 是由非穷人获得的。近年来，一些学者基于实验研究发现，最低工标准的提高，可能通过薪资议价过程产生溢出效应（Dittrich et al.，2014）。

由此可见，最低工资标准的收入效应对收入差距的影响并无一致的结论，既可能通过截断效应对收入差距的缩小产生积极影响，又可能因溢出效应的存在而拉大收入差距，具体效果取决于二者相对效应的大小。

第二，最低工资标准还能通过就业效应改变不同收入水平劳动者的就业状况，进而影响收入差距。李和塞茨（Lee and Saez，2012）基于斯蒂格勒（Stigler，1946）等的理论分析发现，在完全竞争的劳动力市场中，最低工资标准会打破市场上的供需平衡，使劳动供给大于需求，市场无法出清，进而导致失业增加。而特林斯（Teulings，2000）基于分配模型在考虑了劳动力异质性后发现，最低工资标准升高往往会引起高技术劳动力对低技术劳动力的替代。近年来的研究发现，替代效应不仅发生在不同技术的劳动力之间，而且，可能发生在资本要素和劳动要素之间。随着信息技术和自动化的迅速发展，资本要素价格不断走低，因此，当最低工资标准提高，即劳动要素价格上升时，企业会更多地考虑使用机械设备等资本要素来替代人工等劳动要素，进而导致劳动力失业整体上升（Lordan and Neumark，2018）。许多研究也从理论模型和实证分析的角度证实了最低工资标准提升对劳动力市场，特别是低技能劳动力就业的负面影响（Neumark and Wascher，2004；Aaronson and French，2007；Tamai，2009）。

然而，也有一些学者在控制宏观就业趋势后分析发现，最低工资标准的实施并不会造成不利的就业影响（Stewart，2004；Dube et al.，2010），甚至可能会提高就业率，有助于缩小整体收入差距（Addison et al.，2009；Giuliano，2013）。其原因大概分为两点：其一，曼宁（Manning，1995）基于效率工资模型分析，最低工资标准的提高能提高工人的努力程度并节约企业成本，减少企业实际工资支付，降低失业水平；其二，费林（Flinn，2006）认为，最低工资标准的提升会增加失业者的机会成本，使主动搜寻工作的失业者人数增加，而在持续搜寻模型（continuous-time model of search）中，搜寻工作人数增加有助于提高匹配效率，最终促进就业。

由此可见，最低工资标准的就业效应对收入差距的缓解既可能存在负面影响，即通过失业效应和替代效应降低低收入者就业水平进而扩大收入差距，也可能存在正面影响，即通过降低企业实际工资的支付及提高就业的匹配效率，使劳动力市场就业水平提高进而缩小收入差距。

在中国，最低工资标准实施时间较短，相关研究起步较晚，既有文献主要讨论了最低工资标准提高带来的收入效应和就业效应（罗小兰，2007；丁守海，2010；马双等，2012；邸俊鹏和韩清，2015；杨娟和李实，2016），但直接研究最低工资标准对收入差距影响的相关文献较少。权衡和李凌（2011）使用上海市城乡居民数据进行研究，发现最低工资标准不能起到缩小收入差距的作用，付文林（2014）使用省级分行业数据进行研究，得出相同的结论。翁杰和徐圣（2015）基于中国工业部门的省级面板数据分析发现，最低工资标准提高反而导致劳动收入份额下降，促进了资本要素对劳动要素的替代，使得收入分配格局进一步向资本所有者倾斜。而在张世伟和贾朋（2014）建立的一般均衡模型和微观模拟模型中，结果表明，无论是在短期还是长期，适当提高工资标准均能改善收入差距。叶静怡和杨洋（2015）基于北京市农民工微观调查数据的实证研究，也得出了相同结论。

相关中文文献所用数据类型、实证方法、理论角度均有所不同，因此，对最低工资标准在中国实施的利弊并未得到较统一的结论。通过对最低工资标准的收入效应和就业效应的结论进行梳理，也无法得到最低工资标准对收入差距影响效应的确定结论。因此，本章主要通过使用具有全国代表性的面板数据，研究最低工资标准对收入差距的影响作用并进一步探究其影响机制，从而对既有文献形成补充。

1.3 数据、变量和模型设定

1.3.1 数据描述

本章使用的数据主要来源于中国家庭追踪调查（China family panel studies），该数据由北京大学中国社会科学调查中心和美国密歇根大学调查中心等机构共同完成调查执行。在 2008 年、2009 年，CFPS 分别进行了三个城市的初访与追访的测试调查之后，在 2010 年正式开展每两年一次的全国跟踪调查。

2010 年 CFPS 的全部调查样本覆盖了中国的 25 个省（区、市）[①] 的

[①] 25 个省（区、市）具体包括河北、山西、辽宁、吉林、黑龙江、江苏、浙江、安徽、福建、江西、山东、河南、湖北、湖南、广东、四川、贵州、云南、陕西、甘肃、广西、北京、天津、上海、重庆。

162 个区（县）的 14 798 个家户，2012 年和 2014 年分别对其中 80% 以上的家户进行了追访，因此，在计算区（县）层面收入差距指标时，我们使用所有样本来保证指标的可比性和准确性。① 而在个体层面研究时，考虑到最低工资标准提高的直接影响主要作用于非农工作群体，且该群体对区（县）个体收入和就业具有一定代表性，因此，我们将样本限制在拥有非农工作的个体，经过处理后的样本包括 156 个区（县）以及 14 270 个成人三期的观测数据。

此外，本章基于公开发布的统计信息，收集了与 CFPS 微观数据相匹配的区（县）层面最低工资数据。CFPS 调查的收入信息为前一年的相关数据，为避免地区经济发展状况与最低工资水平产生反向影响，我们使用 CFPS 调查数据的年份再滞后一年（即 2008 年、2010 年和 2012 年）的区（县）最低月工资标准，其他区（县）层面的统计信息，主要来源于《城市统计年鉴》和《区域经济统计年鉴》。

1.3.2　变量构造

本章的被解释变量是区（县）层面的居民收入差距，主要根据家庭问卷中的家庭人均工资性收入指标在区（县）层面计算得出，其依据为最低工资标准的政策调整对家庭收入的核心影响主要体现在工资性收入部分，对不同群体工资性收入的差异化影响，导致整体收入差距发生变化。同时，为了避免调查问卷内容变动带来的干扰，我们选取了与 2010 年可比的家庭人均工资性收入指标对地区收入差距进行计算。区（县）层面各类变量的描述性统计，见表 1.1。表 1.1 显示，2010 年的平均基尼系数为 0.434，2014 年则为 0.420。基尼系数存在对低收入群体观测值敏感度较差等不足（万广华，2009），因此，我们进一步计算了一系列广义熵（GE）指数作为补充的被解释变量，针对不同收入群体所受的影响进行度量和分析，我们主要选取了四个 GE 指数，其中，参数取值越大，对高收入群体的差距越敏感。

本章的核心解释变量为区（县）层面的最低（月）工资标准，在本章使用的数据中，2010 年最低工资标准平均值为 617 元，2012 年上涨到 758 元，2014 年进一步上涨到 973 元，呈逐年上涨趋势。

---

① 北京大学中国社会科学调查中心. https：//www. isss. pku. edu. cn/sjsj/cfpsxm/index. htm? CSRFT = B8SO - QZJA - RJKW - 5S9Z - ESS0 - DII5 - 0HD3 - OICC.

表 1. 1 区（县）层面各类变量的描述性统计

变量	观测值	2010 年		2012 年		2014 年	
		平均值	标准差	平均值	标准差	平均值	标准差
被解释变量							
基尼系数	156	0.434	0.070	0.400	0.083	0.420	0.068
GE（2）	156	0.611	1.239	0.585	1.416	0.485	0.580
GE（1）	156	0.357	0.208	0.318	0.257	0.328	0.153
GE（0）	156	0.414	0.184	0.344	0.182	0.392	0.151
GE（−1）	156	40.650	110.100	10.940	45.460	7.864	33.280
核心解释变量							
最低月工资标准（千元）	156	0.617	0.152	0.758	0.165	0.973	0.208
工具变量	156	0.606	0.140	0.750	0.142	0.973	0.187
社会经济特征控制变量							
人均土地面积对数	156	0.686	1.149	0.685	1.151	0.685	1.150
人均 GDP 对数	156	10.090	1.027	10.410	1.006	10.530	0.974
第一产业占比（%）	156	0.154	0.137	0.145	0.132	0.142	0.129
第二产业占比（%）	156	0.445	0.148	0.477	0.152	0.468	0.148
人均固定资产对数	156	9.514	0.954	9.720	0.958	9.982	0.850
人均财政支出对数	156	8.246	0.871	8.631	0.815	8.789	0.771
人均财政收入对数	156	7.165	1.551	7.679	1.492	7.853	1.448
人口学特征控制变量							
男性占比（%）	156	0.485	0.027	0.496	0.026	0.491	0.024
平均年龄（岁）	156	45.750	2.975	44.940	3.625	47.210	3.167
平均受教育年限（年）	156	6.726	2.095	7.011	1.857	7.235	1.815
健康人群占比（%）	156	0.830	0.073	0.634	0.093	0.682	0.086
已婚人群占比（%）	156	0.797	0.046	0.775	0.055	0.779	0.049
非农户口占比（%）	156	0.319	0.300	0.338	0.319	0.335	0.314

资料来源：笔者根据 CFPS 数据运用 Stata 14.0 软件计算整理而得。

本章的控制变量主要集中在区（县）层面，来源分为两类，一类为从地区统计年鉴中计算得到的社会经济特征变量，如人均地区生产总值GDP 对数、人均土地面积对数、第一产业占比、第二产业占比等；另一类为基于 CFPS 数据中已有指标进一步计算比例或平均值得到的人口学特征变量，例如，区（县）层面男性占比、平均年龄、平均受教育年限、非农户口占比等。这些控制变量涵盖了影响地区收入差距情况的经济因素、社会因素、人口因素，与既有文献基本一致（周广肃，2017），最大限度地控制了遗漏变量的影响，避免出现如地区经济发展水平在影响最低工资标准的同时也影响收入差距等问题。

此外，本章进一步探究最低工资标准对收入差距的影响机制时，使用了 156 个区（县）中 14 270 个拥有非农工作的成人个体 2010 年、2012 年、2014 年三期的观测数据，其中，拥有非农工作的成人个体是指，当前从事的最主要工作或最近结束的最主要工作的工作性质为非农工作的样本。个体层面各类变量的描述性统计，如表 1.2 所示。

表 1.2　　　　　　　　个体层面各类变量的描述性统计

变量	观测值	2010 年		2012 年		2014 年	
		平均值	标准差	平均值	标准差	平均值	标准差
被解释变量							
就业（有工作＝1）	13 542	0.345	0.476	0.522	0.500	0.645	0.479
工作总收入（千元）	14 259	10.170	13.450	12.230	17.580	11.440	16.460
工作总收入对数	14 259	6.839	3.888	5.043	4.899	5.560	4.702
核心解释变量							
最低月工资标准（千元）	14 270	0.622	0.154	0.765	0.164	0.989	0.206
工具变量	14 270	0.607	0.142	0.753	0.143	0.983	0.186
社会经济特征控制变量							
人均土地面积对数	14 270	0.609	1.181	0.608	1.187	0.606	1.188
人均 GDP 对数	14 270	10.170	1.019	10.490	0.996	10.600	0.967
第一产业占比（%）	14 270	0.143	0.137	0.134	0.131	0.132	0.128
第二产业占比（%）	14 270	0.456	0.148	0.484	0.149	0.475	0.144
人均固定资产对数	14 270	9.586	0.924	9.806	0.912	10.040	0.820
人均财政支出对数	14 270	8.295	0.862	8.675	0.815	8.829	0.774
人均财政收入对数	14 270	7.284	1.539	7.790	1.478	7.959	1.434
人口学特征控制变量							
性别（男性＝1）	14 270	0.481	0.500	0.481	0.500	0.481	0.500
年龄（岁）	14 270	45.850	16.200	47.840	16.200	49.840	16.210

续表

变量	观测值	2010 年		2012 年		2014 年	
		平均值	标准差	平均值	标准差	平均值	标准差
受教育年限（年）	14 261	7.039	4.807	6.937	4.962	7.336	4.910
健康程度（健康 =1）	14 264	0.839	0.368	0.609	0.488	0.667	0.471
婚姻（已婚 =1）	14 267	0.815	0.389	0.820	0.384	0.822	0.382
户口（非农户口 =1）	14 237	0.379	0.485	0.404	0.491	0.406	0.491

资料来源：笔者根据 CFPS 数据运用 Stata 14.0 软件计算整理而得。

1.3.3 模型设定

1. 基准回归模型

本章基准的回归模型如下：

$$UE_{it} = \beta_0 + \beta_1 MW_{i,t-1} + \beta_2 X_{it} + \beta_3 Z_{it} + \beta_4 Prov_i + \beta_5 Year_t + u_{it} \qquad (1-1)$$

在式（1 – 1）中，UE_{it} 表示 t 年 i 区（县）的居民收入差距情况，$MW_{i,t-1}$ 表示该区（县）滞后一年的最低月工资标准，X_{it} 表示区（县）层面的社会经济特征控制变量，Z_{it} 表示区（县）层面的人口学特征控制变量，$Prov_i$ 表示 i 省（区、市）虚拟变量，$Year_t$ 表示时间虚拟变量，u_{it} 为随机扰动项。省（区、市）虚拟变量可以控制不随时间变化的地区差异，而时间虚拟变量可以控制收入差距的时间趋势。本章的被解释变量收入差距及关键解释变量最低工资标准均是在区（县）层面得到的，为避免同一省（区、市）的区（县）模型误差可能相关，我们在回归中使用省级层面的聚类标准误进行显著性检验，以解决扰动项中可能存在的相关性问题（Cameron and Miller，2015）。

2. 面板数据的双向固定效应模型

使用基准回归模型进行估计时，虽然控制了省（区、市）虚拟变量，但仍可能受省级以下层面其他遗漏变量的影响。为尽可能克服因潜在遗漏变量引发的内生性问题，本章基于 CFPS2010、CFPS2012、CFPS2014 三轮调查形成的面板数据，通过区（县）固定效应控制不随时间变化的区（县）层面遗漏变量的影响。因此，本章建立双向固定效应模型如下：

$$UE_{it} = \alpha_i + \gamma_1 MW_{i,t-1} + \gamma_2 X_{it} + \gamma_3 Z_{it} + \gamma_4 Year_t + \varepsilon_{it} \qquad (1-2)$$

在式（1 – 2）中，截距 α_i 随观测个体的不同而变化，包含了区

（县）层面随个体变化但不随时间变化的难以观测变量的影响。此外，CFPS 的区（县）划分是按照家庭和个体的常住地确定的，即我们在实证分析时使用的是常住人口的收入信息和就业信息，有效避免了因个体跨区（县）工作带来的影响，保证了识别准确性和结果可靠性。

3. 工具变量

一方面，考虑到一个地区的收入差距情况可能会反过来影响经济发展水平，并进一步影响最低工资标准的制定，产生由反向因果导致的内生性问题；另一方面，不同地区失业状况的差异、人口赡养结构的差异等可能存在的遗漏变量问题，也会导致潜在内生性问题，使估计结果出现偏误。为尽可能避免由以上两种原因引起的内生性问题，本章在充分考虑地方政府制定最低工资标准时的参考指标及既有文献的基础上，选取同一省（区、市）内本区（县）外其他区（县）的平均最低工资标准作为工具变量（张丹丹等，2018；崔晓敏等，2018）。这一变量符合工具变量的两个要求：一是同一省（区、市）其他区（县）的最低工资标准是基于本省（区、市）的经济发展情况制定的，客观上可以反映本省（区、市）的整体工资水平，因此，与该区（县）的最低工资水平密切相关，满足工具变量的相关性条件；二是这一变量仅代表本省（区、市）内其他区（县）的最低工资水平，对该区（县）的收入差距大小并不产生直接影响，对被解释变量而言相对外生，满足工具变量的外生性要求。工具变量的一阶段回归结果，见表 1.3。从表 1.3 中可以发现，在不同模型设定下，工具变量对区（县）最低工资标准的影响均在 1% 的水平上显著，一阶段回归的 F 统计量远大于 10.00，排除了可能存在的弱工具变量问题（Stock and Yogo，2005）。

表 1.3　　　　　　　　工具变量的一阶段回归结果

变量	(1)	(2)	(3)	(4)
	普通最小二乘法估计		双向固定效应模型	
工具变量	0.7964 *** (13.286)	0.8036 *** (13.736)	0.8747 *** (15.839)	0.8655 *** (15.168)
社会经济特征	是	是	是	是
人口学特征	否	是	否	是
省（区、市）虚拟变量	是	是		
年份虚拟变量	是	是	是	是

续表

变量	(1)	(2)	(3)	(4)
	普通最小二乘法估计		双向固定效应模型	
观测值	468	468	468	468
F 值	610.91	432.10	1073.36	744.19
Prob > F	0.0000	0.0000	0.0000	0.0000

注：***、**、* 分别表示在 1%、5% 和 10% 的水平上显著，括号内为根据标准误计算的 t 值。

资料来源：笔者根据 CFPS 数据运用 Stata 14.0 软件计算整理而得。

1.4 回归结果

1.4.1 基准回归结果

最低工资标准对收入差距的影响：基准回归结果，见表 1.4。表 1.4 的第（1）~（2）列汇报了使用基准回归模型得到的回归结果，第（3）~（4）列汇报了使用工具变量得到的回归结果。其中，第（1）列只控制了区（县）层面的社会经济特征变量，第（2）列在第（1）列的基础上进一步控制了人口学特征变量，第（3）~（4）列模型的设定方式与第（1）~（2）列一致。通过两个模型的回归结果可以看出，在未使用工具变量方法时，最低工资标准的提高对居民收入差距产生负向影响，但影响不显著；在使用工具变量方法消除由反向因果导致的内生性问题后，最低工资标准的提高对居民收入差距产生显著的负向影响。最低工资标准每提高 100 元，基尼系数约显著下降 0.0196（具体回归结果见第（4）列）。

表 1.4　　最低工资标准对收入差距的影响：基准回归结果

变量	(1)	(2)	(3)	(4)
	普通最小二乘法估计		工具变量法估计	
最低工资标准（千元）	-0.0325 (-0.605)	-0.0815 (-1.315)	-0.1956 *** (-2.776)	-0.1956 ** (-2.418)
人均土地面积对数	0.0092 *** (2.927)	0.0089 ** (2.147)	0.0073 ** (2.464)	0.0077 ** (1.965)
人均 GDP 对数	0.0055 (0.465)	-0.0013 (-0.116)	0.0170 (1.267)	0.0059 (0.463)

续表

变量	（1）	（2）	（3）	（4）
	普通最小二乘法估计		工具变量法估计	
第一产业占比（%）	− 0.0957 （− 1.646）	− 0.0680 （− 0.966）	− 0.1149 ** （− 1.985）	− 0.0786 （− 1.144）
第二产业占比（%）	− 0.0557 （− 1.403）	− 0.0470 （− 1.202）	− 0.0929 ** （− 2.126）	− 0.0710 * （− 1.775）
人均固定资产对数	− 0.0085 （− 1.266）	− 0.0016 （− 0.274）	− 0.0071 （− 1.098）	− 0.0001 （− 0.017）
人均财政支出对数	− 0.0008 （− 0.051）	− 0.0019 （− 0.135）	− 0.0002 （− 0.011）	− 0.0015 （− 0.112）
人均财政收入对数	0.0054 （0.410）	0.0007 （0.059）	0.0061 （0.466）	0.0009 （0.075）
男性占比（%）		− 0.3374 ** （− 2.281）		− 0.3655 *** （− 2.651）
平均年龄（岁）		− 0.0017 （− 1.013）		− 0.0018 （− 1.135）
平均受教育年限（年）		0.0084 ** （2.267）		0.0091 *** （2.833）
健康人群占比（%）		− 0.0721 （− 1.313）		− 0.0771 （− 1.547）
已婚人群占比（%）		0.1330 （1.218）		0.1315 （1.249）
非农户口占比（%）		0.0163 （0.679）		0.0166 （0.723）
省（区、市）虚拟变量	是	是	是	是
年份虚拟变量	是	是	是	是
观测值	468	468	468	468
R^2	0.165	0.216	0.148	0.208

注：***、**、* 分别表示在 1%、5% 和 10% 的水平上显著，括号内为根据省级层面的聚类标准误计算的 t 值。

资料来源：笔者根据 CFPS 数据运用 Stata 14.0 软件计算整理而得。

1.4.2 双向固定效应模型回归结果

为得到更准确的结果，我们基于 CFPS 三轮调查形成的面板数据，进一步建立双向固定效应模型，计算最低工资标准对收入差距的影响。最低工资标准对收入差距的影响：固定效应模型回归结果，见表 1.5。表 1.5 的变量选取与表 1.4 基本一致。表 1.5 中的第 (1)~(2) 列表明，在使用固定效应模型对不随时间变化的区（县）层面的遗漏变量进行控制后，最低工资标准的提高对居民收入差距的负向影响显著性程度进一步提高，且估计效果的显著性和大小较为稳定。以第 (2) 列为例，最低工资标准每提高 100 元，基尼系数下降 0.0243，具有显著的经济效果。第 (3)~(4) 列表明，在固定效应模型的基础上进一步使用工具变量，得到的回归结果仍然显示最低工资标准的提高能显著降低居民收入差距程度，且系数大小与固定效应模型的回归结果基本一致。

表 1.5   最低工资标准对收入差距的影响：固定效应模型回归结果

变量	(1)	(2)	(3)	(4)
	双向固定效应模型		双向固定效应模型 + IV	
最低工资标准	− 0.2110 *** (− 2.727)	− 0.2396 *** (− 2.839)	− 0.2296 ** (− 2.364)	− 0.2431 ** (− 2.275)
社会经济特征	是	是	是	是
人口学特征	否	是	否	是
年份虚拟变量	是	是	是	是
观测值	468	468	468	468
R^2	0.090	0.132	—	—
区（县）数量	156	156	156	156

注：***、**、* 分别表示在 1%、5% 和 10% 的水平上显著，括号内为根据稳健标准误计算的 t 值。"—" 表示该指标不适用。

资料来源：笔者根据 CFPS 数据运用 Stata 14.0 软件计算整理而得。

1.4.3　影响效果分解

在前文的汇报结果中，使用基尼系数作为被解释变量，仅估计了最低工资标准对居民收入差距的整体影响，并未体现其对不同收入人群的影响。广义熵指数 GE (a) 作为一种测度地区收入差距的优良指标，能对不同组间的收入差距有较好的度量和反映 (Jenkins, 2009)。其中，参数 a 表示对位于收入分布不同位置的群体的收入差异的敏感性，a 的值越小，该指标对收入水平较低的群体的收入差异越敏感。本节使用 GE

（2）、GE（1）、GE（0）和 GE（-1）一系列广义熵指数作为双向固定效应模型的被解释变量，分别衡量在对各收入部分赋予不同权重的条件下，最低工资标准对收入差距的影响效果分解，如表1.6所示。其中，第（1）~（4）列为未使用工具变量方法估计的回归结果，第（5）~（8）列为使用工具变量方法估计的回归结果。从回归结果可以看出，随着 GE（a）中参数 a 的减小，最低工资标准的影响作用更加显著。这说明，最低工资标准的提高主要对低收入群体产生影响，通过缩小中低收入群体之间的收入差距实现对整体收入差距的抑制。在使用工具变量克服潜在内生性问题后，回归结果依然保持显著。

表1.6　　　　　　　最低工资标准对收入差距的影响效果分解

变量	(1) GE (2)	(2) GE (1)	(3) GE (0)	(4) GE (-1)	(5) GE (2)	(6) GE (1)	(7) GE (0)	(8) GE (-1)
	双向固定效应模型				双向固定效应模型 + IV			
最低工资标准	-1.971 (-1.565)	-0.558** (-2.299)	-0.63*** (-3.162)	-110.3** (-2.025)	-0.148 (-0.095)	-0.378 (-1.237)	-0.68*** (-2.772)	-171.3** (-2.361)
社会经济特征	是	是	是	是	是	是	是	是
人口学特征	是	是	是	是	是	是	是	是
年份虚拟变量	是	是	是	是	是	是	是	是
观测值	468	468	468	468	468	468	468	468
R^2	0.044	0.063	0.136	0.090	—	—	—	—
区(县)数量	156	156	156	156	156	156	156	156

注：***、**、*分别表示在1%、5%和10%的水平上显著，括号内为根据稳健标准误计算的t值。"—"表示该指标不适用。

资料来源：笔者根据 CFPS 数据运用 Stata 14.0 软件计算整理而得。

1.4.4　稳健性检验

1. 使用家庭人均纯收入的稳健性检验

前文回归结果使用的度量收入差距的指标均是基于家庭人均工资性收入指标计算而得，但单个指标统计口径可能不够完善和全面。为进一步验证回归结果，本节使用基于家庭人均纯收入指标计算得到的基尼系数作为被解释变量，运用双向固定效应模型进行回归，变量选取和模型设置与表1.4基本一致。家庭人均纯收入是家庭数据中的原始变量，其与家庭人均收入计算方式的差别主要在于经营性收入部分，纯收入是扣除了经营性收入中的生产成本，只计算净收入，而总收入没有扣除生产成本。此外，为避免调查问卷内容变动带来的干扰，我们在使用家庭人均纯收入计算2012年、2014年的基尼系数时，均选择了与2010年可比的指标。最低工资标准对收入差距的影响：家庭人均纯收入，见表1.7。由表1.7可知，在使用家庭人均纯收入指标计算收入差距时，最低工资标准的提高对居民收入差距仍具有显著的负向影响，且在使用工具变量克服潜在内生性问题后，回归结果依然显著，这与前文中使用家庭人均工资性收入计算收入差距得到的结论相一致。

表1.7   最低工资标准对收入差距的影响：家庭人均纯收入

变量	(1)	(2)	(3)	(4)
	双向固定效应模型		双向固定效应模型 + IV	
最低工资标准	-0.1533* (-1.787)	-0.1777** (-2.079)	-0.2157** (-2.333)	-0.2288** (-2.484)
社会经济特征	是	是	是	是
人口学特征	否	是	否	是
年份虚拟变量	是	是	是	是
观测值	468	468	468	468
R^2	0.053	0.100	—	—
区（县）数量	156	156	156	156

注：***、**、*分别表示在1%、5%和10%的水平上显著，括号内为根据稳健标准误计算的t值。"—"表示该指标不适用。

资料来源：笔者根据CFPS数据运用Stata 14.0软件计算整理而得。

2. 使用家庭人均支出的稳健性检验

家庭支出对效用水平的影响更为直接，因此，支出差距指标在一定程度上更能反映一个地区居民福利分配的整体状况。为进一步验证本章研究结果的稳健性，我们使用通过家庭人均支出指标计算得到的基尼系数作为替代变量，运用双向固定效应模型再次进行回归。最低工资标准对收入差距的影响：家庭人均支出，见表1.8。在表1.8中，第（1）~（2）列为未使用工具变量估计的回归结果，第（3）~（4）列为使用工变量后估计的回归结果。回归结果表明，无论是否使用工具变量，最低工资标准的提高均显著降低了收入差距，说明回归结果较为稳健。

表 1.8　　最低工资标准对收入差距的影响：家庭人均支出

变量	(1)	(2)	(3)	(4)
	双向固定效应模型		双向固定效应模型 + IV	
最低工资标准	-0.1558 ** (-1.986)	-0.1632 ** (-2.044)	-0.2199 ** (-2.105)	-0.2225 ** (-2.183)
社会经济特征	是	是	是	是
人口学特征	否	是	否	是
年份虚拟变量	是	是	是	是
观测值	468	468	468	468
R^2	0.320	0.324	—	—
区（县）数量	156	156	156	156

注：***、**、*分别表示在1%、5%和10%的水平上显著，括号内为根据稳健标准误计算的 t 值。"—"表示该指标不适用。

资料来源：笔者根据 CFPS 数据运用 Stata 14.0 软件计算整理而得。

3. 使用动态面板回归的稳健性检验

考虑到收入差距可能存在的延续性，我们选取 2012 年、2014 年的面板数据，分别以 GINI、GE（1）、GE（0）、GE（-1）作为被解释变量，采用动态面板方法进行回归。最低工资标准对收入差距的影响：动态面板回归，见表 1.9。在表 1.9 的回归结果中，通过比较可以发现，即使在动态面板模型变量设置不同时，最低工资标准提高对居民收入差距仍然有显著的负向影响，且在低收入部分回归结果更加明显，与前文中的实证结果相一致，证实了本章结论的稳健性。

表 1.9　　最低工资标准对收入差距的影响：动态面板回归

变量	(1)	(2)	(3)	(4)
	GINI	GE（1）	GE（0）	GE（-1）
最低工资标准	-0.2081 ** (-2.568)	-0.4797 ** (-2.391)	-0.5186 *** (-2.854)	-65.8040 * (-1.704)
滞后一期被解释变量	-0.7275 *** (-7.949)	-0.6317 *** (-3.813)	-0.6320 *** (-6.013)	-0.1299 (-1.640)

续表

变量	(1)	(2)	(3)	(4)
	GINI	GE（1）	GE（0）	GE（-1）
社会经济特征	是	是	是	是
人口学特征	是	是	是	是
年份虚拟变量	是	是	是	是
观测值	312	312	312	312
R^2	0.595	0.575	0.550	0.139
区（县）数量	156	156	156	156

注：***、**、*分别表示在1%、5%和10%的水平上显著，括号内为根据稳健标准误计算的t值。

资料来源：笔者根据CFPS数据运用Stata 14.0软件计算整理而得。

1.5 影响机制探究

从前文分析可以看出，最低工资标准的提高能显著缩小一个地区的居民收入差距。通过不同计量方法的相互印证，无论是结论的影响效果还是显著性均体现了较强的一致性。在本节中，我们将根据已有数据对影响背后的机制作进一步讨论。

在对既有文献和理论的梳理中，我们可以发现，最低工资标准主要通过两个途径影响收入差距，一是收入效应；二是就业效应。二者对不同收入群体作用的方向和大小将决定不同收入群体间的收入差距变化，进而对整体收入差距产生影响。因此，我们将从收入效应和就业效应两个角度，分别验证最低工资标准对居民收入差距的影响机制。此外，每个个体在不同年份所处的收入等级均不同，选取任意一年的收入作为标准进行划分均具有较大偶然性。因此，在进行收入等级划分时，我们基于本章的数据特征，选取该个体三年工资性总收入的平均值作为标准进行划分，以尽量避免选取单一年份作为标准导致的偶然性偏误。

1.5.1 收入效应

收入效应是最低工资标准影响收入差距的重要途径，既有文献表明，收入效应，一方面，可能对低收入群体表现为截断效应，直接提高工资水平进而缩减收入差距（Lemos，2009；邸俊鹏和韩清，2015）；另一方面，也可能对中高收入群体表现为溢出效应，使收入原本就高于最低工资标准的劳动者工资水平进一步提高，反而扩大了收入差距（Falk et al.，2006；贾朋和张世伟，2013）。为了进一步验证这一机制，我们基于14 270 个拥有非农工作的成人个体 2010 年、2012 年、2014 年的面板数据，以个人工作总收入的对数值为被解释变量，个人工作总收入是基于数据中的综合变量得到的，表示个体所有工作的总收入。最低工资标准的收入效应，见表 1.10。表 1.10 的第（1）~（3）列表示使用双向固定效应模型的回归结果。最低工资标准制定过程在很大程度上会受到收入水平的影响，二者之间存在反向因果关系的可能性更高，因此，我们又在使用工具变量的情况下再次进行回归，回归结果如表 1.10 中的第（4）~（6）列所示。通过比较可以发现，收入效应主要体现在对低收入组工资水平的提高。在使用工具变量后的回归结果中，最低工资标准每提高 100元，低收入组的收入约提高 21.62%，经济效果显著。这说明，最低工资标准提高带来的收入效应主要表现为对低收入组的截断效应，通过直接提高其收入水平缩小收入差距。

表 1.10　　　　　　　　　**最低工资标准的收入效应**

变量	（1）	（2）	（3）	（4）	（5）	（6）
	双向固定效应模型			双向固定效应模型 + IV		
	低收入组	中收入组	高收入组	低收入组	中收入组	高收入组
最低工资标准（千元）	1.268 (0.804)	1.854* (1.023)	−0.0965 (0.739)	2.162** (0.996)	0.374 (1.295)	−0.604 (0.877)
社会经济特征	是	是	是	是	是	是
人口学特征	是	是	是	是	是	是
年份虚拟变量	是	是	是	是	是	是
观测值	12 953	14 594	14 012	12 953	14 594	14 012
R^2	0.242	0.043	0.015	—	—	—

注：***、**、* 分别表示在 1%、5% 和 10% 的水平上显著，括号内为根据稳健标准误计算的 t 值。"—"表示该指标不适用。

资料来源：笔者根据 CFPS 数据运用 Stata 14.0 软件计算整理而得。

1.5.2　就业效应

就业效应是最低工资标准影响收入差距的另一主要途径，既有文献表明，就业效应主要作用的对象为低收入人群。一方面，可通过失业效应和替代效应使劳动力市场特别是低收入者就业水平降低，收入差距进一步扩大，恶化当前的收入分配状况（Aaronson and French，2007；权衡和李凌，2011）；另一方面，也可能通过降低企业实际工资的支付和提高就业的匹配效率，促进低收入人群就业水平提高，缩小收入差距（Flinn，2006；罗小兰，2007）。为验证这一机制，我们继续以 14 270 个拥有非农工作的成人个体 2010 年、2012 年、2014 年的面板数据为基础，使用"是否有工作"作为被解释变量，"是否有工作"是根据成人个体在问卷中"您现在有工作吗"问题的答案进行判断，并采用 Probit 模型进行估计。最低工资标准的就业效应，见表 1.11。表 1.11 中第（1）~（3）列汇报了使用双向随机效应 Probit 模型得到的回归结果，估计的边际效应显示，就业效应对低中高三个不同收入组的影响均不显著。表 1.11 中第（4）~（6）列汇报了使用 IV Probit 模型得到的回归结果，估计的边际效应同样显示就业效应的作用并不显著。这说明，整体而言，就业效应对各收入组的作用并不明显，收入差距的缩小主要来源于收入效应。

表 1.11 最低工资标准的就业效应

变量	（1）	（2）	（3）	（4）	（5）	（6）
	低收入组	中收入组	高收入组	低收入组	中收入组	高收入组
	双向随机效应 Probit 模型			IV Probit 模型		
最低工资标准	−0.0669 (−1.413)	0.0022 (0.0497)	−0.1197 (−2.844)	0.1742 (0.597)	0.1815 (0.895)	−0.1877 (−1.606)
社会经济特征	是	是	是	是	是	是
人口学特征	是	是	是	是	是	是
省（区、市）虚拟变量				是	是	是
年份虚拟变量	是	是	是	是	是	是
观测值	12 114	13 868	13 812	12 114	13 868	13 811

注：***、**、*分别表示在1%、5%和10%的水平上显著，括号内为根据标准误计算的t值。

资料来源：笔者根据 CFPS 数据运用 Stata 14.0 软件计算整理而得。

1.6 结论与建议

最低工资制度作为中国劳动保障制度的重要组成部分，对中国社会经济发展和居民福利水平产生了广泛而深远的影响。本章使用中国家庭追踪调查 2010 年、2012 年及 2014 年三轮调查形成的面板数据和与之相匹配的区（县）层面最低工资标准数据，首次从社会整体性视角考察了最低工资标准对居民收入差距的影响。实证分析表明，最低工资标准的提高对居民收入差距具有显著的负向影响。在通过工具变量处理内生性问题并用各类指标进行稳健性检验后，结论依然保持稳健。在此基础上，本章进一步对最低工资标准可能影响收入差距的机制进行了探讨，发现最低工资标准的提高主要通过收入效应使低收入群体的工资水平获得提升，缩小了与中收入群体和高收入群体的收入差距，最终实现对整体收入差距的抑制。

本章的研究结论说明，作为加强保障劳动者基本权益的重要途径，最低工资标准的提高可以较明显地缩小一个地区居民的收入差距。虽然现在中国经济蓬勃发展，但是，收入差距扩大却日益严重，不利于经济可持续发展和社会的和谐稳定。在这种情况下，制定能够有效地抑制收入差距的政策十分重要。通过适当提高最低工资标准，增加低收入人群收入，不仅能更好地保障基本权益，而且能有效缩小收入差距，进一步推动地区经济健康发展。

第2章 新型农村社会养老保险对消费差距的影响

2.1 概述

改革开放以来，经济迅速发展，2017 年中国 GDP 总量突破了 80 万亿元，居世界第二位。随着收入的快速增长，居民消费水平有了较大提高。城乡居民消费水平及比值，见图 2.1。从图 2.1 中可以看出，2000～2016 年，城乡居民消费水平均有显著增长。不容忽视，中国居民消费水平差距仍然较大，其不仅明显地存在于城乡之间，而且存在于城乡内部，较大的消费差距也可能会对经济增长产生十分不利的影响（高帆，2014）。

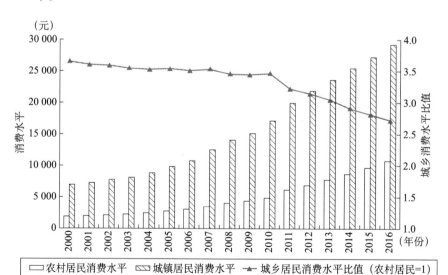

图 2.1 城乡居民消费水平及比值

资料来源：笔者根据中国经济统计数据库的相关数据计算整理绘制而得。

近些年，随着基尼系数的下降，城乡之间的消费差距也在一定程度上缩小，特别是 2010 年之后，中国城乡居民间的消费差距呈现出更加明显的缩小趋势（见图 2.1 折线），其中一个重要原因可能是，政府加大了对农村地区的转移支付，并致力于完善农村地区的社会保障体系（李实和朱梦冰，2018）。具体的政策措施包括，实施新型农村合作医疗、新型农村社会养老保险、家电下乡以及精准扶贫政策等等，这些政策措施在很大程度上提高了农村居民的福利水平，对于缩小农村居民之间以及城乡居民之间的消费差距具有重要作用。

然而，在关于中国居民消费差距影响因素的研究中，大多数文献集中探讨了城乡之间消费差距的影响因素（高帆，2014；徐敏和姜勇，2015），而对农村内部消费差距影响因素的关注较少，且鲜有基于社会保障视角（尤其是基于社会养老保险视角）的研究。近些年，中国一系列社会保障政策，特别是新型农村社会养老保险的推行，对缩小农村消费差距均产生了重要影响，为本章研究提供了近似自然实验的机会。研究新型农村社会养老保险对农村消费差距的影响程度及其机制，对全面理解中国社会养老保险的收入调节作用以及制定行之有效的社会保障政策均有重要的借鉴意义。

2009 年 9 月，新型农村社会养老保险开始试点，并于 2012 年底覆盖了全国所有县级行政区划。新型农村社会养老保险的推行，能否缩小农村居民的消费差距？根据生命周期理论，人们的当期消费取决于其生命周期内的全部预期收入。一般来说，人们年轻时储蓄供年老时消费，以实现效用最大化。孟（Meng，2003）、查蒙和普拉萨（Chamon and Prasad，2010）指出，当社会保障体系不健全时，家庭需要储蓄以应对未来的养老、医疗等支出风险。而新型农村社会养老保险的顺利推进，一方面，能够增加人们的预期收入，减少私人储蓄（Feldstein，1974；Sinn，2000；Diamond and Orszag，2005；石阳和王满仓，2010）；另一方面，能够降低预期收入风险，从而减少预防性储蓄（Hubbard and Judd，1987；Hubbard et al.，1995）。低收入者领取（或预期领取）养老金的数额占其收入的比例一般大于高收入者，因此，低收入者消费增加的百分比更多。从这一角度来说，农村居民之间的消费差距可能会缩小。

鉴于此，本章基于世代交叠模型建立了一个关于农村社会养老保险与消费差距的理论模型并进行了实证分析，主要结论表明：第一，社会养老保险的推行，可以有效地缩小农村居民的消费差距；第二，相比缩小中高收入者之间的消费差距，农村社会养老保险的推行对缩小中低收入者之间的消费差距作用更大；第三，本章使用中国家庭追踪调查数据在村庄层面进行了实证分析，并使用工具变量法解决了自变量的内生性问题，回归结果与理论模型的结论一致。与此同时，我们还发现，个人参与新型农村社会养老保险（或领取养老金），并没有减少亲属间的私人转移支付，因此，个人终身（预期）收入将因新型农村社会养老保险推行而显著提高，进而提高当期消费水平。因为低收入者消费增加的比例更高，所以，整体消费差距缩小，而且，中低收入者之间的消费差距缩小更多。

2.2 背景介绍和相关理论研究

2.2.1 背景介绍

2009 年 9 月，国务院颁布了《关于开展新型农村社会养老保险试点的指导意见》，尝试建立个人缴费、集体补助与政府补贴相结合的新型农村社会养老保险制度，并确定了首批 320 个新型农村社会养老保险国家级试点县。① 此后，试点范围逐步扩大，到 2012 年底，全国所有县级行政区划都已经推行了新型农村社会养老保险制度。② 2014 年 2 月，新型农村社会养老保险与城镇居民社会养老保险③并轨，两者合称城乡居民社会养老保险。

《关于开展新型农村社会养老保险试点的指导意见》规定，新型农村社会养老保险的参保对象为年满 16 周岁（不含在校学生）且没有参加城镇职工基本养老保险的农村居民，满足条件的居民可以在户籍地自愿参加新型农村社会养老保险。新型农村社会养老保险实施时，已经年满 60 周岁且没有享受城镇职工基本养老保险待遇的农村户籍的老年人不用缴费，可以按月领取基础养老金，但其符合参保条件的子女应当参保缴费。距离领取养老金年龄不足 15 年的，应当按年缴费，也允许补缴，累计缴费不超过 15 年；距离领取养老金年龄超过 15 年的，应当按年缴费，累计缴费不少于 15 年。

---

① 中国政府网. https://www.gov.cn/zhengce/content/2009 – 09/04/content_7280.htm.
② 中国政府网. https://www.gov.cn/jrzg/2012 – 05/07/content_2131653.htm.
③ 中国于 2011 年开始推行城镇居民社会养老保险，其对象是未参加城镇职工养老保险的城镇居民。

根据《关于开展新型农村社会养老保险试点的指导意见》，新型农村社会养老保险养老金账户包括个人账户和社会统筹账户两部分。个人账户的资金，来自个人缴费、集体补助与政府补贴。其中，个人缴费标准分为每年 100 元、200 元、300 元、400 元和 500 元 5 个档次，[①] 参保人自主选择缴费档次，多缴多得。同时，有条件的村集体应对参保人的缴费予以补助，补助标准由村民委员会召开村民会议民主确定。此外，其他经济组织、社会公益组织和个人，也可以为参保人的缴费给予资助。地方政府应对参保人的缴费予以补贴，补贴标准为每人每年不低于 30 元。[②] 个人账户的储存额每年参考中国人民银行公布的金融机构人民币一年期存款利率计算利息。个人账户养老金的月计发标准为个人账户全部储存额除以 139。如果参保人死亡，那么，个人账户资金余额，除政府补贴外，可依法继承，而政府补贴余额用于支付其他参保人的养老金。社会统筹账户资金来自政府财政支出，用于向符合领取条件的参保人支付新型农村社会养老保险基础养老金。中央确定的基础养老金发放标准，为每人每月 55 元，[③] 中央财政对中西部地区按此发放标准予以全额补助，对东部地区予以 50% 的补助。

综上所述，新型农村社会养老保险试点坚持"保基本、广覆盖、有弹性、可持续"的基本原则，政府主导和农民自愿相结合，社会统筹与个人账户相结合，引导农村居民普遍参保。根据农村的实际情况，中央确定基本原则和主要政策，地方制订具体办法，新型农村社会养老保险筹资标准和发放标准与国家经济发展水平等各方面相适应，为农村居民老年生活提供了基本保障。

2.2.2　文献综述

影响消费差距的因素较多，文献关注和研究的因素主要包括，收入不确定性与收入差距（Blundell and Preston，1998；Krueger and Perri，2006）、人口老龄化（曲兆鹏和赵忠，2008）、经济发展（林毅夫和陈斌

---

① 地方可根据实际情况增设缴费档次，国家根据农村居民人均纯收入增长等情况适时调整缴费档次。

② 对于选择较高档次缴费标准的个人，可以予以适当鼓励，具体的标准和办法由省（区、市）人民政府确定。对于重度残疾人等缴费困难的人群，地方政府为其代缴部分或者全部最低标准的养老保险费用。

③ 地方政府可根据实际情况提高基础养老金发放标准，对长期缴费的农村居民可以适当增加基础养老金发放，提高和增加发放部分的资金由地方政府支出。

开，2009；Gao and Zeng，2010；徐敏和姜勇，2015）等。然而，鲜有文献考虑社会养老保险对消费差距的影响。作为社会保障的一种形式，社会养老保险不仅对改善农村老年居民的生活条件，提高其福利水平具有重要的作用（张川川和陈斌开，2014），而且，会对年轻居民的消费决策、储蓄决策以及就业决策产生重要影响（马光荣和周广肃，2014；周广肃和李力行，2016）。因此，社会养老保险对消费差距的影响作用不容忽视。

既有文献并未探讨社会养老保险对于消费差距的作用，而是主要集中探讨社会养老保险对收入差距的影响。与收入相比，消费更直接地影响效用水平，可以更准确地衡量福利水平。同时，消费的变化比收入的变化更加平稳，消费差距更能准确地体现经济差距情况（曲兆鹏和赵忠，2008；Meyer and Sullivan，2010）。对于消费差距的衡量，既有文献主要集中在基尼系数（Barrett et al.，2000；Jappelli and Pistaferri，2010；周广肃和李沙浪，2016）、分位数之比（Jappelli and Pistaferri，2010；周广肃和李沙浪，2016）等。

目前，关于社会养老保险对收入差距的研究，取得比较一致的结论是：社会养老保险可以有效地降低收入差距。学者们在划分不同的社会养老保险体系以及分配制度后，细致地分析了其对收入差距的影响。多克尔和帕蒂森（Docquier and Paddison，2003）基于一个封闭经济体考察了养老保险对收入差距的平衡增长效应，区分了两种养老保险体系：现收现付制（pay – as – you – go）和完全基金制（fully funded），① 以及不同的养老保险分配模式：贝弗里奇（Beveridgean）模式和俾斯麦（Bismarckian）模式。② 两种养老保险体系搭配三种分配模式共产生六种情况。研究结果表明，养老保险通常可以缩小收入差距。③ 卡加诺维奇和齐尔查（Kaganovich and Zilcha，2012）通过建立世代交叠模型考察了养老保险与

---

① 在现收现付制下，同一时期在职的一代人所缴纳的养老保险费被用来支付退休一代人的养老金；在完全基金制下，个人在工作时所缴纳的养老保险费通过投资等活动产生利息，本金和利息用于支付个人在退休后的养老金。

② 在贝弗里奇模式下，同一代人在退休后领取相同数额的养老金；在俾斯麦模式下，同一代人在退休后领取的养老金数额与其缴纳的养老保险费挂钩，与其职业收入相关。俾斯麦模式又分为基于全部时期收入的分配模式和基于部分时期收入的分配模式。

③ 在多克尔和帕蒂森（Docquier and Paddison，2003）的假设条件下，特殊情况是，完全基金制养老保险体系搭配基于全部时期收入的俾斯麦模式对收入差距没有影响，而完全基金制养老保险体系搭配基于部分时期收入的俾斯麦模式会增大收入差距。

收入差距的关系，研究发现相比于现收现付制养老保险体系，在完全基金制养老保险体系下，收入差距程度更低。

李时宇和冯俊新（2014）运用世代交叠的可计算一般均衡模型进行分析，发现城乡居民社会养老保险制度显著缩小了城乡收入差距，同时，提升了社会总体福利水平。如果城乡居民社会养老保险基本养老金数额提高，该效应会更加突出。高奥等（2016）基于世代交叠模型，引入了国有资本收入划拨养老保险的政策，研究了划拨份额和社保费率对人均福利水平和收入差距程度的影响。结果显示，划拨政策会提高人均福利水平，但加大收入差距；而提高社保费率的影响，则相反。将这两项政策配合实施，可以同时实现提高社会福利水平和缩小收入差距的政策目标。李实和朱梦冰（2018）立足于中国国情，发现包括新型农村社会养老保险在内的农村社会保障制度的完善，是中国收入差距缩小的主要原因之一。

除了基于收入差距视角，中文文献还集中探讨了社会养老保险对经济增长的影响（郭凯明和龚六堂，2012；高奥和龚六堂，2015），对家庭投资的影响（石阳和王满仓，2010；马光荣和周广肃，2014；宗庆庆等，2015），对就业创业的影响（马双等，2014；程杰，2014；周广肃和李力行，2016）等，这些均可能间接影响消费差距程度。

通过以上综述可以看出，目前，鲜有文献从消费差距视角探讨社会养老保险的收入分配效应。因此，本章以新型农村社会养老保险为研究背景，探究其对中国农村消费差距的影响。本章的主要贡献有，利用世代交叠模型以及 CFPS 数据，从理论和实证两方面证明了新型农村社会养老保险对于缩小消费差距具有重要作用，同时发现，新型农村社会养老保险缩小消费差距的机制主要在于其切实保障了低收入群体的福利。

2.3　理论模型

2.3.1　社会养老保险推行前

假设个人只生存两期——年轻时期和老年时期。该经济体人口自然增长率为 n，在第 t 期年轻人人数为 P_t，则老年人人数为 P_{t-1}，且 $P_t = P_{t-1}(1+n)$。定义初始时刻 t = 0 时，年轻人人数为 P_0（$P_0 > 0$），老年人人数为 $P_{-1} = P_0/(1+n)$。在第 t 期，该经济体总人数为 N_t，其中，N_0 很大，t = 0，1，2，3，…。

假设在第 t 期年轻人 i 只提供一种生产要素劳动，且提供 l_{it}（$0 < l_{1t} \leq l_{2t} \leq \cdots \leq l_{p_t}$）单位劳动，并将实际劳动收入 W_{it} 在消费 C_{i1t}（其中，下标 1 代表年轻人）和储蓄 S_{it} 之间进行分配；在第 t 期，老年人 j 只提供一种生产要素资本（即 S_{jt-1}，$t > 0$；定义初始时刻 t = 0 时，资本为 $S_{j,-1}$ 且 $S_{j,-1} > 0$），最终消费余下的全部财富 C_{j2t}（其中，下标 2 代表老年人），i = 1，2，3，…，P_t；j = 1，2，3，…，P_{t-1}。

假设个人效用函数为：

$$U_{it}(C_{i1t}, C_{i2t+1}) = \ln C_{i1t} + \frac{1}{1+\rho} \ln C_{i2t+1}, \quad \rho > -1, \quad i = 1, 2, 3, \cdots,$$

P_t；t = 0，1，2，3，…   (2-1)

假设政府对劳动收入征收比例税，税率为 q_w（$0 < q_w < 1$），则消费预算约束为：

$$C_{i1t} + S_{it} = W_{it}(1 - q_w) \tag{2-2}$$

$$C_{i2t+1} = S_{it} + S_{it} r_{t+1} \tag{2-3}$$

在式（2-3）中，r_{t+1} 为第 t+1 期的实际利率，结合式（2-2）和式（2-3）可得：

$$C_{i1t} + \frac{C_{i2t+1}}{1 + r_{t+1}} = W_{it}(1 - q_w) \tag{2-4}$$

求解约束条件下的效用最大化问题，可得：

$$C_{i1t}^* = \frac{W_{it}(1 - q_w)(1 + \rho)}{2 + \rho} \tag{2-5}$$

$$C_{i2t+1}^* = \frac{W_{it}(1 - q_w)(1 + r_{t+1})}{2 + \rho} \tag{2-6}$$

因此，在第 t 期年轻人 i 的储蓄 S_{it} 为：

$$S_{it}^* = \frac{W_{it}(1 - q_w)}{2 + \rho} \tag{2-7}$$

2.3.2 社会养老保险推行后

假设在第 t_1 期该经济体已经处于平衡增长路径上，在第 $t_1 + 1$ 期，政府开始推行社会养老保险。在第 $t_1 + 1$ 期，老年人不用缴费，领取的基础养老金为 $bpension_{t_1+1}$，$bpension_{t_1+1} > 0$。在第 t（$t \geq t_1 + 1$）期，年轻人的社会养老保险账户包括社会统筹账户和个人账户两部分。社会统筹账户用于个人年老时向其支付基础养老金 $bpension_t$（$bpension_t = bpension_{t_1+1}$ $(1+g)^{t-t_1-1}$），政府通过将当期一部分财政收入转移支付给老年人完成当期基础养老金支付，个人账户资金包括个人缴费 $pfee_t$ 和政府补贴 gallowance$_t$ 两部分，$pfee_{t_1+1} > 0$，$gallowance_{t_1+1} > 0$，$pfee_t = pfee_{t_1+1}(1+g)^{t-t_1-1}$，$gallowance_t = gallowance_{t_1+1}(1+g)^{t-t_1-1}$，① 个人账户按实际利率支付利息，用于在个人年老时向其支付养老金。

1. 第 t_1+1 期

老年人的消费为：

$$C_{j2t_1+1}^{**} = \frac{W_{jt_1}(1-q_w)(1+r_{t_1+1})}{2+\rho} + bpension_{t_1+1} \qquad (2-8)$$

2. 第 t （$t \geq t_1+1$）期

年轻人的效用函数与式（2-1）相同，消费预算约束为：

$$C_{i1t} + S_{it} = (W_{it} - pfee_t)(1-q_w) \qquad (2-9)$$

$$C_{i2t+1} = (S_{it} + pfee_t + gallowance_t)(1+r_{t+1}) + bpension_{t+1} \qquad (2-10)$$

结合式（2-9）和式（2-10）可得：

$$C_{i1t} + \frac{C_{i2t+1}}{1+r_{t+1}} = W_{it}(1-q_w) + q_w pfee_t + gallowance_t + \frac{bpension_{t+1}}{1+r_{t+1}} \qquad (2-11)$$

求解约束条件下的效用最大化问题，可得：

$$C_{i1t}^{**} = \frac{1+\rho}{2+\rho}\left[W_{it}(1-q_w) + q_w pfee_t + gallowance_t + \frac{bpension_{t+1}}{1+r_{t+1}}\right] \qquad (2-12)$$

$$C_{i2t+1}^{**} = \frac{1+r_{t+1}}{2+\rho}\left[W_{it}(1-q_w) + q_w pfee_t + gallowance_t + \frac{bpension_{t+1}}{1+r_{t+1}}\right] \qquad (2-13)$$

因此，在第 t 期年轻人 i 的储蓄 S_{it}^{**} 为：

$$S_{it}^{**} = \frac{W_{it}(1-q_w) + q_w pfee_t}{2+\rho} - pfee_t - \frac{1+\rho}{2+\rho}\left(gallowance_t + \frac{bpension_{t+1}}{1+r_{t+1}}\right) \qquad (2-14)$$

2.3.3 社会养老保险对消费差距的影响

1. 社会养老保险对年轻人群体消费基尼系数的影响

假设社会养老保险未推行，年轻人 i 的消费为 C_{i1t}^*；实际上，社会养

---

① 本章假设基础养老金 $bpension_t$、个人缴费 $pfee_t$ 与政府补贴 $gallowance_t$ 增长率均为 g，劳动效率 A_t 同步增长。在这种情况下，经济体最终可以处于平衡增长路径上。

老保险已经推行，年轻人 i 消费为 C_{ilt}^{**}，增加幅度为：

$$\frac{C_{ilt}^{**} - C_{ilt}^{*}}{C_{ilt}^{*}} = \frac{q_w pfee_t + gallowance_t + \dfrac{bpension_{t+1}}{1 + r_{t+1}}}{W_{it}(1 - q_w)} \quad (2-15)$$

该比例与年轻人 i 的实际工资成反比，即在其他条件相同的情况下，年轻人 i 的实际工资越低，其消费增加的幅度越高。原因在于，年轻人为了达到终生效用最大化，有跨期平滑消费的动力。如果在第 $t_1 + 1$ 期，政府开始推行社会养老保险，假设年轻人未来领取的养老金相等，那么，低收入群体未来养老金占实际工资的比例高于高收入群体，因此，低收入群体在年轻时的储蓄率会低于高收入群体，从而低收入群体年轻时的消费增加幅度高于高收入群体。

推论 2-1： 在社会养老保险推行后，年轻人中低收入群体消费提高的比例大于高收入群体。

在社会养老保险推行前，该经济体年轻人各期的基尼系数相等。① 在社会养老保险推行后，低收入群体消费提高的比例大于高收入群体，这正是社会养老保险降低年轻人消费基尼系数的原因。

在社会养老保险推行后，年轻人消费基尼系数的变化量为：

$$\Delta Gini_t = -\frac{Gini_t}{\dfrac{\overline{E_t}}{\Delta E_t} + 1} \leq 0 \quad (2-16)$$

可见，社会养老保险降低年轻人的消费基尼系数。

推论 2-2： 社会养老保险缩小年轻人的消费差距。

由式（2-16）可知，如果社会养老保险推行前消费基尼系数 $Gini_t$ 相同、社会养老保险推行后非劳动收入引起消费增加的数额 ΔE_t 相同，那么，年轻人平均消费 $\overline{E_t}$ 越低，年轻人的消费基尼系数下降越多。原因在于，相比于高收入群体，低收入群体中养老金占实际工资比例的差异更大，因此，消费提高比例的差异也更大，低收入群体之间的消费会更接近，从而低收入群体消费差距缩小更多。

推论 2-3： 在年轻人群体中，相比于缩小高收入群体之间的消费差距，社会养老保险的推行对缩小低收入群体之间消费差距的作用更大。

2. 社会养老保险对老年人群体消费基尼系数的影响

假设社会养老保险未推行，老年人 j 的消费为 C_{j2t}^{*}；而实际上，社会

---

① 原因在于，模型设定个人提供的劳动数量的概率分布，不随时间改变。

养老保险已经推行，老年人 j 的消费为 C_{j2t}^{**}。

从短期来看，当 $t = t_1 + 1$ 时，老年人 j 的消费增长幅度为：

$$\frac{C_{j2t}^{**} - C_{j2t}^{*}}{C_{j2t}^{*}} = \frac{bpension_t}{\dfrac{W_{jt-1}(1 - q_w)(1 + r_t)}{2 + \rho}} \tag{2-17}$$

该比例与老年人 j 在前一期的实际工资成反比，即在其他条件相同的情况下，老年人 j 的实际工资越低，其消费增加幅度越高。原因在于，第 $t_1 + 1$ 期的老年人不需要储蓄，领取的养老金直接用于消费，低收入群体的收入增长率高于高收入群体，因此，低收入群体的消费增长率也高于高收入群体。这与式（2-15）的内在机制有所区别。

在社会养老保险推行前，该经济体中老年人各期的基尼系数相等。在社会养老保险推行后，低收入群体消费提高的比例大于高收入群体，这正是在短期内社会养老保险降低老年人消费基尼系数的原因。

第 t（$t > t_1 + 1$）期，老年人 j 消费增加幅度为：

$$\frac{C_{j2t}^{**} - C_{j2t}^{*}}{C_{j2t}^{*}} = \frac{q_w pfee_{t-1} + gallowance_{t-1} + \dfrac{bpension_t}{1 + r_t}}{W_{jt-1}(1 - q_w)} \tag{2-18}$$

与式（2-15）分析类似，老年人为了达到终生效用最大化，在年轻时有跨期平滑消费的动力，按照收入比例合理分配消费。如果在政府推行社会养老保险后，个人领取的养老金相等，那么，低收入群体的收入增长率高于高收入群体，因此，低收入群体年老时的消费增长幅度也高于高收入群体。这正是在长期内社会养老保险降低老年人消费基尼系数的原因。

与式（2-16）类似，在社会养老保险推行后，老年人消费基尼系数的变化量为：

$$\Delta Gini_t = -\frac{Gini_t}{\dfrac{\overline{E_t}}{\Delta E_t} + 1} \leqslant 0 \tag{2-19}$$

可见，社会养老保险降低老年人的消费基尼系数。

推论 2-4：社会养老保险推行后，老年人中低收入群体消费提高的比例大于高收入群体。

推论 2-5：社会养老保险缩小老年人的消费差距。

此外，由式（2-19）可知，若社会养老保险推行前消费基尼系数 $Gini_t$ 相同、社会养老保险推行后非劳动收入引起的消费增长数额 ΔE_t 相同，老年人平均消费 $\overline{E_t}$ 越低，老年人的消费基尼系数下降幅度越大，其原因与年轻人的情况类似。

推论 2 - 6：在老年人中，相比于缩小高消费群体之间的消费差距，社会养老保险的推行对缩小低消费群体之间消费差距的作用更大。

2.4 数据介绍和实证策略

本章使用 2010 年、2012 年和 2014 年中国家庭追踪调查（CFPS）的微观数据，在村庄层面探讨新型农村社会养老保险的实施对中国农村居民消费差距的影响。[①] 基准回归模型采用时间和个体双向固定效应模型，具体模型如下：

$$Inequality_{it} = \beta_0 + \beta_1 ratio_{it} + \beta_2 X_{it} + \mu_i + \theta_t + \epsilon_{it} \qquad (2-20)$$

在式（2-20）中，$Inequality_{it}$ 表示第 i 个村庄第 t 年消费差距的度量指标，$ratio_{it}$ 表示第 i 个村庄第 t 年新型农村社会养老保险的参与情况，X_{it} 表示村庄 i 随时间变化的相关控制变量，μ_i 表示村庄固定效应，控制村庄不随时间变化的相关因素，θ_t 表示年份固定效应。

本章的消费支出包括衣着支出、教育支出等十个类别的加总消费支出，采用家庭人均消费计算消费差距。对于一个村庄消费差距的度量，本章主要采用基尼系数指标。基尼系数主要对中等收入消费者之间的消费差距比较敏感，为了便于比较新型农村社会养老保险对不同收入水平消费者之间消费差距的影响，本章还计算了其他衡量消费差距的指标，主要通过广义熵指数系列（generalized entropy class，GE（a））反映消费分布中不同部分的消费差距。具体来说，虽然 GE（a）都是刻画整体消费差距的指标，但是，这一指数中的参数 a 可以取 -1、0、1、2 四个数值，a 的取值越小，GE（a）对于低收入消费者之间的消费差距越敏感；a 的取值越大，GE（a）对于高收入消费者之间的消费差距越敏感。主要被解释变量符号及其说明，见表 2.1。

表 2.1   主要被解释变量符号及其说明

符号	说明
$GINI_{it}$	第 i 个村庄第 t 年居民消费基尼系数

---

① 新型农村社会养老保险的参保对象须年满 16 岁，因此，本章选取 16 岁及以上的农村居民数据，同时，定义大于等于 16 岁且小于 60 岁的为中青年样本，大于 60 岁的为老年样本。

续表

符号	说明
YDAILYGINI$_{it}$	第 i 个村庄第 t 年中青年居民日常消费（包括衣着支出、暖气费、物业费等）基尼系数
YMEDGINI$_{it}$	第 i 个村庄第 t 年中青年居民医疗保健支出基尼系数
YEDUGINI$_{it}$	第 i 个村庄第 t 年中青年居民教育支出基尼系数
GE（-1）$_{it}$	其变化更能反映第 i 个村庄第 t 年低收入居民消费差距的变化
GE（0）$_{it}$	其变化更能反映第 i 个村庄第 t 年中低收入居民消费差距的变化
GE（1）$_{it}$	其变化更能反映第 i 个村庄第 t 年中高收入居民消费差距的变化
GE（2）$_{it}$	其变化更能反映第 i 个村庄第 t 年高收入居民消费差距的变化

资料来源：Stephen Jenkins. Estimation and interpretation of measure of inequality, poverty, and social welfare using Stata. http：//econpapers. repec. org/paper/bocasug06/16. htm.

此外，OGINI$_{it}$、OGE（-1）$_{it}$、OGE（0）$_{it}$、OGE（1）$_{it}$、OGE（2）$_{it}$分别表示老年群体相应的消费差距指标，YGINI$_{it}$、YGE（-1）$_{it}$、YGE（0）$_{it}$、YGE（1）$_{it}$、YGE（2）$_{it}$分别表示中青年群体相应的消费差距指标。

对于一个村庄新型农村社会养老保险的参与情况 ratio$_{it}$，本章采用两种方式衡量：一是该村庄被调查的中青年居民中新型农村社会养老保险缴费人数比例，用 partratio$_{it}$ 表示；二是该村庄被调查的老年居民中领取新型农村社会养老保险养老金的人数比例，用 receiratio$_{it}$ 表示。这两种方式可以精确衡量在新型农村社会养老保险实施过程中缴纳、领取养老金的情况，体现了新型农村社会养老保险政策对于青年群体和老年群体的差异性影响。

控制变量 X$_{it}$ 包括村庄层面的控制变量及其所在区（县）层面的控制变量，村庄层面的控制变量包括男性比例 mmale$_{it}$、平均年龄 mage$_{it}$、平均受教育年限 medu$_{it}$、平均健康水平 mhealth$_{it}$ 及平均消费倾向 apc$_{it}$。区（县）层面的控制变量主要来源于《中国区域经济统计年鉴》，包括人口密度 popuden$_{it}$（万人/平方千米）、地区生产总值 gdp$_{it}$（百亿元）、工业发展水平（以第二产业增加值占地区生产总值的比重 ind$_{it}$/gdp$_{it}$ 表示）、财政盈余 finsur$_{it}$（百亿元）及固定资产投资额 fixass$_{it}$（百亿元）。变量描述性统计，见表 2.2。

表 2.2　　　　　　　　　　变量描述性统计

变量	2010 年			2012 年			2014 年		
	Obs	Mean	SD	Obs	Mean	SD	Obs	Mean	SD
GINI	290	0.415	0.091	290	0.389	0.091	290	0.390	0.088
OGINI	290	0.358	0.129	290	0.341	0.123	290	0.347	0.107

续表

变量	2010 年			2012 年			2014 年		
	Obs	Mean	SD	Obs	Mean	SD	Obs	Mean	SD
YGINI	290	0.402	0.093	290	0.378	0.093	290	0.381	0.093
YDAILYGINI$_{it}$	290	0.413	0.112	290	0.404	0.103	290	0.430	0.104
YMEDGINI$_{it}$	290	0.652	0.131	290	0.610	0.128	290	0.598	0.115
YEDUGINI$_{it}$	290	0.535	0.122	290	0.515	0.137	290	0.503	0.132
GE （-1）	290	0.635	0.762	290	0.465	0.448	290	0.411	0.277
GE （0）	290	0.340	0.167	290	0.294	0.148	290	0.289	0.136
GE （1）	290	0.329	0.171	290	0.298	0.182	290	0.296	0.163
GE （2）	290	0.461	0.366	290	0.450	0.492	290	0.438	0.399
OGE （-1）	290	0.648	1.352	290	0.485	0.828	290	0.364	0.337
OGE （0）	290	0.303	0.226	290	0.266	0.209	290	0.251	0.168
OGE （1）	290	0.270	0.201	290	0.247	0.213	290	0.240	0.168
OGE （2）	290	0.332	0.320	290	0.323	0.461	290	0.297	0.285
YGE （-1）	290	0.554	0.565	290	0.413	0.336	290	0.406	0.296
YGE （0）	290	0.321	0.163	290	0.279	0.147	290	0.281	0.140
YGE （1）	290	0.311	0.167	290	0.281	0.173	290	0.284	0.164
YGE （2）	290	0.426	0.340	290	0.401	0.402	290	0.411	0.390
partratio	290	0.032	0.083	290	0.278	0.248	290	0.449	0.232
receiratio	290	0.026	0.092	290	0.318	0.319	290	0.493	0.278
mmale	290	0.491	0.048	290	0.509	0.040	290	0.510	0.039
mage	290	45.863	4.004	290	44.123	3.977	290	45.605	3.998
medu	290	5.107	1.620	290	5.606	1.471	290	5.451	1.470
mhealth	290	0.789	0.104	290	0.798	0.094	290	0.819	0.086
apc	290	0.951	0.439	290	0.551	0.224	290	0.940	0.445
popuden	290	0.047	0.051	290	0.048	0.049	290	0.048	0.050
gdp	290	4.923	21.711	290	6.546	27.890	290	7.655	31.658
ind/gdp	290	0.419	0.159	290	0.457	0.167	290	0.449	0.159
finsur	290	-0.193	0.597	290	-0.221	0.613	290	-0.224	0.637
fixass	290	2.207	8.281	290	2.566	8.795	290	3.446	10.435
dummy	290	0.124	0.330	290	0.717	0.451	290	1.000	0.000

资料来源：笔者根据 CFPS 数据运用 Stata 14.0 软件计算整理而得。

新型农村社会养老保险在全国各地不同区（县）分批试点，并不断推广。新型农村社会养老保险缴费采取自愿原则，因此，即使在试点区（县）的农村居民中，也有部分居民没有选择参保。此外，《关于开展新型农村社会养老保险试点的指导意见》规定，在新型农村社会养老保险实施时，符合条件的农村户籍老年人不用缴费并可以按月领取基础养老金，但其符合参保条件的子女应当参保缴费。① 新型农村社会养老保险的参保行为可能与居民所在村庄某些随时间变化的不可观测的特征相关，因此，在回归模型（2-20）中，关键变量新型农村社会养老保险参与情况可能因遗漏变量问题存在内生性。此外，一个地区也可能因收入差距而反向影响参保比例，造成因反向因果而存在的内生性问题。针对内生性导致的估计偏误问题，本章根据村庄所在区（县）实施新型农村社会养老保险的时间，定义"一个区（县）在调查时点是否开展了新型农村社会养老保险试点"的虚拟变量（dummy$_{it}$），以此作为新型农村社会养老保险参与情况的工具变量。因为每个区（县）是否开展新型农村社会养老保险试点与农村居民是否参与新型农村社会养老保险及参保比例正相关，所以，工具变量满足相关性条件。而一个区（县）开展新型农村社会养老保险试点的时间主要由政府确定，与村庄层面的特征无关，因此，满足工具变量的外生性条件。此外，一个区（县）通常包括很多村庄，而 CFPS 的随机抽样方法可以将村庄近似看成随机分布在试点县与非试点县，进一步保证了工具变量的外生性。

2.5　新型农村社会养老保险对消费差距的影响及影响机制

2.5.1　基准回归结果

新型农村社会养老保险对消费差距的影响效应（双向固定效应模型），见表 2.3。表 2.3 的被解释变量为每个村庄居民整体的消费基尼系数，第（1）列、第（3）列分别只加入 partratio 变量、receiratio 变量，第（2）列、第（4）列还加入了其他相关控制变量。从第（1）列和第（2）列的回归结果可以看出，如果一个村庄新型农村社会养老保险参保比例越高，那么，消费差距将会越低，但是，在第（2）列加入其他控制变量后，这一效果不再显著。从第（3）列和第（4）列的回归结果可以看出，如果一个村庄领取新型农村社会养老保险的人数比例越高，那么，消费差距也会越小，而且，负向效果非常稳健。第（4）列的回归结果表明，在其他条件不变的情况下，领取养老金的人数比例每提高 10%，消

---

① 中国政府网. https://www.gov.cn/zhengce/zhengceku/2009-09/04/content_ 7280. htm.

费基尼系数平均降低 0.0044。

2.5.2 使用工具变量

如前所述，一个村庄参保缴费的人数比例或领取养老金的人数比例可能是内生变量，因此，本章采用区（县）新型农村社会养老保险试点为工具变量以克服潜在的内生性问题。新型农村社会养老保险对消费差距的工具变量估计结果（固定效应模型），见表 2.4。从一阶段回归结果来看，所在区（县）新型农村社会养老保险试点对该村庄新型农村社会养老保险参与情况的影响系数显著为正，一阶段回归的 F 统计量大于 10，Cragg - Donald 统计量也大于临界值，因此，可以排除弱工具变量问题。二阶段的回归结果表明，无论采用何种关键解释变量，村庄新型农村社会养老保险参与情况的系数均在 1% 的水平上显著为负，而且，效果基本上都略大于双向固定效应的回归结果。从第（2）列和第（4）列的回归结果可以看出，在其他条件不变的情况下，一个村庄参保缴费的人数比例每提高 10%，消费基尼系数平均降低 0.0057，而领取养老金的人数比例每提高 10%，消费基尼系数平均降低 0.0050。这说明，在缓解内生性问题后，新型农村社会养老保险仍然可以有效缩小消费差距。

表 2.3 新型农村社会养老保险对消费差距的影响效应（双向固定效应模型）

解释变量	被解释变量 GINI			
	（1）	（2）	（3）	（4）
partratio	- 0.041 **	- 0.024		
	(0.020)	(0.020)		
receiratio			- 0.058 ***	- 0.044 ***
			(0.015)	(0.015)
村庄控制变量				
mmale		0.189 *		0.190 *
		(0.100)		(0.100)
mage		- 0.000		- 0.001
		(0.003)		(0.002)
medu		0.011		0.011
		(0.010)		(0.010)
mhealth		- 0.027		- 0.032
		(0.067)		(0.068)
apc		0.079 ***		0.077 ***
		(0.016)		(0.016)
区（县）控制变量				
popuden		- 0.140		- 0.115
		(0.278)		(0.265)

续表

解释变量	被解释变量 GINI			
	（1）	（2）	（3）	（4）
gdp		0.002 ***		0.002 ***
		（0.001）		（0.001）
ind/gdp		0.059		0.052
		（0.092）		（0.091）
finsur		−0.004		−0.005
		（0.008）		（0.008）
fixass		−0.001		−0.001
		（0.002）		（0.002）
年份固定效应	有	有	有	有
村庄固定效应	有	有	有	有
观测值	870	870	870	870
R^2	0.034	0.152	0.050	0.163

注：***、**、*分别表示在1%、5%和10%的水平上显著，本章将标准误聚集在区
（县）层面，括号内为标准误，表2.4～表2.9下同。
资料来源：笔者根据 CFPS 数据运用 Stata 14.0 软件计算整理而得。

表 2.4　新型农村社会养老保险对消费差距的工具变量估计结果（固定效应模型）

Panel A：二阶段回归结果

解释变量	被解释变量 GINI			
	（1）	（2）	（3）	（4）
partratio	−0.048 ***	−0.057 ***		
	（0.018）	（0.021）		
receiratio			−0.043 ***	−0.050 ***
			（0.016）	（0.018）
村庄控制变量	无	有	无	有
区（县）控制变量	无	有	无	有
村庄固定效应	有	有	有	有
观测值	870	870	870	870
R^2	0.028	0.140	0.043	0.156
Panel B：一阶段回归结果				
dummy	0.407 ***	0.395 ***	0.461 ***	0.451 ***
	（0.018）	（0.019）	（0.021）	（0.025）
F 统计量	539.122	425.374	481.161	320.443
Cragg – Donald 统计量	1036.484	733.571	756.592	532.370

注：新型农村社会养老保险从2009年开始试点，逐步推进，到2012年底覆盖中国除港澳台
地区之外的所有县（区、市），因此，本章在使用工具变量后不考虑时间固定效应。
资料来源：笔者根据 CFPS 数据运用 Stata 14.0 软件计算整理而得。

2.5.3 使用不同被解释变量

为了检验上文分析结果的稳健性，本章使用了不同的被解释变量，即 YGINI 和 OGINI，对应不同的被解释变量，解释变量分别为 partratio 和 receiratio。新型农村社会养老保险对消费差距的影响效应（分中青年组和老年组），见表2.5。其中，第（1）列、第（3）列使用双向固定效应模型，partratio 的回归系数为负，但不显著，receiratio 的回归系数显著为负，第（2）列、第（4）列使用工具变量回归，partratio、receiratio 的回归系数均显著为负。而且，表2.5 中 partratio、receiratio 的回归系数与上文相应的回归系数相比，差异较小。这表明，上文回归分析结果十分稳健。

表2.5 新型农村社会养老保险对消费差距的影响效应（分中青年组和老年组）

	Panel A：二阶段回归结果			
解释变量	被解释变量 YGINI		被解释变量 OGINI	
	（1）	（2）	（3）	（4）
partratio	−0.018	−0.054 **		
	(0.021)	(0.022)		
receiratio			−0.059 ***	−0.036 *
			(0.019)	(0.021)
村庄控制变量	有	有	有	有
区（县）控制变量	有	有	有	有
年份固定效应	有	无	有	无
村庄固定效应	有	有	有	有
观测值	870	870	870	870
R^2	0.137	0.128	0.074	0.068
	Panel B：一阶段回归结果			
dummy	无	0.395 ***	无	0.451 ***
		(0.019)		(0.025)
F 统计量	无	425.374	无	320.443
Cragg − Donald 统计量	无	733.571	无	532.370

资料来源：笔者根据 CFPS 数据运用 Stata 14.0 软件计算整理而得。

2.5.4 新型农村社会养老保险降低消费差距的机制

为了探究新型农村社会养老保险降低消费差距的机制，本章基于个体固定效应模型，以广义熵指数为被解释变量，以 partratio 和 receiratio 为解释变量，同时控制村庄层面和区（县）层面随时间变化的因素，使用工具变量进行回归分析。新型农村社会养老保险对消费差距的影响机制，见表2.6。从表2.6的 Panel A 可以看出，partratio 对 GE（a）的负向影响随 a 的递增逐渐减弱，回归系数的显著性也逐渐减弱。而且，partratio 对 GE（-1）影响系数的绝对值远大于其他值，这与本章理论模型推导的结论一致，即相比于缩小高收入群体的消费差距，新型农村社会养老保险对缩小低收入群体之间的消费差距作用更大。将解释变量由 partratio 变为 receiratio，结论不变。同样，将农村居民分为中青年组和老年组，分别计算消费差距指数并对相应解释变量进行回归，结论基本一致。

表2.6　　　新型农村社会养老保险对消费差距的影响机制

Panel A：不分组，解释变量为 partratio			
解释变量	被解释变量		
	(1) GE（-1）	(2) GE（0）	(3) GE（1）	(4) GE（2）
partratio	-0.382***	-0.100***	-0.090**	-0.138
	(0.120)	(0.033)	(0.039)	(0.087)

Panel B：不分组，解释变量为 receiratio			
解释变量	被解释变量		
	(1) GE（-1）	(2) GE（0）	(3) GE（1）	(4) GE（2）
receiratio	-0.335***	-0.088***	-0.079**	-0.121
	(0.104)	(0.029)	(0.034)	(0.076)

Panel C：中青年组，解释变量为 partratio			
解释变量	被解释变量		
	(1) YGE（-1）	(2) YGE（0）	(3) YGE（1）	(4) YGE（2）
partratio	-0.296***	-0.088***	-0.081**	-0.121
	(0.085)	(0.032)	(0.038)	(0.082)

Panel D：老年组，解释变量为 receiratio			
解释变量	被解释变量		
	(1) OGE（-1）	(2) OGE（0）	(3) OGE（1）	(4) OGE（2）
receiratio	-0.410**	-0.101***	-0.079**	-0.118**
	(0.200)	(0.039)	(0.035)	(0.060)

注：***、**、*分别表示在1%、5%和10%的水平上显著。

资料来源：笔者根据 CFPS 数据运用 Stata 14.0 软件计算整理而得。

　　为了进一步探究参与新型农村社会养老保险对年轻人跨期平滑消费决策的影响，本章在村庄层面和个人层面分别进行了检验。本章在村庄层面计算了年轻人日常消费（包括衣着支出、暖气费、物业费等）、医疗保健支出、教育支出的基尼系数，以此作为被解释变量，以 partratio 作为解释变量，同时控制村庄层面和区（县）层面随时间变化的因素，分别使用双向固定效应模型和工具变量法检验了新型农村社会养老保险对不同类别消费差距的影响。新型农村社会养老保险对中青年组日常、医疗保健、教育支出差距的影响，见表 2.7。在使用工具变量估计后，可以看出新型农村社会养老保险显著缩小了医疗保健支出差距和教育支出差距。

表 2.7 新型农村社会养老保险对中青年组日常、医疗保健、教育支出差距的影响

解释变量	双向固定效应模型			工具变量法		
	被解释变量			被解释变量		
	YDAILYGINI	YMEDGINI	YEDUGINI	YDAILYGINI	YMEDGINI	YEDUGINI
partratio	− 0. 047 ** (0. 022)	− 0. 005 (0. 031)	− 0. 028 (0. 024)	0. 023 (0. 022)	− 0. 087 *** (0. 026)	− 0. 071 *** (0. 023)
村庄控制变量	有	有	有	有	有	有
区（县） 控制变量	有	有	有	有	有	有
年份固定效应	有	有	有	无	无	无
村庄固定效应	有	有	有	有	有	有
观测值	870	870	870	870	870	870
R^2	0. 057	0. 102	0. 039	0. 036	0. 086	0. 032

注：***、**、* 分别表示在 1%、5% 和 10% 的水平上显著。
资料来源：笔者根据 CFPS 数据运用 Stata 14.0 软件计算整理而得。

进一步，本章在个体层面进行了调节效应检验。本章将个人每年的消费（对数）作为被解释变量（年轻人各项消费 YCON；年轻人日常消费 YDAILYCON、医疗保健支出 YMEDCON、教育支出 YEDUCON），解释变量包括，新型农村社会养老保险参与情况 part、家庭人均收入 income（对数），若年轻人当年参与新型农村社会养老保险缴费，则 part 为 1；否则，为 0。个体层面的控制变量，为受教育年限、年龄、健康水平；家庭层面的控制变量，为家庭人数、孩子人数、老年人数、是否有人住院；村庄层面的控制变量和区（县）层面的控制变量与上文相同。个人收入的调节效应，见表 2.8。

可以看出，在中青年组中，YCON 对 part × income 回归系数显著为

负，随着收入水平提高，参与新型农村社会养老保险的居民消费增加的百分比逐渐减小，这符合推论 2 - 1。使用不同的被解释变量，如 YDAI-LYCON 和 YEDUCON，结论一致。而 YMEDCON 对 part×income 回归系数不显著的原因可能在于，医疗保健需求收入弹性较小，年轻人在参与新型农村社会养老保险后，随着预期收入提升，在一定程度上会增加医疗保健消费，缩小了医疗保健消费差距，但是，当消费达到某一水平之后，即使预期收入增加，个人也可能不会进一步增加消费。

表 2.8 个人收入的调节效应

解释变量	YCON	YDAILYCON	YMEDCON	YEDUCON
part	0.401 ***	0.654 ***	0.120	1.367 ***
	(0.148)	(0.242)	(0.352)	(0.450)
income	0.110 ***	0.191 ***	0.070 **	- 0.003
	(0.012)	(0.023)	(0.035)	(0.039)
part × income	- 0.045 ***	- 0.070 ***	- 0.016	- 0.143 ***
	(0.016)	(0.026)	(0.040)	(0.051)
个体控制变量	有	有	有	有
家庭控制变量	有	有	有	有
村庄控制变量	有	有	有	有
区（县）控制变量	有	有	有	有
年份固定效应	有	有	有	有
个体固定效应	有	有	有	有
观测值	24581	24581	24581	24581
R^2	0.276	0.066	0.072	0.019

注：***、**、* 分别表示在 1%、5% 和 10% 的水平上显著，括号内为根据稳健标准误计算的 t 值。标准误聚集在村庄层面，下同。

资料来源：笔者根据 CFPS 数据运用 Stata 14.0 软件计算整理而得。

总体来看，回归结果表明，新型农村社会养老保险能缩小农村居民消费差距的机制主要是，在新型农村社会养老保险推行后，低收入群体消费提高的比例大于高收入群体，同时，相比于高收入群体的消费差距缩小程度，中低收入群体的消费差距缩小程度更显著，因此，整体消费差距显著缩小。

为了进一步排除新型农村社会养老保险养老金对亲属间私人转移支付的潜在影响，本章在个体层面检验新型农村社会养老保险对私人转移支付的影响。被解释变量为家庭从不同住的亲戚处获得经济帮助的人均对数值，解释变量仍然是新型农村社会养老保险参与情况（part）和领取情况（recei），控制变量包括上述个体层面（包括家庭人均收入对数）、家庭层面、村庄层面和区（县）层面的控制变量。新型农村社会养老保险对亲友赠予的影响，见表2.9。可以看出，无论是双向固定效应模型还是工具变量法估计，在中青年参与新型农村社会养老保险缴费的情况下，亲戚对其经济帮助并不会显著降低，因此，个人终身收入将显著提高，进而提高当期消费水平。老年人领取新型农村社会养老保险的养老金，亲属对其的补贴并不会显著降低，因此，老年人的消费水平也将显著提升。上述结论均说明，新型农村社会养老保险推行所产生的效应，并没有对原有私人转移支付形成挤出效应。

表 2.9　　　　新型农村社会养老保险对亲友赠予的影响

解释变量	双向固定效应模型		工具变量法	
	（1）	（2）	（3）	（4）
part	0.009 (0.071)		0.286 (0.298)	
recei		0.081 (0.146)		-0.323 (0.484)
个体控制变量	有	有	有	有
家庭控制变量	有	有	有	有
村庄控制变量	有	有	有	有
区（县）控制变量	有	有	有	有
年份固定效应	有	有	无	无
个体固定效应	有	有	有	有
观测值	24540	6699	24464	6665
R^2	0.035	0.030	0.032	0.026

资料来源：笔者根据 CFPS 数据运用 Stata 14.0 软件计算整理而得。

2.6　结论

凭借保基本、广覆盖、有弹性、可持续的基本原则，新型农村社会养老保险在2009~2012年快速推进。虽然新型农村社会养老保险已经并入城乡居民社会养老保险，但是，对其进行深入研究有助于理解社会养老保险的综合作用，并为中国社会保障体系的完善提供建议。

　　实施新型农村社会养老保险作为完善中国社会养老保险体系的一项重要举措，对于解决贫困问题、缩小消费差距、提高社会福利具有重要意义。本章研究了新型农村社会养老保险对农村消费差距的影响及影响机制。本章先基于两期世代交叠模型并引入社会养老保险，从理论上分析了消费差距的变化情况，之后，运用中国家庭追踪调查数据进行了实证分析。研究发现，新型农村社会养老保险能显著缩小农村的消费差距，其原因在于，参与新型农村社会养老保险之后，与高收入群体相比，低收入群体领取（或预期领取）的养老金数额占其收入的比例更大，消费增长的百分比更多，低收入群体和高收入群体之间的消费差距缩小。进一步分析表明，相比于缩小高收入群体之间的消费差距，新型农村社会养老保险对缩小低收入群体之间消费差距的作用更大。

　　新型农村社会养老保险的推行为解决农村居民养老问题提供了一条有效途径，对于全面建成小康社会具有重要的推动作用。而且，新型农村社会养老保险的实施有利于改善目前农村地区的收入分配状况，缩小消费差距，提高社会总体福利水平。然而，从回归结果看，消费差距缩小的情况并不是很明显，可能的原因在于，目前，新型农村社会养老保险提供的保障水平较低，低收入群体因收入增加引致的消费增加较低，从而使得消费差距缩小较缓慢。因此，为了进一步缩小消费差距，一方面，可以通过宣传教育等措施鼓励农村居民积极参保；另一方面，可以通过适当提高新型农村社会养老保险养老金发放标准等措施提高保障水平，使广大农村居民进一步共享改革发展成果。

第 3 章　工业机器人应用对城镇居民收入差距的影响

3.1　概述

　　近年来，随着新技术的发展和应用，人工智能的相关研究引起学术界和政府部门越来越多的关注。作为一种新型通用技术，人工智能能够广泛应用于社会的多个方面并发挥重要作用（Trajtenberg，2018）。中国在人工智能蓬勃发展初期便对其高度关注，先后出台多项相关政策，希望在新的科技革命中抢占先机。2017 年 7 月，国务院发布《新一代人工智能发展规划》，进一步明确了新一代人工智能发展的战略目标和重点任务。[①] 2019 年的政府工作报告也强调："要打造工业互联网平台，拓展'智能＋'，为制造业转型升级赋能"。[②] 预计在未来几年，中国的人工智能技术及相关产业将继续保持高速发展（曹静和周亚林，2018），并且，将占据更重要的位置。

　　人工智能作为人类智能的延伸和扩展，不仅促进了劳动生产率和全要素生产率的提高（Brynjolfsson et al.，2011；Graetz and Michaels，2015），而且推动了高水平、高质量的经济增长。但不容忽视的是，随着人工智能的发展，工业机器人等自动化技术也得以广泛应用，这对劳动力市场产生了明显冲击。一方面，工业机器人可能会对劳动力产生明显的替代作用，对劳动力的就业产生负向影响（Frey and Osborne，2017；Acemoglu and Restrepo，2018）；另一方面，工业机器人也可能通过降低企业成本、促进衍生行业发展等途径，提高相关产业的劳动力就业数量（Mokyr et al.，2015；David and Benjamin，2017），即互补效应和创造效

---

　　① 中国政府网．https://www.gov.cn/xinwen/2017－07/20/content_ 5212064.htm? eqid = b11319210001f8980000000664661f25.

　　② 中国政府网．https://www.gov.cn/premier/2019－03/16/content_ 5374314.htm.

应。然而，人工智能的发展和工业机器人的应用，究竟会对劳动力市场产生何种影响，取决于上述三种效应的相互作用。

更重要的是，人工智能的发展和工业机器人的应用对不同行业、不同特征劳动力群体产生的影响有明显差异，从而对最终收入分配格局产生深刻影响。第一，从劳动力市场内部看，人工智能发展及工业机器人应用产生的影响具有一定技能倾向性，与高技能、高收入群体相比，低技能、低收入群体面临更高的被自动化技术替代的风险（Brynjolfsson and McAfee，2014；Zhou et al.，2020；周广肃等，2021）。同时，伴随"岗位极化"等现象的发生（Goos and Manning，2007；Michaels et al.，2014），原有劳动力市场结构将被打破，不同群体间的就业机会和工资水平将产生差异化变动，因此，收入差距将随之改变。第二，从宏观层面看，随着工业机器人对一般劳动力的替代，资本深化程度进一步加剧，劳动收入份额随之下降（Autor，2014；DeCanio，2016），更多财富可能集中到少数资本所有者手中，从而拉大收入差距。第三，从国际视角看，与处于技术上游的发达国家相比，发展中国家的比较优势通常在于劳动密集型产业，面临更多岗位被工业机器人替代的风险（Frey et al.，2016），相对工资水平也可能随之下降，最终影响与发达国家之间的收入差距。

既有中文文献大多集中于人工智能的发展和工业机器人的应用对经济增长和劳动力就业影响的定性分析（王君等，2017；曹静和周亚林，2018；杨伟国等，2018），对收入差距影响的定量研究较缺乏。鲜有分析人工智能发展及工业机器人应用对收入差距影响的研究文献，大多只是从文献总结角度、理论分析角度进行讨论（郭凯明，2019；蔡跃洲和陈楠，2019）。邓翔和黄志（2019）、余玲铮等（2019，2021）、王永钦和董文（2020）则分别使用行业面板数据和企业微观数据，实证研究了工业机器人对行业收入差距、企业收入分配以及劳动力市场的影响。因此，使用科学、严谨的实证方法进一步研究工业机器人应用对城镇整体人群收入差距的影响及作用机制，不仅可以更科学地评估人工智能及工业机器人自动化技术发展所产生的收入分配效应，而且可以为相关政策制定提供参考借鉴，具有重要的理论价值和现实意义。

本章首次使用中国家庭追踪调查 2012 年、2014 年和 2016 年三轮调查形成的面板数据，探究了工业机器人应用对城镇居民收入差距的影响。估计结果显示，工业机器人应用水平的提高会显著拉大城镇居民的收入差距，地区工业机器人数量每增加 1 000 台，城镇居民收入基尼系数显著增长 0.055，经济效果显著。进一步使用工具变量法对潜在的内生性问题进行处理并进行多种稳健性检验后，所得结论保持不变。机制分析表明，工业机器人应用通过对劳动力市场不同群体就业机会和工资水平产生的异质性影响，扩大了城镇整体居民收入差距。此外，相关异质性分析表明，工业机器人应用引起的收入差距扩大，主要集中在低收入水平、低教育水平地区。

3.2　相关理论研究

随着人工智能这一引领新一轮科技革命和产业升级的前沿技术发展，工业机器人等自动化技术的广泛应用，对当前的收入分配格局造成了广泛而深远的影响。通过对相关文献的梳理，我们认为，工业机器人等自动化技术的应用可能通过以下三个层面对收入差距产生影响。

第一，从劳动力市场层面，工业机器人等自动化技术的应用使生产成本不断下降，相对成本变动促进了技术要素对劳动要素的替代，甚至导致部分就业岗位消失，从而对劳动力就业和劳动力收入产生了明显的负向冲击（Autor and Dorn，2013；Acemoglu and Restrepo，2017）。萨斯坎德（Susskind，2017）通过构建任务模型，发现智能机器的大量使用会明显降低劳动群体特别是低技能劳动群体的工资收入，同时，可能会导致技术性失业。弗雷和奥斯本（Frey and Osborne，2017）基于美国劳工部的数据，对 702 种职业可能被自动化技术替代的概率进行测算，发现 47% 的职业都有被替代的风险。王永钦和董雯（2020）使用中国分行业工业机器人应用数据和制造业上市公司的微观数据实证研究发现，工业机器人应用对企业的劳动力需求产生一定替代效应，工业机器人的渗透度每增加 1%，企业的劳动力需求下降 0.18%。也有一些学者发现，工业机器人的替代效应并不十分明显（Arntz et al.，2016），甚至可能通过降低企业成本、促进衍生行业发展等途径使相关产业对劳动力需求的数量提高，促进就业增长（Mokyr et al.，2015；David and Benjamin，2017）。

虽然工业机器人应用对劳动力市场的整体影响尚未有明确结论，但行业特征和人群素质不同，使得工业机器人应用对不同群体的影响存在明显差异，从而导致劳动力市场内部收入分配失衡。既有研究表明，工业机器人等自动化技术的应用具有明显的技能倾向性，低技能岗位更容易被自动化技术替代，导致市场对处于该岗位的低收入人群需求下降（Brynjolfsson and McAfee，2014；Acemoglu and Restrepo，2018）。周等（Zhou et al.，2020）计算了不同职业的智能化实际替代概率，结果表明，自动化技术对低教育劳动力和低收入劳动力的替代效应较大。与之相反，工业机器人应用带来的企业成本降低和产业规模扩大会促进企业加强对技术创新的投入，推动自动化技术相关岗位和衍生行业的发展，增加对高技能劳动力、高教育劳动力的需求（Furman and Seamans，2019）。低技能劳动力群体本就面临工业机器人等自动化技术对工资水平的负向影响，在就业岗位调整后，内部竞争更加激烈，可能导致高技能劳动力群体与低技能劳动力群体间收入差距不断拉大（Hemous and Olsen，2014）。余玲铮等（2021）从任务属性角度出发通过构建"机器人—工作任务"模型研究发现，工业机器人对执行不同任务的工人具有不同的替代弹性，工业机器人的引入能够促使工作需求从常规任务工人转移到非常规任务工人，进而使这两类任务工作人群的工资差距拉大。

第二，从宏观层面，劳动收入份额主要受到经济结构转型、有偏技术进步及产品市场扭曲、要素市场扭曲三方面因素的影响（白重恩和钱震杰，2010；王晓霞和白重恩，2014）。随着大量劳动力被工业机器人等自动化技术替代（Manyika et al.，2017），资本深化程度进一步提高，劳动报酬不断下降，原有"卡尔多典型事实"中的稳态被打破。弗莱克等（Fleck et al.，2011）研究发现，21世纪以来，美国国内制造业自动化使劳动报酬在国民收入中的占比持续下降。卡拉巴尔布尼斯和尼曼（Karabarbounis and Neiman，2014）基于56个国家的分析发现，信息技术进步将导致大多数国家的劳动力收入份额下滑。与之相对的是，资本报酬占经济收入的比重持续升高，更多财富集中到少数资本所有者手中（Brynjolfsson et al.，2014；Berg et al.，2016），最终加剧了资本所有者和一般劳动力之间的收入差距。本泽尔等（Benzell et al.，2015）通过构建两阶段世代交替模型（OLG）发现，随着时间推移，人工智能及自动化技术带来的生产率提高会使资本在国民收入中的份额上升，而劳动所占份额不断下降，从而使后代贫困。余玲铮等（2019）基于广东企业调查数据实证研究发现，机器人促进劳动生产率的增长幅度高于工资率，最终使劳动收入份额下降。郭凯明（2019）则强调，人工智能发展对劳动收入份额的影响方向取决于产业属性，当资本密集型产业扩张时，制造业的劳动收入份额会随之下降。

第三，从国际视角层面，工业机器人等自动化技术的应用对劳动力就业的影响与该国的收入水平和科技水平密切相关（Frey et al.，2016），与处于技术上游的发达国家相比，发展中国家存在更多岗位面临被工业机器人替代的风险（Rodrik，2016）。在中文文献中，陈永伟和许多（2018）使用与弗雷和奥斯本（2017）相同的方法估计，发现约77%的总就业人口会在未来20年内遭受自动化技术的冲击，与美国的47%相比增加了约1/3。世界银行（World Bank，2016）出版的《2016年世界发展报告》（*World Development Report* 2016）指出，发展中国家被自动化技术替代的岗位数量要远超发达国家，未来可能将有约70%的工作岗位消失。而劳动就业岗位被工业机器人大量替代，将降低这些国家的相对工资水平，影响国际产出的分配，最终进一步扩大世界范围内不同发展水平国家之间的收入差距（Berg，2016；谢璐等，2019）。

与既有文献相比，本章的主要贡献有三点：一是本章使用CFPS2012、CFPS2014和CFPS2016的微观个体数据进行实证研究，样本较新且更具全国代表性，有效弥补了既有文献仅使用企业数据或行业数据进行实证研究的不足；二是使用面板数据双向固定效应模型和工具变量法等多种方法对关键变量的内生性问题进行处理，尽量避免产生估计偏误；三是基于既有文献提出的相关理论，本章还从劳动力市场层面对工业机器人应用影响收入差距的机制进行了进一步探究。

3.3 数据与实证方法

3.3.1 数据描述

本章使用的微观数据，主要来自中国家庭追踪调查。CFPS是由北京大学中国社会科学调查中心实施的两年一次的跟踪调查，旨在通过收集具备全国代表性的村居、家庭和家庭成员的信息，全面反映中国经济发展、社会变迁现状，为学术研究和公共政策分析提供基础数据支持。2008年、2009年CFPS分别对北京、上海、广东三地进行了预调查和追踪调查，2010年正式开展第一期全国层面的调查。CFPS2010的调查样本涉及中国的25个省（区、市）162个区（县）635个村庄（社区）的约16 000个家庭，其分层多阶段的概率抽样方式使样本具有较好的代表性

（Xie and Lu，2015）。2012 年、2014 年和 2016 年的追踪调查，对其中 80% 以上的家庭进行了追访。

2010 年的问卷中收入部分的调查问题与后续调查问卷存在一定差异，为保证统计口径和统计指标的可比性，在此，我们仅关注具有 2012 年、2014 年和 2016 年三期观测值的全国代表性样本。与此同时，考虑到工业机器人应用对劳动力市场产生的影响主要集中于城镇地区，我们进一步将研究对象限定为城镇居民，并在测度收入差距时，使用该城市中的所有城镇居民样本（基于国家统计局资料的城乡分类，主要根据受访人常住地筛选）进行计算，以保证度量的全面性和准确性。而在个体层面进行机制研究时，为保证个体没有因年龄限制退出劳动力市场，我们将样本进一步限制在调查年份年龄小于等于 60 岁（即处于适龄劳动阶段）的个体。因此，个体回归分析的样本包括 2012 年、2014 年和 2016 年三期 98 个城市 3 245 个城镇居民的观测数据。

此外，我们基于公开发布的统计信息收集了与 CFPS 微观数据库相匹配的城市层面工业机器人使用数据，数据来源主要为国际机器人联合会（IFR）。

3.3.2　模型设定与关键变量构造

潜在遗漏变量是引发内生性问题的重要原因之一，而本章使用的数据具有面板特征，可以通过控制城市层面的固定效应，尽可能消除不随时间变化的遗漏变量影响，因此，建立双向固定效应模型如下：

$$\text{Income Gap}_{i,t} = \beta_0 + \beta_1 \text{Robot}_{i,t} + \beta_2 X_{i,t} + \beta_3 Z_{i,t} + \theta_i + \mu_t + \varepsilon_{i,t} \qquad (3-1)$$

在式（3-1）中，$\text{Income Gap}_{i,t}$ 表示第 i 个城市在第 t 年的城镇居民收入差距，$\text{Robot}_{i,t}$ 表示该城市在第 t 年的工业机器人应用情况，$X_{i,t}$ 表示城市层面的经济特征控制变量，$Z_{i,t}$ 表示城市层面的人口特征控制变量，θ_i 表示城市固定效应，μ_t 表示年份固定效应，$\varepsilon_{i,t}$ 表示随机扰动项。城市固定效应可以控制城市不随时间变化的固有特征，年份固定效应则可以控制居民收入差距发展的时间趋势。此外，收入差距这一被解释变量是在城市层面计算而得，考虑到同一省（区、市）内不同城市随机扰动项 $\varepsilon_{i,t}$ 之间的相关性，我们在估计中使用省级层面的聚类标准误进行显著性检验（Cameron and Miller，2015）。

CFPS 数据的抽样方法经过严格设计，涵盖了家庭层面、个体层面详细的收入信息，且每轮调查具有较好的可比性。为了准确度量收入不平等程度，避免问卷结构变动带来的干扰，本章选取了可比的"家庭人均工资性收入"指标在城市层面计算基尼系数，作为本章的被解释变量。城市层面变量的描述性统计，见表 3.1A。计算结果显示，2012年全国各样本城市城镇居民的平均基尼系数为 0.349，2014 年上升为 0.372，2016 年降到 0.368，与国家统计局数据显示的趋势基本一致。在测度收入差距时，基尼系数对低收入群体的敏感度较差（欧阳葵和王国成，2014），因此，本章进一步计算了不同取值的广义熵（GE）指数作为补充的被解释变量进行稳健性检验，以尽可能准确表征城镇居民的收入差距水平。

为尽可能控制遗漏变量的影响，本章使用的控制变量主要分为经济特征变量和人口特征变量两类。前者包括 GDP 对数、地区人均收入对数、公共财政收入、工业企业数、企业利润总额和工业总产值与 GDP 之比；后者包括男性占比、平均年龄和平均受教育年限等。在回归分析中，我们依次加入经济特征变量和人口特征变量，以验证关键解释变量估计结果的稳健性。

表 3.1A   城市层面变量的描述性统计

变量	观测值	2012 年		2014 年		2016 年	
		均值	标准差	均值	标准差	均值	标准差
被解释变量							
基尼系数	98	0.349	0.060	0.372	0.066	0.368	0.062
GE（2）	98	0.227	0.097	0.268	0.147	0.261	0.108
GE（1）	98	0.215	0.076	0.245	0.098	0.238	0.085
GE（0）	98	0.282	0.142	0.314	0.146	0.297	0.134
核心解释变量							
工业机器人数量（千台）	98	0.246	0.217	0.455	0.405	0.876	0.791
工具变量	98	0.018	0.016	0.035	0.031	0.062	0.056
经济特征控制变量							
GDP 对数	91	0.173	0.131	0.206	0.156	0.216	0.167
地区人均收入对数	91	8.872	0.371	9.067	0.431	9.283	0.411
公共财政收入（十亿元）	91	0.150	0.170	0.206	0.228	0.225	0.258
企业利润总额（万亿元）	91	0.023	0.024	0.024	0.024	0.022	0.024

续表

变量	观测值	2012 年		2014 年		2016 年	
		均值	标准差	均值	标准差	均值	标准差
工业企业数（万家）	91	0.122	0.122	0.137	0.132	0.135	0.127
工业总产值与 GDP 之比	91	1.550	0.501	1.539	0.502	1.459	0.555
人口特征控制变量							
男性占比（%）	98	0.484	0.035	0.482	0.035	0.479	0.035
平均年龄（岁）	98	44.220	3.787	46.490	3.793	46.770	3.634
平均受教育年限（年）	98	8.089	1.680	8.189	1.685	8.249	1.623
健康人群占比（%）	98	0.671	0.109	0.713	0.100	0.677	0.088
适龄劳动人口占比（%）	98	0.819	0.0777	0.882	0.0784	0.871	0.0863

资料来源：笔者根据 CFPS 数据以及国际机器人联合会的工业机器人数据运用 Stata 14.0 软件计算整理而得。

此外，为进一步探究工业机器人应用对收入差距的影响机制，本章还使用了 2012 年、2014 年和 2016 年三期 98 个城市 3 245 个处于适龄劳动阶段城镇居民的观测数据。个体层面变量的描述性统计，见表 3.1B。

表 3.1B   **个体层面变量的描述性统计**

变量	观测值	2012 年		2014 年		2016 年	
		均值	标准差	均值	标准差	均值	标准差
人均工资性收入对数	3 243	7.185	3.699	7.981	3.008	8.039	3.250
就业（有工作 = 1）	3 016	0.900	0.300	0.981	0.136	0.981	0.137
性别（男性 = 1）	3 237	0.548	0.498	0.548	0.498	0.548	0.498
年龄	3 245	37.760	10.630	39.760	10.630	41.840	10.610
受教育年限	3 244	9.190	4.061	9.417	4.032	9.466	4.231
健康情况（健康 = 1）	3 244	0.748	0.434	0.798	0.402	0.742	0.438

资料来源：笔者根据 CFPS 数据运用 Stata 14.0 软件计算整理而得。

3.4 实证分析结果

3.4.1 基准回归结果

工业机器人应用对收入差距的影响：基准回归结果，见表 3.2。表 3.2 汇报了使用双向固定效应模型对式（3-1）进行估计的结果，表中显示了各个变量的系数值及由对应的省级层面聚类标准误计算得到的 t 值。第（1）列只加入了关键解释变量工业机器人数量和经济特征控制变量，第（2）列、第（3）列进一步加入人口特征控制变量。通过第（1）~（3）列回归结果的对比可以发现，在不同的模型设定形式下，关键解释变量系数的显著性和大小比较稳定。这些回归结果表明，工业机器人应用水平的提高显著拉大了城镇居民收入差距。以第（3）列为例，工业机器人数量每增加 1 000 台，城镇居民收入基尼系数显著增加约 0.055，具有显著的经济效果。

从控制变量的回归结果看，城市层面经济特征变量对收入差距的影响较为明显。其中，地区 GDP 发展水平对城镇居民收入差距的缓解有显著促进作用，而企业利润的提高则显著拉大了城镇居民的收入差距。

表 3.2　　工业机器人应用对收入差距的影响：基准回归结果

变　量	（1）	（2）	（3）
	GINI		
工业机器人数量（千台）	0.055 * (1.95)	0.053 * (1.85)	0.055 * (2.02)
GDP 对数	- 0.955 ** (- 2.42)	- 0.886 * (- 2.07)	- 0.745 ** (- 2.16)
利润总额（万亿元）	2.120 *** (4.03)	1.991 *** (3.25)	1.876 *** (3.73)
公共财政收入（十亿元）	- 0.057 (- 0.70)	- 0.064 (- 0.75)	- 0.123 (- 1.60)
工业企业数（万家）	- 0.133 (- 0.42)	- 0.156 (- 0.50)	- 0.126 (- 0.46)
工业总产值与 GDP 之比	- 0.010 (- 0.47)	- 0.007 (- 0.35)	- 0.008 (- 0.49)

续表

变　量	（1）	（2）	（3）
	GINI		
地区人均收入对数	−0.022 （−1.01）	−0.019 （−0.75）	−0.015 （−0.66）
男性占比（%）		−0.080 （−0.72）	−0.033 （−0.30）
平均年龄（岁）		（−0.72） 0.001	（−0.30） −0.001
平均受教育年限（年）		0.001 （0.44）	−0.001 （−0.32）
健康人群占比（%）			−0.004 （−0.35）
适龄劳动人口占比（%）			−0.190 （−1.14）
年份固定效应	是	是	是
个体固定效应	是	是	是
观测值（个）	266	266	266
R^2	0.088	0.094	0.128
城市数量（个）	91	91	91

注：***、**、*分别表示在1%、5%和10%的水平上显著，括号内为根据省级层面的聚类标准误计算的 t 值。

资料来源：笔者根据 CFPS 数据及国际机器人联合会的工业机器人数据运用 Stata 14.0 软件计算整理而得。

3.4.2　稳健性检验

（1）使用 FGLS 模型和 PCSE 模型

考虑到面板数据可能存在的同期相关问题和组间异方差问题，本章参考赵伟和隋月红（2015）的处理方法，分别运用可行的广义最小二乘法（FGLS）和面板校正标准误（PCSE）两种方法，对面板误差结构进行处理，以检验回归结果的有效性和稳健性。稳健性检验：FGLS 模型和 PCSE 模型，见表 3.3。在表 3.3 汇报的回归结果中可以发现，在对面板数据的误差进行修正后，关键解释变量估计系数的大小和方向与基准结果基本一致，且对不同的计量方法敏感性较低，具有较好的稳健性。

表 3.3　　　　　　　　稳健性检验：FGLS 模型和 PCSE 模型

变　量	(1)	(2)	(3)	(4)
	GINI			
估计方法	FGLS		PCSE	
工业机器人数量 （千台）	0.068 *** (6.97)	0.060 *** (5.02)	0.055 ** (2.19)	0.055 ** (2.30)
经济特征变量	是	是	是	是
人口特征变量	否	是	否	是
年份固定效应	是	是	是	是
个体固定效应	是	是	是	是
观测值（个）	266	266	266	266
Wald chi^2	2 825.70	1 207.93	2 419.62	1 037.56
Prob > chi^2	0.000	0.000	0.000	0.000
城市数量（个）	91	91	91	91

注：***、**、*分别表示在 1%、5% 和 10% 的水平上显著，括号内为根据标准误计算的 t 值。

资料来源：笔者根据 CFPS 数据及国际机器人联合会的工业机器人数据运用 Stata 14.0 软件计算整理而得。

（2）使用不同的收入差距测度指标

基尼系数计算方法存在一定局限性，其在衡量收入差距时对低收入群体的敏感度较差，不能较好地反映社会整体的福利水平（欧阳葵和王国成，2014）。而广义熵指数 GE（a）作为一种反映地区收入差距的优良指标，能对不同组间的收入差距有一个较为全面的衡量（Jenkins，2009）。稳健性检验：广义熵指数，见表 3.4。为验证本章研究结果的稳健性，本章在表 3.4 中使用 GE（2）、GE（1）和 GE（0）三个广义熵指数作为替代变量进行回归。回归结果表明，在不同模型设定情形下，无论 GE（a）中 a 取何值，工业机器人应用水平的提高均会显著拉大城镇居民间的收入差距，与表 3.2 中使用基尼系数作为被解释变量时得到的结论相符，说明回归结果较稳健。

此外，GE（a）中参数 a 取值不同，表示此指标对收入分配不同部分的收入差异的敏感性，a 的值越小，该指标对收入分布底部的差异就越敏感。通过比较各列回归结果可以发现，与 GE（1）相比，GE（2）

和 GE（0）作为替代变量时得到的回归系数数值更大，说明工业机器人应用对低收入群体、高收入群体具有更显著的收入差距拉大作用，尤其是对低收入群体的影响更为明显。

表 3.4　　　　　　　　稳健性检验：广义熵指数

变 量	(1)	(2)	(3)	(4)	(5)	(6)
	GE（2）		GE（1）		GE（0）	
工业机器人数量（千台）	0.076* (1.82)	0.079* (1.99)	0.074** (2.10)	0.077** (2.29)	0.102* (1.82)	0.106* (1.98)
经济特征变量	是	是	是	是	是	是
人口特征变量	否	是	否	是	否	是
年份固定效应	是	是	是	是	是	是
个体固定效应	是	是	是	是	是	是
观测值（个）	266	266	266	266	266	266
R^2	0.100	0.118	0.096	0.131	0.070	0.104
城市数量（个）	91	91	91	91	91	91

注：***、**、*分别表示在1%、5%和10%的水平上显著，括号内为根据省级层面的聚类标准误计算的 t 值。

资料来源：笔者根据 CFPS 数据及国际机器人联合会的工业机器人数据运用 Stata 14.0 软件计算整理而得。

（3）使用工业机器人数量的对数值

通过数据可以发现，工业机器人应用水平在不同城市的差异较大，为了减少极端值的影响，我们选取关键解释变量——工业机器人数量的对数值作为被解释变量，运用双向固定效应模型再次进行回归。稳健性检验：工业机器人数量的对数值，见表 3.5。通过第（1）~（4）列比较可以发现，在控制经济特征、人口特征的条件下，关键解释变量取对数值后得到的回归结果与前文保持一致，进一步说明了结论的稳健性。

表 3.5　　　　　稳健性检验：工业机器人数量的对数值

变 量	(1)	(2)	(3)	(4)
	GINI	GE（2）	GE（1）	GE（0）
工业机器人数量对数值（千台）	0.234** (2.49)	0.336* (1.93)	0.292** (2.26)	0.406* (1.92)

续表

变 量	(1)	(2)	(3)	(4)
	GINI	GE (2)	GE (1)	GE (0)
经济特征变量	是	是	是	是
人口特征变量	是	是	是	是
年份固定效应	是	是	是	是
个体固定效应	是	是	是	是
观测值（个）	266	266	266	266
R^2	0.191	0.211	0.208	0.171
城市数量（个）	91	91	91	91

注：***、**、* 分别表示在 1%、5% 和 10% 的水平上显著，括号内为根据省级层面的聚类标准误计算的 t 值。

资料来源：笔者根据 CFPS 数据及国际机器人联合会的工业机器人数据运用 Stata 14.0 软件计算整理而得。

3.4.3　滞后效应和工具变量法

然而，以上基准回归结果中可能存在潜在的内生性问题。一方面，某些无法观测的城市层面的特征变量可能既会影响城镇居民收入差距水平，又会对地区工业机器人的应用水平造成影响，从而产生遗漏变量问题；另一方面，地区收入差距水平可能会反过来影响当地的经济发展质量，并进一步影响该地区工业机器人应用水平，从而产生反向因果问题。这些原因均可能导致关键变量的内生性，使估计结果出现偏误。而面板数据双向固定效应模型仅能克服不随时间变化的遗漏变量导致的内生性问题，无法解决由反向因果问题引起的内生性问题。因此，本章根据滞后一期的工业机器人数量构造了工具变量，通过估计影响的滞后效应及工具变量法进一步解决内生性问题（Bellemare et al.，2017）。

工业机器人应用对收入差距的影响：滞后效应，见表 3.6。表 3.6 汇报了滞后效应的回归结果，其中，第（1）~（4）列的被解释变量分别为基尼系数、GE（2）、GE（1）和 GE（0），经济特征变量和人口特征变量的选择与表 3.2 一致。表 3.6 的回归结果表明，在选用滞后期的工业机器人数量作为核心解释变量时，工业机器人应用水平的提高仍会显著拉大城镇居民的收入差距，而且，这种作用对低收入群体收入差距的拉大作用更明显。

表 3.6　　　　工业机器人应用对收入差距的影响：滞后效应

变　量	(1)	(2)	(3)	(4)
	GINI	GE (2)	GE (1)	GE (0)
工业机器人数量（千台）	0.0702* (1.761)	0.0998 (1.645)	0.0984* (1.979)	0.1449* (1.970)
经济特征变量	是	是	是	是
人口特征变量	是	是	是	是
年份固定效应	是	是	是	是
个体固定效应	是	是	是	是
观测值（个）	266	266	266	266
R^2	0.121	0.106	0.120	0.087
城市数量（个）	91	91	91	91

注：***、**、*分别表示在1%、5%和10%的水平上显著，括号内为根据省级层面的聚类标准误计算的 t 值。

资料来源：笔者根据 CFPS 数据及国际机器人联合会的工业机器人数据运用 Stata 14.0 软件计算整理而得。

工业机器人应用对收入差距的影响：工具变量法，见表 3.7。表 3.7 汇报了基于滞后效应模型设定的工具变量法得到的结果，其中，A、B 部分分别为两步法估计的二阶段回归结果和一阶段回归结果。一阶段回归结果表明，滞后项工具变量的系数在 1% 的水平上显著，一阶段 F 值远大于 10，排除了弱工具变量的可能性；二阶段回归结果表明，在使用工具变量克服了潜在内生性问题后，仍发现工业机器人应用水平的提高对拉大城镇居民收入差距有显著的促进作用。这说明，本章结论具有较强的稳健性。

表 3.7　　　　工业机器人应用对收入差距的影响：工具变量法

变　量	(1)	(2)	(3)	(4)
	A. 二阶段回归结果			
	GINI	GE (2)	GE (1)	GE (0)
工业机器人数量（千台）	0.0511* (1.765)	0.0728* (1.646)	0.0717** (1.982)	0.1056* (1.960)
经济特征变量	是	是	是	是
人口特征变量	是	是	是	是

续表

变　　量	(1)	(2)	(3)	(4)
	A. 二阶段回归结果			
	GINI	GE（2）	GE（1）	GE（0）
年份固定效应	是	是	是	是
个体固定效应	是	是	是	是
Wald 外生性检验（p 值）	0.000	0.000	0.000	0.000
观测值（个）	266	266	266	266
城市数量（个）	91	91	91	91
	B. 一阶段回归结果			
滞后项工具变量	1.3723 ***（56.496）	1.3723 ***（56.496）	1.3723 ***（56.496）	1.3723 ***（56.496）
一阶段 F 值	11 324.84	11 324.84	11 324.84	11 324.84

注：***、**、*分别表示在1%、5%和10%的水平上显著，括号内为根据省级层面的聚类标准误计算的t值。

资料来源：笔者根据 CFPS 数据及国际机器人联合会的工业机器人数据运用 Stata 14.0 软件计算整理而得。

3.5　异质性分析和机制探究

3.5.1　工业机器人应用对收入差距影响的区域异质性分析

不同地区经济发展、人才结构等区域特征具有异质性，科技发展水平和劳动力市场状态不尽相同，因此，工业机器人应用对收入差距的影响可能存在区域异质性。弗雷等（Frey et al.，2016）指出，地区收入水平与当地市场受自动化技术影响程度之间存在显著负相关关系。本节根据城市的"平均工资性收入水平"和"平均受教育年限"两个指标进行分组，分析工业机器人应用对收入差距影响的区域异质性。其中，"平均工资性收入水平"为地区人均工资性收入三期数据的平均值，划分为高、中、低三组，以尽量避免单期数据波动对整体划分结果的影响；同理，本节按"平均受教育年限"进行划分的标准为，根据地区人均受教育年限三期数据的平均值，划分为高、中、低三组。

工业机器人应用对收入差距影响的区域异质性分析，见表3.8。表3.8 第（1）~（3）列汇报了不同收入水平城市间的差异，第（4）~（6）列汇报了不同教育水平城市间的差异。回归结果显示，工业机器人应用对收入差距的拉大作用在低收入组和低教育组的城市表现得更为显著且效果较大，对中、高收入组和中、高教育组的城市影响并不明显。可能原因在于，在收入水平、教育水平较低的城市，传统的工业等制造业仍然是地区支柱型产业，大多数职业岗位对技能要求较低，在自动化技术发展过程中更容易被替代，进而造成城镇居民整体收入差距拉大。

表3.8　　　　工业机器人应用对收入差距影响的区域异质性分析

变　量	(1)	(2)	(3)	(4)	(5)	(6)
	平均工资性收入水平			平均受教育年限		
	低	中	高	低	中	高
	GINI					
工业机器人数量（千台）	0.207 ** (0.0778)	-0.008 (0.0748)	0.045 (0.0409)	0.251 *** (0.0753)	-0.008 (0.0523)	0.057 (0.0364)
经济特征变量	是	是	是	是	是	是
人口特征变量	是	是	是	是	是	是
年份固定效应	是	是	是	是	是	是
个体固定效应	是	是	是	是	是	是
观测值（个）	92	85	89	93	90	83
R^2	0.514	0.276	0.248	0.483	0.215	0.400
城市数量（个）	31	29	31	31	31	29

注：*** 、** 、* 分别表示在1%、5%和10%的水平上显著，括号内为根据省级层面的聚类标准误计算的t值。

资料来源：笔者根据CFPS数据及国际机器人联合会的工业机器人数据运用Stata 14.0软件计算整理而得。

3.5.2　工业机器人应用对收入差距影响的机制探究

在文献梳理部分，我们发现，工业机器人应用和发展会对不同劳动力群体的就业机会和工资水平产生技能偏向性影响，进而拉大群体内部收入差距。为验证上述逻辑，我们使用 2012 年、2014 年和 2016 年三期 98 个城市中 3 254 个城镇居民的观测数据，分析工业机器人应用对居民就业机会和工资水平的影响。

工业机器人应用对收入差距的影响机制：就业机会，见表 3.9。表 3.9 以是否就业作为被解释变量，汇报了基于双向固定效应模型进行分组回归的结果，其中，模型的设定形式与表 3.2 一致。通过比较可以发现，工业机器人应用水平的提高会对低收入组和中收入组的就业机会产生显著的负向影响，同时，促进高收入组就业水平的显著提高。在分别控制不同层次的控制变量后，结果仍然稳健。以上结果说明，整体而言，工业机器人的应用和发展既会通过替代效应和岗位极化减少中低收入组的就业机会，也会通过创造效应增加高收入组的就业机会。

表 3.9　　工业机器人应用对收入差距的影响机制：就业机会

变　量	(1)	(2)	(3)	(4)	(5)	(6)
	低收入组		中收入组		高收入组	
	是否就业					
工业机器人数量（千台）	-0.141 * (0.0834)	-0.144 * (0.0841)	-0.085 * (0.0434)	-0.086 * (0.0437)	0.047 ** (0.0187)	0.049 *** (0.0185)
经济特征变量	是	是	是	是	是	是
人口特征变量	否	是	否	是	否	是
年份固定效应	是	是	是	是	是	是
个体固定效应	是	是	是	是	是	是
观测值（个）	2 495	2 480	2 533	2 519	2 459	2 451
R^2	0.098	0.099	0.064	0.065	0.023	0.024
个体数量（个）	877	877	889	889	862	862

注：*** 、** 、* 分别表示在 1%、5% 和 10% 的水平上显著，括号内为根据城市层面聚类标准误计算的 t 值。

资料来源：笔者根据 CFPS 数据及国际机器人联合会的工业机器人数据运用 Stata 14.0 软件计算整理而得。

工业机器人应用对收入差距的影响机制：工资水平，见表 3.10。表 3.10 使用"人均家庭工资性收入"的对数值为被解释变量，汇报了运用双向固定效应模型进行估计的回归结果。结果表明，即使控制变量的设定形式不同，工业机器人的应用也能显著降低低收入组的工资水平。通过以上分析可以发现，工业机器人应用水平的提高在拉大中、低收入组和高收入组的就业机会差距的同时，还降低了低收入组的工资水平，使得整体收入差距进一步拉大。

表 3.10　　　　工业机器人应用对收入差距的影响机制：工资水平

变　量	（1）	（2）	（3）	（4）	（5）	（6）
	低收入组		中收入组		高收入组	
	人均家庭工资性收入对数值					
工业机器人数量（千台）	－1.080 * (0.636)	－1.122 * (0.609)	－0.017 (0.309)	0.006 (0.314)	－0.171 (0.155)	－0.177 (0.150)
经济特征变量	是	是	是	是	是	是
人口特征变量	否	是	否	是	否	是
年份固定效应	是	是	是	是	是	是
个体固定效应	是	是	是	是	是	是
观测值（个）	2 643	2 627	2 709	2 695	2 601	2 593
R^2	0.064	0.067	0.060	0.065	0.071	0.075
个体数量（个）	908	908	926	926	888	888

注：***、**、*分别表示在1%、5%和10%的水平上显著，括号内为根据城市层面聚类标准误计算的 t 值。

资料来源：笔者根据 CFPS 数据及国际机器人联合会的工业机器人数据运用 Stata 14.0 软件计算整理而得。

此外，为了更直观地展示工业机器人应用对各收入组工资水平的影响，我们还使用面板分位数回归方法进行了检验，得到各分位数位置的结果趋势。工业机器人应用对工资水平影响的分位数分解，见图 3.1。在图 3.1 中，实线部分对应此分位数下的回归系数值，灰色区间对应此分位数下的置信区间。从图 3.1 中的趋势仍然可以发现，工业机器人的应用会显著降低低收入组的工资水平，而对中、高收入组的工资水平影响不明显，导致低收入组与中、高收入组的工资差异加剧，进一步证实了前文的结论。

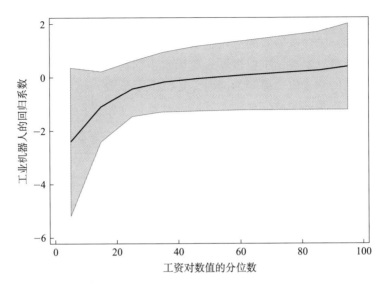

图 3.1　工业机器人应用对工资水平影响的分位数分解

资料来源：笔者根据 CFPS 数据及国际机器人联合会的工业机器人数据运用 Stata 14.0 软件计算整理绘制而得。

3.6　结论

目前，人工智能、工业机器人自动化技术的发展和应用在国民经济中发挥了越来越关键的作用，深刻影响了社会生产过程中的技术深化程度，对提高经济增长动力、实现产业结构升级具有重要的意义。但需要关注的是，工业机器人应用对劳动力市场造成的冲击存在差异性，居民收入分配格局也会随之受到明显影响。如何在运用工业机器人自动化技术的同时，规避其对劳动力市场和社会福利分配的冲击，具有不可忽视的现实意义。本章使用 CFPS2012、CFPS2014 和 CFPS2016 三轮调查形成的面板数据，考察了中国工业机器人应用对城镇居民收入差距的影响。实证分析结果表明，工业机器人应用水平的提高，会显著拉大城镇居民收入差距，且通过稳健性检验和工具变量法处理内生性问题后，结果仍然稳健。对影响机制进一步探究表明，工业机器人应用通过对劳动力市场中不同群体的就业机会和工资水平产生异质性影响，最终拉大整体收入差距。此外，本章还基于影响的区域异质性进行了分样本回归，发现工业机器人应用引起的收入差距拉大主要集中在低收入、低教育地区。

本章结果说明，工业机器人的应用显著拉大了城镇居民的收入差距，且该影响具有明显的区域异质性。未来，随着中国老龄化程度的不断加剧和产业转型升级的持续推进，工业机器人等自动化技术对中国社会经济渗透的广度和深度将进一步提高，对劳动力市场和社会福利分配的冲击也将更加明显。因此，政府在积极鼓励技术发展的同时，也应关注其可能造成的潜在影响，通过制定合理的公共政策有效地缓解外来冲击。具体包括以下三点。

第一，完善对失业者的社会保障制度。受到技能特征、劳动素养等方面的限制，被工业机器人和自动化技术替代的劳动者可能将在较长时间内处于失业状态，政府应适当提高社会最低保障水平，推动建设失业救助机制，通过扩大失业保险覆盖范围、提高失业保险金额度等方式保障失业者的基本生活需要，避免失业造成的社会不稳定。

第二，建立对劳动者的技能培训体系。各级政府应联合当地行业协会，加强对劳动者特别是结构性失业群体的职业技能培训和专业素质培训，以更好地满足技术变革带来的新型就业岗位需求，提高劳动群体整体再就业能力，缓解工业机器人替代效应导致的大规模失业。

第三，深化教育改革，优化人才结构。面对工业机器人自动化技术的发展趋势，政府应及时调整现有教学体系，注重对学生思维能力、创造能力的开发和培育。通过优化学科设置、重构职业教育等方式培养更多能适应劳动力需求结构变化的高技能劳动者，增强就业竞争能力。

第二部分
收入差距与中国居民的
经济决策和福利水平

第4章 收入差距对中国家庭可见性支出的影响

4.1 概述

近年来，中国家庭的人情支出负担日益加重，亲友间赠送礼金、礼物的数额"水涨船高"。① 与此同时，无论在农村地区还是城镇地区，家庭用于建造或购买房屋的支出也在快速上升，邻里之间竞相攀比，建造更大或购买更贵的房子。人情支出和住房支出成为家庭的"两座大山"。人情和住房的过度支出可能会挤出生活必需品支出，甚至降低人们用于教育和健康的支出，从而影响家庭的福利水平和长期收入（Chen and Zhang，2011；Frank，2005，2008）。

本章为近年来中国的高人情支出和高住房支出提供了另一种统一的解释：日渐扩大的收入差距导致家庭以提高可见性支出的方式追求社会地位，从而导致人情支出、住房支出激增。人情和住房都具有明显的他人可见性，人们用于这些方面的支出，不仅可以带给人们效用，还能通过显示社会地位而带来额外效用。因此，这些支出可以称为可见性支出（visible）或社会地位支出（positional），按照凡勃伦（Veblen，1899）的定义，它们也可以称为炫耀性支出（conspicuous）。② 中国人口密度较大，家庭之间居住较为紧凑，同一农村村落或城市社区内的家庭通常具有亲缘关系或同事关系，因此，家庭之间存在较为紧密的社会互动。在这种紧密的社会互动中，家庭的住房大小和人情往来数额多少能够非常鲜明

---

① 根据国家统计局太原调查队的调查，2009年，人情支出已成为太原市居民除食品、教育以外的第三大支出。与10年前相比，人情支出至少增长了3倍，而同期的人均可支配收入仅增长1倍多。

② 当然，住房同时具有消费品和投资品的属性。通常情况下，在数据统计时，并不将住房支出记为家庭支出。但是，在本章的语境下，当我们讨论通过住房可以带来人们在社会地位方面的效用时，体现了其作为消费品的属性。

地反映自身社会地位高低，是可见性支出的一种具体表现形式。

改革开放以来，中国居民收入快速上涨，与此同时，中国居民收入差距也呈现日益扩大的趋势。根据国家统计局的数据，中国居民收入的基尼系数在 2008 年达到峰值 0.49，之后虽有轻微下降，但在 2014 年仍高达 0.47。[①] 随着收入差距扩大，个人或家庭追求相对社会地位的动机将会加强，因而倾向于增加可见性支出显示较高的社会地位。社会地位主要是指，个人或群体在社会公允价值体系下的排位（Weiss and Fershtman，1998），排位的标准通常包括收入、财富、职业、教育、家庭背景等。追求并获取较高的社会地位，不仅会带来精神层面的回报（如信任、荣誉、成就感、认同感等），还会带来直接的物质回报。尤其是在目前因财产和收入引起经济差距扩大，导致社会分化更加明显，较高社会地位带来的收入也进一步增长。因此，收入差距可能提高人们追求社会地位的动机，通过两种渠道增加可见性支出水平。一是可见性支出具有信号发送功能，家庭消费更多的可见性商品可以彰显更高的社会地位。收入差距越大，人们越希望显示相对他人的社会地位，通过可见性支出向外界发送社会地位信号所获得的效用提升也会相应更大。二是当收入差距越大时，收入向富人集中，富人可以负担更多礼金和房屋等可见性商品支出，收入较低的人为了和富人进行社会地位攀比或追随，也需要花费更多的可见性商品支出。

本章使用中国家庭追踪调查 2010 年全国代表性家庭的调查数据，考察了收入差距对中国家庭可见性支出的影响。结果显示，收入差距扩大会显著增加人们建造或购买房屋的面积和支出水平，以及赠送亲友礼物、礼金的花费。机制分析表明，在收入差距扩大背景下，中国家庭倾向于通过增加可见性支出提高相对社会地位，这种作用在相对收入更低的家庭中表现得更为明显。住房支出是中国家庭储蓄的一项重要用途，我们发现，收入差距扩大刺激了家庭住房支出，为居民高储蓄的最终流向提供了新的解释。

4.2　相关理论研究

消费给人们带来的效用不仅来自消费品，而且，有通过消费品与他

---

① 数据来源于中国国家统计局．https://data.stats.gov.cn/easyquery.htm？cn＝C01&zb＝A0A0G&sj＝2023.

人比较而带来社会地位方面的效用。凡勃仑（Veblen，1899）在著名的《有闲阶级论》（*The theory of The Leisure Class*）一书中提出："消费是财富的象征，代表了一种尊荣，而不能消费则是人的一个污点。"这一思想也体现在杜森贝里（Duesenberry，1949）提出的"相对消费假说"中，即人们不仅关心自身的消费水平，还关心参照组（reference group）的消费水平。中国家庭之间存在"与邻居比阔"的现象，是人们通过消费彰显自身相对社会地位的生动写照。当然，并不是所有消费品都能有效地显示自身社会地位。某些消费品具有较强的他人可见性，即不同人群之间对这些物品的消费水平易于比较。这些可见性消费品具有较强的信号发送功能，人们可以通过更多的消费显示更高的社会地位，带给人们额外的效用。因此，这些支出也经常被称为社会地位支出或炫耀性支出。目前，一些既有研究借鉴经济学的信号模型（Bagwell and Bernheim，1996；Corneo and Jeanne，1997），揭示了可见性消费品通过发送信号显示社会地位的机制。

近年来，大量文献开始实证研究人们在可见性消费品上的支出行为。这些研究文献大多是比较同一国家内不同种族、不同身份的人在可见性支出上的差异，从而验证追求社会地位是人们进行可见性支出的重要动机。与之类似，卡米斯（Khamis，2012）指出，印度低种姓人群具有更多的可见性支出。考斯（Kaus，2013）指出，南非的有色人种会比白人花费更多的可见性支出。丹泽尔（Danzer，2014）使用哈萨克斯坦的数据发现，城市外来移民比原住居民有更多的可见性支出，原因在于，外来移民更需要显示自身的社会地位。但是，这些研究文献没有考察社会整体收入差距扩大对可见性消费的影响，而收入差距扩大会提高一个社会中个人或家庭追求社会地位的动机。

目前，使用中国数据研究追求社会地位与居民支出行为关系的文献并不多。孟祥轶等（2010）基于北京市城镇家庭数据发现，家庭可见性支出高低与教育程度、离退休人口数量、无收入人口数量、行业以及职业等因素有关，但是，未考察收入差距对可见性支出的影响。而且，他们所考察的可见性支出包括服装、珠宝、外观修饰、手表等，没有考察住房和人情花费这两项更重要的可见性支出。魏和张（Wei and Zhang，2011）发现，中国男女性别比失衡导致男性为追求配偶需要建造或购买更大的住房，从而为中国高房价提供了一个解释。在解释中国家庭人情支出上，很多研究文献将人情支出视为一种社会资本投资，人情支出通过扩大家庭社会网络从而有助于分担风险（杨文等，2012），但是，这些研究文献忽视了人情支出作为一种可见度较高的支出，还具有彰显社会地位的作用。与既有研究文献相比，本章从收入差距增强人们寻求社会地位动机的角度，为中国家庭的高人情支出和高住房支出提供了一个新的解释。

既有研究考察了收入差距对居民消费行为的影响，[①] 但是，都没有明确考察收入差距对可见性支出的影响。金烨等（2011）使用中国城镇住户调查数据发现，收入差距扩大抑制了居民消费，在收入差距扩大后，人们为追求社会地位而具有更强的储蓄动机。但是，人们为追求社会地位而储蓄是为了将来进行某种消费或投资，只有将储蓄最终用于可见性消费，才能有效地提升社会地位，但该文献没有考察收入差距是否提高了可见性消费。与金烨等（2011）的结论不同，孙和王（Sun and Wang，2013）使用中国农村住户调查数据得出了相反的结论，收入差距提高了居民消费，但是，没有考察是何种消费类别增加，也没有阐明收入差距增加居民消费的机制。

4.3　数据、变量与模型设定

4.3.1　数据

本章使用的数据为中国家庭追踪调查 2010 年的调查数据，CFPS 是由北京大学中国社会科学调查中心和美国密歇根大学调查中心等机构共同收集的。该数据主要包括村居数据、家庭数据、家庭成员数据、成人数据和儿童数据 5 个模块，是两年一期的跟踪调查数据，在 2008 年、2009 年进行了小样本的预调查和追踪调查之后，2010 年开展了第一期全国层面的调查。

CFPS2010 的调查数据总体抽样框涉及中国的 25 个省（区、市），涵盖了中国约 95% 的人口，对于全国样本具有充分代表性。抽样方法的设计采用分层、多阶段、与人口规模成比例的概率抽样方式，并分为三个

---

① 传统理论一般认为，收入差距的扩大会对消费产生抑制作用。首先，收入差距的扩大通常伴随着收入向富人集中，而边际消费倾向随收入提高而降低，因此，较大的收入差距会引起社会平均消费水平下降（陈斌开，2012）；其次，收入差距扩大，通常会带来仇富情绪并激化社会矛盾，在这种情况下，个人倾向于在消费时更加保守和隐秘，从而带来平均消费水平下降。

阶段完成：第一阶段抽取 144 个行政区（县），第二阶段抽取 640 个行政村（居委会）；第三阶段抽取 14 000 多个常住家庭，最终形成一个全国代表性的样本框和五个用于省级层面推断的样本框，① 而本章使用的数据为全国代表性的样本框，经过处理后的家庭样本共有 8 245 个。②

本章研究使用的数据，主要来自家庭问卷和成人个人问卷两个模块，家庭问卷的目的在于，了解样本个体生活的家庭环境，包括家庭社会经济活动（收入情况、支出情况）、社会关系网络、生活设施、资产、社会经济地位。成人个人问卷的目的在于，了解样本个体状况，包括受教育的历史与现状、职业状况、经济状况、代际关系等。该数据对家庭资产情况、收入情况（纯收入）和支出情况进行了详细调查，并且，包含了家庭不同支出类别的具体数额，这也为本章的研究提供了高质量的数据支持。③

4.3.2 模型设定

本章使用如下基本模型考察收入差距对家庭可见性支出的影响：

$$Visible_{msi} = \beta_0 + \beta_1 \times Inequality_{ms} + \beta_2 \times X_{msi} + \theta_m + \varepsilon_{msi} \qquad (4-1)$$

在式（4-1）中，$Visible_{msi}$ 表示家庭的可见性支出，包括家庭的住房面积或住房价值、礼金支出和衣着支出三类。下标 m、s、i 分别表示第 m 个省（区、市）、第 s 个区（县）和第 i 个家庭。关键解释变量是 $Inequality_{ms}$，用该家庭所在区（县）收入的基尼系数衡量，X_{msi} 表示家庭特征的控制变量，θ_m 表示省级层面的固定效应。回归模型中，被解释变量在家庭层面，而一个城市内的住房等消费具有一定相关性，如果不考虑同一城市内不同家庭随机扰动项之间的相关性，可能会严重低估 β_1 的标准误（Angrist and Pischke，2009），因此，在回归中我们均使用区（县）层面的聚类标准误。

---

① CFPS 挑选了辽宁、上海、河南、广东、甘肃五个省（市）构成了在省（区、市）层面的推断样本，用以满足省（区、市）层面推断的要求。

② 处理过程主要删除家庭消费行为极端的样本，当年家庭支出大于收入 100 倍或教育医疗方面的家庭支出大于收入 50 倍的样本，定义为消费行为极端样本。

③ 在 CFPS2010 数据中，家庭收入包含转移性收入、工资与经营性收入以及财产性收入三大部分，家庭的消费支出包含日常支出（问卷中以月计的数值换算为以年计）和特殊支出（问卷中以年计），我们将其中的相关项进行整合，可以分为食品支出、衣着支出、日常生活支出（如租房、物业、日常用品、通信、娱乐等支出）、家用电器支出、交通支出、教育支出、医疗支出、礼金支出和其他支出等。

4.3.3 变量构造

第一，住房具有较强的外在可见性，尤其是在中国农村或城市社区内，家庭之间在地理距离上居住得较为紧凑，邻里之间的社会互动性又很强，住房作为一种最重要的家庭资产，价值数额通常较大，因此，住房面积大小和住房价值成为从外在观察家庭社会地位的重要指标。因为无法获得住房购买时的价格和当时对应的收入差距状况，所以，我们采用的住房价值是调查时点上家庭自我评估的房屋价值，它不仅反映了房屋面积的大小，还包含了房屋建造因素和装修质量因素。在本章研究过程中，仅使用了自有房屋产权的样本，而且，为了尽量剔除住房的投资属性，本章仅选取家庭自住的一套住房。更进一步，因为自建房屋和购买商品房在面积和价值上存在较大差异，不具有可比性，所以，我们在回归分析中对这两类房屋进行了分样本考察。自建房屋面积和市场价值与房龄的关系，见图4.1。购买房屋面积和市场价值与房龄的关系，见图4.2。图4.1和图4.2分别显示了自建房屋和购买房屋的面积、价值与房龄的关系，横坐标表示房龄，纵坐标表示各房龄段内房屋的平均面积和平均价值。从图4.1和图4.2显示的结果可以看出，自建房屋面积远大于购买房屋面积，购买房屋的平均价值高于自建房屋，而且，房屋面积与房屋价值都与房龄呈现显著的负相关关系。

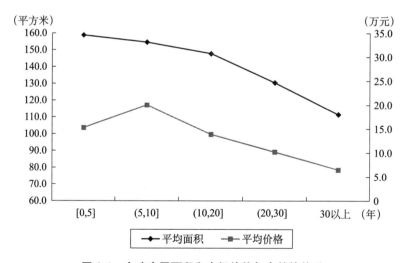

图4.1　自建房屋面积和市场价值与房龄的关系

资料来源：笔者根据 CFPS 数据运用 Stata 14.0 软件计算整理绘制而得。

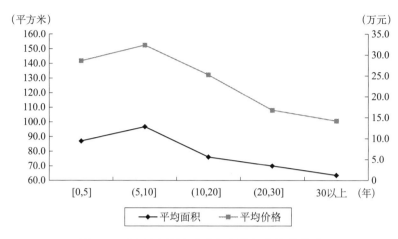

图 4.2　购买房屋面积和市场价值与房龄的关系

资料来源：笔者根据 CFPS 数据运用 Stata 14.0 软件计算整理绘制而得。

第二，礼金支出不是外界普遍可见，而是主要在社会互动中有可见性。中国家庭的礼金支出通常不是单向的，而是在婚丧嫁娶及重要节日（春节、中秋节等）时互相赠送，礼金支出数额是家庭之间攀比的一个重要形式。根据 2010 年 CFPS 的调查数据，礼金支出占中国家庭收入的平均比重达到 15.53%，因为低收入家庭也会攀比礼金支出，所以，礼金支出数额并不与收入高低成线性比例。20% 收入最低的家庭，人情支出占家庭收入的比重高达 46.99%，低收入家庭有更重的人情支出负担。

第三，除住房支出和礼金支出外，还有其他可见性支出。查尔斯（Charles，2009）和卡乌斯（Kaus，2013）基于对美国、南非数据的研究，都选取了衣着、珠宝、汽车、外表修饰品等作为可见性支出。孟祥轶等（2010）在对北京市家庭的研究中，选取了衣着、珠宝、外表修饰品等作为可见性支出。本章使用的 CFPS 数据中，虽没有单列的珠宝、外表修饰品等支出类型，但这些支出占家庭收入的平均比重较低，对总体结果的影响并不大。根据孟祥轶等（2010）使用的数据，珠宝和外表修饰品占家庭收入的比重仅为 1.37%，远远不及住房和礼金这两类可见性支出占比大。因为家庭汽车拥有率在中国仍然较低，2010 年 CFPS 数据显示，家庭汽车拥有率仅有 12.23%，而且，在区域之间、城乡之间分布极不平均，所以，也不适用于本章分析。我们只选用了衣着支出进行考察。在本章数据中，衣着支出占家庭收入的比重达到 4.5%，在家庭总支出中占有较为重要的地位。

本章的关键解释变量选取区（县）层面人均纯收入的基尼系数，在计算时并未计入礼金收入。变量的描述性统计与含义，见表4.1。从表4.1中可以看出，收入基尼系数的均值为0.43。[①] 除了基尼系数之外，我们还考虑使用其他反映收入差距的指标。人均纯收入的泰尔指数也是衡量收入差距的一个重要指标，因此，我们采用区（县）层面人均纯收入的泰尔指数作为关键解释变量进行稳健性检验，样本中人均纯收入的泰尔指数均值为0.36。

　　本章使用的控制变量主要有家庭层面的特征变量和户主个人层面的特征变量，前者包括家庭纯收入、家庭规模、家庭中成年人的比例、家庭中有医疗保险的比例、家庭中有养老保险的比例，后者包括户主年龄、年龄的平方项、性别、婚姻状况、受教育水平。我们还控制了城市或农村的虚拟变量。在考察收入差距对住房面积和住房价值的影响时，我们还添加了额外的控制变量。

表4.1　　　　　　　　　　变量的描述性统计与含义

变量	观测值数	均值	标准差	定义
基尼系数	8 245	0.43	0.08	区（县）层面收入基尼系数
泰尔指数	8 245	0.36	0.24	区（县）层面收入泰尔指数
礼金支出（元）	8 245	2 090.54	3 258.72	礼金支出的数额
房屋面积（平方米）	7 995	117.24	85.59	房屋面积（自有产权样本）
房屋价值（万元）	6 481	17.44	35.55	房屋的市场价值（自有产权样本）
家庭收入（元）	8 245	34 031.36	52 230.41	家庭收入
家庭规模（人）	8 245	3.77	1.70	家庭人口规模
成年人比例（%）	8 245	0.76	0.35	家中成年人比例
医疗保险比例（%）	8 245	0.78	0.35	家中有医疗保险的成年人比例
养老保险比例（%）	8 245	0.28	0.45	家中有养老保险的成年人比例
未婚子女	8 245	0.35	0.48	家中是否有18~35岁的未婚子女，有=1
城市	8 245	0.49	0.50	国家统计局城乡分类变量，城市=1
年龄（岁）	8 245	49.88	12.72	户主年龄

---

　　① 国家统计局公布的2010年全国基尼系数为0.481，我们计算的区（县）层面基尼系数没有体现地区间的收入差异。本章运用CFPS数据计算了区（县）层面的基尼系数，但是，仍然可能存在区（县）层面家户数量不够多而产生的测量误差。

续表

变量	观测值数	均值	标准差	定义
男性	8 245	0.74	0.44	户主为男性的虚拟变量
婚姻	8 244	0.89	0.32	户主为已婚的虚拟变量
高中	8 243	0.44	0.50	户主为高中教育水平的虚拟变量
大专及以上	8 243	0.07	0.25	户主为大专及以上教育水平的虚拟变量

资料来源：笔者根据 CFPS 数据运用 Stata 14.0 软件计算整理而得。

4.4 实证分析结果

4.4.1 收入差距对可见性支出的影响

1. 收入差距对住房面积的影响

本节考察了收入差距对住房面积的影响，收入差距的衡量指标选择使用区（县）层面的基尼系数，样本仅使用自有房屋产权样本。除了上述控制变量外，我们还加入了其他控制变量：一是不同房屋类型会在很大程度上影响住房面积，我们将房屋划分为 4 类加以控制（第一类是单元房；第二类是平房；第三类包括四合院、别墅、联排别墅和小楼房；第四类是其他类别）；二是控制了房龄，原因在于，不同年代的房屋差异较大；三是中国居民的房屋通常是通过自建或者购买两种途径获得，我们还加入了房屋是否自建的虚拟变量。

收入差距对住房面积的影响，见表 4.2。在表 4.2 中，第（1）列、第（2）列是用所有自有产权房屋的样本进行回归的结果，第（1）列只控制了房屋属性的相关变量，在前者基础上，第（2）列加入家庭特征变量、户主特征变量，两列回归中关键变量的估计结果相似。以第（2）列的回归结果为例，我们可以看到基尼系数每上升 0.1，居住房屋面积约上升 7.35 平方米，即收入差距状况拉大，会使人们选择居住面积更大的房屋，以达到寻求更高社会地位的目的。对于房屋属性的控制变量不再汇报，结果表明，单元房的面积通常较小，而四合院、别墅、联排别墅和小楼房的面积较大，房龄较大的房屋面积一般较小，农村的房屋面积较小，自建房屋比购买房屋具有显著更大的面积。其他控制变量的具体系数不再汇报，结论表明，家庭的收入水平、家庭人口数量、户主的婚姻状态和户主的教育水平都与房屋面积呈现显著的正相关关系，即收入水平较高、家庭规模越大、户主已婚或者户主学历较高的家庭，都会选择建造或者购买更大面积的房屋。

表 4.2　　　　　　　　　　收入差距对住房面积的影响

解释变量	被解释变量：住房面积					
	全部样本		自建房屋		购买房屋	
	（1）	（2）	（3）	（4）	（5）	（6）
基尼系数	72.987 ** （32.359）	73.531 ** （31.158）	73.563 ** （34.229）	77.802 ** （33.017）	51.680 （49.490）	34.522 （43.745）
家庭控制变量	否	是	否	是	否	是
省（区、市）虚拟变量	是	是	是	是	是	是
观测值	6 449	6 447	4 780	4 779	1 669	1 668
R^2	0.261	0.287	0.203	0.236	0.207	0.246

　　注：***、** 和 * 分别表示在 1%、5% 和 10% 的水平上显著；括号内标准误聚类到区（县）层面。

　　资料来源：笔者根据 CFPS 数据运用 Stata 14.0 软件计算整理而得。

　　因为自建房屋和购买房屋存在较大差异，所以，我们将所有样本分为两类分别进行考察。表 4.2 的第（3）列、第（4）列是自建房屋样本的回归结果，第（5）列、第（6）列是购买房屋样本的回归结果，回归模型设定与第（1）列和第（2）列的设定相同。第（5）列和第（6）列的回归结果显示，基尼系数对购买房屋的面积并没有显著影响，但符号仍然为正，可能原因在于购买的房屋通常是标准化设计，只能选择相对固定面积的住房，家庭可选择的范围相对较小。

　　2. 收入差距对住房价值的影响

　　收入差距对住房价值的影响，见表 4.3。在表 4.3 中，被解释变量选择上个月房屋市场价值的对数值，关键解释变量仍然使用区（县）层面的收入基尼系数，模型设定与住房面积的回归方程基本一致。从第（2）列的回归结果可以看出，收入差距对住房价值存在显著正向影响，基尼系数每提高 0.1，居民所居住房屋的价值将会提高 12.5%，即收入分配状况恶化，会使人们选择居住价值更高或更高档的住房。家庭收入、户主的教育水平和房屋是否在城市这三个变量也与居住房屋的价值有显著的正相关关系，而房龄与房屋价值呈显著的负相关关系。

表 4. 3　　　　　　　　　收入差距对住房价值的影响

解释变量	被解释变量：住房价值的对数值					
	全部样本		自建样本		购买样本	
	（1）	（2）	（3）	（4）	（5）	（6）
基尼系数	1. 256 **	1. 245 **	0. 754	0. 813	4. 336 ***	3. 429 ***
	(0. 597)	(0. 551)	(0. 649)	(0. 611)	(0. 907)	(0. 762)
家庭控制变量	否	是	否	是	否	是
省（区、市）虚拟变量	是	是	是	是	是	是
观测值	5 325	5 324	3 835	3 835	1 490	1 489
R^2	0. 522	0. 562	0. 455	0. 493	0. 647	0. 686

注：*** 、** 、* 分别表示在 1% 、5% 和 10% 的水平上显著。括号内标准误聚类到区（县）层面。

资料来源：笔者根据 CFPS 数据运用 Stata 14. 0 软件计算整理而得。

表 4. 3 第（3）~（6）列仍将房屋产权自有的全部样本分为自建样本和购买样本两类分别进行研究，第（3）~（4）列是自建样本的回归结果，第（5）~（6）列是购买样本的回归结果。第（3）~（4）列的回归结果显示，收入差距对自建房屋的价值影响并不显著，但符号仍然为正，可能原因在于，对于自建房屋而言，虽然面积可以直接衡量，但是，在价值上难以评估。而购买的房屋虽然是标准化设计的，房屋的大小类型有大致固定的区间，但是，房屋所在区域的位置、环境和相关设施等因素并不相同，这些特征与房屋价值有着显著的相关关系。因此，当收入差距加大时，人们为了寻求相对更高的社会地位，会选择购买更高档社区的住房，虽然房屋面积不一定会有显著提升，但是，房屋价值会因其配套设施和其他环境条件而显著提高。

3. 收入差距对礼金支出的影响

收入差距对礼金支出的影响，见表 4. 4。表 4. 4 选取的被解释变量是家庭全年礼物支出的对数值或礼金支出的对数值，关键解释变量是区（县）层面的收入基尼系数。表 4. 4 第（1）~（4）列是逐渐控制家庭收入、家庭特征变量和户主特征变量之后的回归结果，可以看出无论采取何种模型设定，关键变量的系数大小均较为稳定。以第（4）列的回归结果为例，基尼系数每上升 0. 1，家庭礼金支出约增加 18. 3% ，即收入差距拉大之后，人们为了提高自己的社会经济地位，更偏好于增加礼金支出的数额。造成这种结果的一种可能原因是，礼金支出在收入差距较大的地区，不仅是一种维护社会网络的方式，而且，逐渐发挥出一种基于其可见性特点的、显示社会地位的作用。

表 4.4 收入差距对礼金支出的影响

解释变量	被解释变量：家庭全年礼金（物）支出对数值			
	（1）	（2）	（3）	（4）
基尼系数	1.589 *	1.726 *	1.692 *	1.834 *
	(0.916)	(0.931)	(0.933)	(0.928)
家庭收入对数		0.775 ***	0.643 ***	0.554 ***
		(0.044)	(0.047)	(0.049)
家庭变量	否	否	是	是
户主变量	否	否	否	是
省（区、市）虚拟变量	是	是	是	是
观测值	8 245	8 245	8 245	8 242
R^2	0.056	0.142	0.161	0.181

注：***、** 和 * 分别表示在 1%、5% 和 10% 的水平上显著；括号内标准误聚类到区（县）层面。

资料来源：笔者根据 CFPS 数据运用 Stata 14.0 软件计算整理而得。

4. 收入差距对衣着支出的影响

收入差距对家庭衣着支出的影响，见表 4.5。表 4.5 第（1）~（4）列是逐渐控制家庭收入变量、家庭特征变量和户主特征变量之后的回归结果，可以看出，无论采取何种模型设定，关键变量的系数大小均保持稳定，但却不显著为正，即收入差距拉大之后，人们的衣着支出并没有发生显著性变化。表 4.5 的结果表明，在中国，大多数家庭衣着支出更多地表现出家庭必需消费品的特征，但彰显社会地位的功能并不明显，只有具备奢侈品性质的衣着支出炫耀性特征才比较明显，因此，家庭衣着支出受收入差距的影响并不大。

表 4.5 收入差距对家庭衣着支出的影响

解释变量	被解释变量：家庭衣着支出的对数值			
	（1）	（2）	（3）	（4）
基尼系数	0.504	0.693	0.681	0.625
	(0.857)	(0.676)	(0.652)	(0.652)
家庭收入对数		1.192 ***	0.951 ***	0.848 ***
		(0.042)	(0.043)	(0.040)

续表

解释变量	被解释变量：家庭衣着支出的对数值			
	（1）	（2）	（3）	（4）
家庭变量	否	否	是	是
户主变量	否	否	否	是
省（区、市）虚拟变量	是	是	是	是
观测值	8 130	8 130	8 130	8 127
R^2	0.019	0.236	0.288	0.335

注：***、**和*分别表示在1%、5%和10%的水平上显著；括号内标准误聚类到区（县）层面。

资料来源：笔者根据CFPS数据运用Stata 14.0软件计算整理而得。

4.4.2　稳健性检验

1. 使用不同的收入差距衡量指标

我们采用收入泰尔指数作为关键解释变量，进行稳健性检验。收入泰尔指数对可见性消费的影响，见表4.6。表4.6分为三部分：Panel A 汇报了收入泰尔指数对房屋面积的影响，Panel B 汇报了收入泰尔指数对房屋价值的对数值的影响，Panel C 汇报了收入泰尔指数对礼金支出或衣着支出的对数值的影响。这些结论都与使用基尼系数作为关键解释变量时得到的结论一致。

表 4.6　　　　　　　　　收入泰尔指数对可见性消费的影响

核心解释变量	Panel A：被解释变量：房屋面积		
	所有样本	自建样本	购买样本
	（1）	（2）	（3）
收入泰尔指数	21.808**	21.364**	5.750
	(8.867)	(8.423)	(15.360)
核心解释变量	Panel B：被解释变量：房屋价值的对数值		
	所有样本	自建样本	购买样本
	（1）	（2）	（3）
收入泰尔指数	0.333**	0.239	1.228***
	(0.164)	(0.164)	(0.345)

续表

核心解释变量	Panel C：被解释变量：礼金支出或衣着支出的对数值	
	礼金支出对数	衣着支出对数
	（1）	（2）
收入泰尔指数	0.812**	0.201
	（0.379）	（0.201）

注：***、**、*分别表示在1%、5%和10%的水平上显著；括号内标准误聚类到区（县）层面。Panel A 的控制变量选择与表4.2一致，Panel B 的控制变量选择与表4.3一致，Panel C 的控制变量选择分别与表4.4和表4.5一致，限于篇幅在此不予汇报。

资料来源：笔者根据 CFPS 数据运用 Stata 14.0 软件计算整理而得。

2. 使用人均可见性支出作为被解释变量

前文回归均使用家庭可见性支出总量的对数值作为被解释变量，因为家庭规模会在一定程度上影响可见性支出的大小，所以，前文回归均控制了家庭规模。除此之外，我们还直接使用人均可见性支出作为被解释变量，结论一致，在此不再汇报。

4.5　进一步讨论

4.5.1　收入差距影响可见性支出的机制

收入差距可能增加家庭可见性支出的机制在于，收入差距加剧了社会分层，增强了家庭追求社会地位的动机。为了验证这一机制，我们将探讨收入差距对个人自评社会地位的影响。收入差距和可见性消费对个人自评社会地位的影响，见表4.7。表4.7第（1）列汇报了在个人层面有序 Probit 模型的回归结果，其中，被解释变量为代表自评社会地位的变量（问卷中关于自评社会地位的打分是从低到高"1~5"五个类别），表中汇报的是估计系数。从第（1）列的回归结果可以看出，收入差距显著降低了个人自评社会地位。个人自评社会地位是两个变量共同作用的结果，一是实际经济地位；二是个人内心的主观评价标准。在客观收入一定的情况下，收入差距降低个人自评社会地位，主要是抬高了人们内心对于较高社会地位的主观标准，这可以近似地看作增加了个人追求社会地位的动机。因此，收入差距扩大确实降低了个人自评社会地位，增强了家庭追求较高社会地位的动机，这也成为家庭增加可见性支出的一种可能的影响机制。

表 4.7　　　收入差距和可见性消费对个人自评社会地位的影响

解释变量	(1)	(2)	(3)	(4)
基尼系数	-0.2957 *	-0.3383	-0.3150	-0.5815 **
	(0.180)	(0.296)	(0.274)	(0.291)
礼金支出		0.0235 ***		
		(0.007)		
住房面积			0.0004 **	
			(0.000)	
住房价值对数				0.0075
				(0.021)
控制变量	是	是	是	是
省（区、市）虚拟变量	是	是	是	是
观测值	8 205	8 205	6 421	5 313

注：***、**和*分别表示在 1%、5% 和 10% 的水平上显著；此回归为个人层面 ordered probit 回归，括号内标准误聚类到区（县）层面。

资料来源：笔者根据 CFPS 数据运用 Stata 14.0 软件计算整理而得。

然而，对于住房支出和礼金支出是否为追求社会地位动机的恰当途径，我们增加了表 4.7 第（2）~（4）列的回归，将住房支出和礼金支出加入个人自评社会地位的回归之中，发现住房支出和礼金支出可以显著提高自评社会地位，说明这二者可能是人们提高自评社会地位的重要途径。

4.5.2　收入差距对不同收入人群的影响

既有研究表明，收入差距对人们经济决策和社会福利的重要影响途径是，收入差距拉大增加了人们的收入比较（Festinger，1954；Tajfel，1978；Stutzer，2004），而在收入差距拉大时，受影响更大的是低收入群体（Kawachi and Kennedy，1999；Stutzer，2004；Cheung and Lucas，2016），原因在于，这部分群体在收入差距拉大时处于更不利的经济地位，从而对现状更不满。因此，当收入差距拉大时，高收入群体、低收入群体的可见性支出受到的影响可能存在差异。除此之外，社会地位可以看作是一种正常商品，提高社会地位的边际收益随着社会地位的上升而递减（金烨等，2011）。因此，尽管收入差距拉大会增加所有人追求社会地位的动机，但高收入群体已有较高的社会地位，其再增加可见性支出提高社会地位带来的边际效用不如低收入群体大。综合上述两种因素，随着收入差距拉大，低收入群体追求社会地位的动机增加更多，其可见性支出增加也更多。

收入差距对不同收入人群的影响，见表 4.8。为了验证上文推论，在表 4.8 的回归中，我们加入了基尼系数与相对收入的交叉项，相对收入的计算方法为家庭绝对收入除以区（县）层面的平均家庭收入。[①] 表 4.8 第（1）~（3）列的被解释变量是家庭住房面积，第（4）~（6）列的被解释变量是家庭住房价值的对数值，第（7）列的被解释变量是家庭礼金支出的对数值。从回归结果可以看出，无论被解释变量是何种支出类型，相对收入都对其有显著的正向影响，基尼系数的作用也显著为正，而基尼系数和相对收入的交叉项却显著为负。这恰恰验证了上文提到的推论，即收入差距对可见性支出的正向影响对相对低收入群体的影响更大。

表 4.8 **收入差距对不同收入人群的影响**

被解释变量	家庭住房面积			家庭住房价值的对数值			家庭礼金支出的对数值
解释变量	所有住房	自建住房	购买住房	所有住房	自建住房	购买住房	
	(1)	(2)	(3)	(4)	(5)	(6)	(7)
基尼系数	90.091 ***	93.071 ***	69.061	1.648 ***	1.197 *	4.389 ***	2.619 ***
	(32.756)	(34.198)	(45.694)	(0.584)	(0.645)	(0.891)	(0.942)
相对收入	13.992 ***	16.251 ***	12.277 ***	0.272 ***	0.298 ***	0.257 ***	0.694 ***
	(3.087)	(4.332)	(3.266)	(0.046)	(0.056)	(0.072)	(0.102)
基尼系数 × 相对收入	-18.620 ***	-21.716 ***	-19.447 ***	-0.392 ***	-0.430 ***	-0.407 ***	-0.949 ***
	(4.344)	(6.070)	(5.722)	(0.077)	(0.090)	(0.131)	(0.144)
控制变量	是	是	是	是	是	是	是
观测值	6 447	4 779	1 668	5 324	3 835	1 489	8 242
R^2	0.283	0.230	0.249	0.545	0.481	0.669	0.161

注：***、**和*分别表示在1%、5%和10%的水平上显著；括号内标准误聚类到区（县）层面。

资料来源：笔者根据 CFPS 数据运用 Stata 14.0 软件计算整理而得。

4.5.3 收入差距对城乡居民的差异性影响

中国城乡之间的消费模式至今仍然存在较大差异，在收入差距拉大时城乡居民的炫耀性支出可能展现出完全不同的特点。收入差距对城乡居民的差异性影响，见表 4.9。表 4.9 进行了分城乡样本回归，其中，第

[①] 因为这种方法得到的相对收入与家庭绝对收入有较强相关性，所以，在回归中不再加入家庭绝对收入的对数值。

（1）～（3）列为城市样本的回归结果，第（4）～（6）列为农村样本的回归结果。结果表明，对于住房来说，收入差距主要提高了城市居民的住房面积和住房价值，可能的原因在于，城市的住房市场化程度更高，住房的价值差异可以更明显地显现，当收入差距拉大时，通过增加住房支出体现社会地位的动机更容易实现。对于礼金支出而言，收入差距主要提高了农村居民的礼金支出，可能的原因在于，传统的社会网络在农村地区更强，礼金支出体现的炫耀性支出特征更明显，受收入差距的影响更大。

表 4.9   收入差距对城乡居民的差异性影响

变量	(1)	(2)	(3)	(4)	(5)	(6)
	城市			农村		
	住房面积	住房价值对数	礼金支出对数	住房面积	住房价值对数	礼金支出对数
基尼系数	117.111** (56.642)	3.254*** (0.771)	0.294 (1.305)	44.334 (34.303)	0.460 (0.794)	2.364* (1.270)
控制变量	是	是	是	是	是	是
观测值	2 996	2 472	4 019	3 451	2 852	4 223
R^2	0.366	0.529	0.168	0.236	0.440	0.205

注：***、**和*分别表示在1%、5%和10%的水平上显著；括号内标准误聚类到区（县）层面。

资料来源：笔者根据CFPS数据运用Stata 14.0软件计算整理而得。

4.5.4　收入差距对其他支出类别的影响

除了住房支出和礼金支出外，还有其他支出类别，不同支出类别具有不同属性，因此，本章还研究了收入差距对各种支出类别的影响，如食品支出、日常生活支出（租房、物业、日常用品、通信、娱乐等支出）、家用电器支出、交通支出、教育支出、医疗支出、其他支出等七类。但是，结果表明，收入差距对其他各种支出类别均没有显著影响，限于篇幅，在此不再汇报结果。

4.6　结论与启示

本章使用CFPS2010中国代表性家庭调查数据，发现收入差距拉大会促使家庭争相建造面积更大的房屋或购买价值更高的房屋，而且，会显著增加家庭的礼金支出。这表明，收入差距会提高人们追求社会地位的动机，增加可见性支出。而且，低收入群体具有更强的追求社会地位的动机，收入差距拉大对低收入群体可见性支出的提高影响更大。本章为近年来中国家庭在房屋、人情花费上的增加提供了一个新的解释。住房支出并非普通支出，而是需要耗尽家庭多年积蓄或是透支未来收入才能完成的消费行为，收入差距通过提高住房支出等可见性支出，为中国居民高储蓄的最终花费去向提供了可能的解释。

改革开放以来，中国居民收入差距不断拉大。根据国家统计局公布的数据，基尼系数从 1978 年的 0.317 增加到 2008 年的 0.491，直到 2010 年才停止继续上升趋势，但仍处于较高水平，且大大高于国际公认的警戒水平（0.400）。很多研究文献都发现，收入差距对经济发展和社会福利会产生负面影响（Aghion et al.，1999；Banerjee and Duflo，2003；Benjamin et al.，2011），但是，大多认为，收入差距使集体行动变得困难，或者造成社会不稳定（Alesina and Rodrik，1994；Persson and Tabellini，1994）。本章研究则从家庭寻求社会地位性支出角度，揭示了收入差距拉大带来的另一项不利影响渠道。尽管人们在"社会地位竞赛"中房屋支出、人情支出的过度花费符合个体理性，但却是一种集体不理性的行为，造成了社会整体效率的损失。虽然我们并未发现收入差距降低了其他类型的支出，但是，从长远来看，家庭在房屋和人情上的过度花费可能会降低其在教育、健康等方面的投资，从而影响长期收入和福利水平。社会资金过度用于非生产性支出，会减少用于生产性投资的社会资金数量，从而影响长期经济增长。

第5章 收入差距、物质渴求与中国家庭风险金融资产投资

5.1 概述

随着中国居民收入水平的不断提高及资本市场的快速发展，越来越多家庭参与金融资产投资，家庭投资的金融资产形式越发多样化。除了传统的银行存款、政府债券等低风险金融资产外，股票、基金、金融衍生品等高风险金融资产也受到越来越多家庭的关注和投资。《中国证券登记结算统计年鉴》的数据显示，截至 2014 年底，中国居民股票账户数约为 18 401 万户。即使考虑到大多数股民通常拥有沪市和深市两个账户，中国的股民人数也已近亿人。大量家庭参与金融资产投资是值得学者关注的现象，这不仅关系到家庭的收入水平与福利水平，还关系到中国资本市场的健康发展。

随着大量散户和机构投资者参与金融市场投资，以股市为代表的中国资本市场获得了长足发展。中国股票市场发展历史，见图 5.1。图 5.1 显示，1992 ~ 2014 年，尤其是 2000 年之后，无论是以股票筹资额衡量的股票发行规模，还是以股票市价总值衡量的股票市场总规模，都实现了快速、大规模增长。然而，图 5.1 也显示，中国股票市场整体波动较大，这与股票市场参与者结构密不可分。与欧美国家较成熟的股票市场以机构参与者为主的特点不同，长期以来，中国股票市场参与者以散户为主，散户贡献的交易额保持在交易总额的约 80% 。[1] 大量散户缺乏长期价值投资的经验和耐心，以短期交易、投机性交易为主，股票交易频率较高，导致参与股市的资金大进大出，进一步加剧了股市波动。

---

[1] 参见郭树清在 2013 年全国证券期货监管工作会议上的讲话，人民网，https://finance. people. com. cn/stock/n/2013/0117/c67815 – 20230867. html.

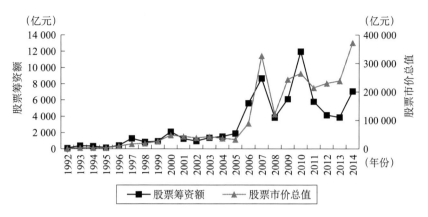

图 5.1　中国股票市场发展历史

资料来源：笔者根据国家统计局相关数据运用 Excel 软件整理绘制而得。

以参与股市为代表的金融市场投资的家庭比例，不仅在时间维度上增长很快，在地区之间也存在巨大差异。根据 2010 年中国家庭追踪调查数据显示，部分省（区、市）参与股票投资的家庭比例在 10% 以上，而有些省（区、市）参与股票投资的家庭比例却很低。哪些因素影响了家庭金融资产投资的变化趋势与地区差异？这是一个值得深入研究的问题。除了已有的一些宏观、微观解释因素之外，我们认为，地区内部的收入差距可能是影响家庭风险金融资产投资决策以及造成风险金融资产投资存在地区差异的重要因素。近年来，中国居民收入增速减缓与较大的收入差距并存。无论是国家统计局的统计数据[①]，还是相关学者的估计（岳希明和李实，2013；Xie and Zhou，2014）都指出，2014 年前后中国的收入差距状况仍然处于远超国际警戒线的高位。较大的收入差距产生了一系列经济问题和社会后果，也包括对家庭风险金融资产投资决策的影响。一方面，收入差距变动代表一个地区收入分布状况变化，会通过借贷约束和收入风险等渠道影响家庭风险金融资产投资；另一方面，收入差距还会影响人们的相对社会地位进而影响其物质渴求（Stutzer，2004）。为了追求相对更高的社会地位，人们对客观物质需求的主观评价发生变化，从而改变对具有高风险、高收益特征的金融资产的投资决策。不同特征家庭的物质渴求受到收入差距的影响不尽相同，最终展现出的投资结果也存在明显差异。根据笔者了解，截至 2016 年，尚无中文文献直接对此

---

① 中华人民共和国国家统计局公布的中国 2014 年基尼系数为 0.469。

问题进行研究。本章尝试从新的角度出发，为中国家庭风险金融资产投资的参与决策提供新的理论解释。

在实证方面，本章首次使用 2010 年、2012 年和 2014 年三轮中国家庭追踪调查形成的面板数据，估计收入差距对家庭风险金融资产投资的影响。估计结果显示，收入差距拉大，显著提高了家庭投资股票及广义风险金融资产的概率。区（县）层面的基尼系数每提高 0.100，家庭投资股票和广义风险金融资产的概率分别约提高 1.18% 和 1.33%。之后我们使用基尼系数以外的其他几个收入差距衡量指标作为替代的解释变量，结果保持稳健。为了克服潜在内生性问题，我们还使用了面板数据双向固定效应模型和工具变量法，仍得到了一致结论。随后，我们对潜在作用机制进行了分析。收入差距扩大会提高人们的物质渴求，这可能是家庭风险金融资产投资概率提高的重要原因。最后，我们进行了分样本讨论，发现收入差距影响风险金融资产投资的正向效果主要来源于非农户口群体、高物质资本群体、高人力资本群体和高社会资本群体。

5.2　相关理论研究

有关资产选择的理论研究，最早始于马科维茨（Markowitz，1952）提出的资产组合理论。该理论将投资过程分为两个阶段。第一阶段为投资者根据观察和经验形成投资信念、投资预期的过程。在第二阶段，投资者在给定投资信念、投资预期的前提下，选择资产组合寻求预期收益最大化。此后，出现许多相关的理论研究，如托宾（Tobin，1958）在解释流动性偏好过程中提出的"两基金分离定理"，夏普（Sharpe，1963）创造的资本资产定价模型。萨缪尔森和默顿（Samuelson and Merton，1969）基于生命周期视角，将资本资产定价模型从单期扩展到多期，而罗斯（Ross，1978）进一步将模型中的两种基金形式拓展为多种基金形式。这些有关资产组合的早期研究立足于理论层面的探讨，主要研究在完全市场条件下家庭最优资产配置的决定过程。

然而，理论模型依赖较严格的假设条件，理论预测与现实情况往往存在一定程度的差异，家庭金融资产的配置在很大程度上会受到理论模型中难以涵盖的投资者异质性的影响（Campbell，2006）。既有研究尤其是实证研究，分别从决策者微观特征和投资宏观环境考察家庭金融资产选择的影响因素。决策者微观特征主要是指，影响投资者决策的家庭特征或个体特征，如，收入、财富、借贷约束等物质资本因素（Campbell and Viceira，2001；Vissing－Jorgensen，2002；Cocco，2005；Shum and Faig，2006），教育和健康等人力资本因素（Rosen and Wu，2004；Berkowitz and Qiu，2006；Calvet et al.，2007；Van Rooij et al.，2011）。社会互动和信任等社会资本因素（Hong et al.，2004；Guiso et al.，2004；Guiso et al.，2008），性别、年龄、婚姻、民族等社会人口学特征（Barber and Odean，2001；Cocco et al.，2005；Gutter and Fontes，2006；Bertocchi et al.，2011），以及风险偏好和认知能力等心理因素（Guiso and Paiella，2008；Christelis et al.，2010；Grinblatt et al.，2011）。投资宏观环境主要是指，影响家庭金融资产投资决策的宏观经济环境或制度环境，如经济金融周期、金融发展程度、税收制度、市场摩擦因素等（Davis and Norman，1990；Poterba，2002；Chai et al.，2011；Christelis et al.，2013）。

中文文献运用中国的家庭数据，从不同视角讨论家庭金融资产的选择问题。吴卫星和齐天翔（2007）从金融资产流动性角度和生命周期角度研究了家庭金融资产配置情况，王聪和田存志（2012）比较全面地分析了中国城镇居民参与股市的现状与影响因素。在社会资本层面，李涛（2006a，2006b）、周铭山等（2011）、孟涓涓等（2013）研究了社会互动对家庭金融资产投资选择的影响，并且通过微观数据的实证分析，基本发现了显著的正向影响效果。在人力资本层面，雷晓燕和周月刚（2010）、吴卫星等（2011）、周晋和劳兰珺（2012）探讨了健康对家庭金融资产配置的影响，尹志超等（2014）研究了金融知识和投资经验对于家庭金融资产选择的影响。在宏观环境层面，肖作平和张欣哲（2012）关注集体主义文化和金融市场化水平，及人力资本因素对家庭参与金融市场投资的影响。尹志超等（2015）从金融可得性的金融制度视角，研究了金融市场参与和家庭资产选择。徐梅和于慧君（2015）探究了宏观经济波动对家庭金融资产配置的影响。除此之外，还有一些研究文献探究了认知能力、婚姻、医疗保险等因素对家庭资产配置的影响（孟亦佳，2014；王琳和吴卫星，2014；周钦等，2015）。周慧珺等（2020）探讨了中老年人健康状况对家庭资产配置的影响，发现非流动性资产配置情况受健康状况影响较大。陈选娟和林宏妹（2021）研究发现，住房公积金能显著提高有房家庭风险金融资产投资，但是，对无房家庭并不产生影响。董婧璇等（2023）探讨了移动支付对家庭金融资产配置的影响，并发现其能显著提高家庭金融资产配置的多样性和有效程度。

　　然而，鲜有研究直接考察一个地区收入差距对于家庭金融资产配置的影响，与此最相关的文献主要关注收入差距对家庭储蓄和家庭消费等决策的影响。

　　相关研究表明，收入差距的拉大会改变人们的相对收入状况，在一定程度上加强人们对个体间收入状况的比较，而收入状况的比较对物质渴求的形成具有重要作用（Stutzer，2004），会对个人经济决策或福利水平产生决定性影响（Ferrer-i-Carbonell，2005；Ball and Chernova，2008）。

　　施塔克（Stark，2006）指出，财富差距加剧，会增强人们追求社会地位的动机，促使人们努力获取财富，最终促进财富增长。金等（Jin et al.，2011）指出，收入差距拉大增强了人们追求社会地位的动机，从而使家庭减少了消费，增强了为人力资本投资而储蓄的动机。孙和王（Sun and Wang，2013）使用2003～2006年中国农村家庭面板数据得出了相反结论，即收入差距的拉大显著提高了农村家庭的消费水平。还有文献认为，在不完全市场下，家庭资产选择存在相对财富关注效应，会使家庭进行投资决策时受到其他投资者财富水平的影响（DeMarzo et al.，2004；周铭山等，2011）。

　　综上所述，本章首次运用中国家庭层面的面板数据，探究地区收入差距对家庭风险金融资产选择的影响，并在四方面对既有文献做出贡献：一是通过对不同形式收入差距的衡量，综合探讨收入差距对家庭风险金融资产投资行为的影响；二是利用微观面板数据和工具变量法，最大限度地消除因潜在内生性问题导致的估计偏误，以提高估计准确性；三是探讨收入差距通过影响投资者主观物质渴求影响投资行为的机制；四是研究不同群体在家庭风险金融资产投资过程中受到收入差距异质性的影响。

5.3　数据、变量与实证策略

5.3.1　数据与变量描述

本章所使用的数据主要来自中国家庭追踪调查的全国样本数据。2010年的调查样本覆盖了中国的25个省（区、市）162个区（县）的14 798个家庭，2012年和2014年分别进行了追访，三轮调查的追访成功率约为 75%。

家庭进行资产配置尤其是风险金融资产投资,通常是家庭成员联合决策的结果,且家庭财务数据难以细分到所有成员,因此,本章选择家庭层面研究股票投资和广义风险金融资产投资方面的决策。到目前为止,中国家庭在风险金融资产投资方面仍然存在巨大的城乡差异,只有极少数农村家庭会参与风险金融资产投资活动①,因此,我们将样本限定在常住地为城市的家庭。为了避免极端值的影响,我们根据家庭人均收入对所有样本进行了上、下 1.5% 的极端值处理。经过限定之后,符合条件的样本组成的面板数据,共包含 3 798 户家庭在 2010 年、2012 年和 2014 年三期的面板观测数据。

CFPS 的调查信息分为三个层次,分别来自村居问卷、家庭问卷和个人问卷。本章使用的家庭金融资产投资、收入、住房、家庭人口结构等信息来自家庭问卷,而户主的年龄、教育、婚姻、健康等控制变量主要来自个人问卷。本章主要考察收入差距对家庭风险金融资产投资决策与资产配置的影响,根据 CFPS 的问卷和李涛 (2006)、尹志超等 (2014,2015) 等既有文献,我们将风险金融资产投资定义为狭义(股票投资)和广义(股票投资和基金投资)两种,而家庭总的金融资产包括股票、基金、各类存款及利息、民间借贷、收藏品及其他金融资产。本章使用四个变量作为主要被解释变量,分别为股票投资参与、广义风险金融资产投资参与、股票投资占比和广义风险金融资产投资占比。其中,股票投资参与和广义风险金融资产投资参与均为二值虚拟变量,代表投资参与决策;而股票投资占比和广义风险金融资产投资占比则分别度量股票投资和广义风险金融资产投资占家庭所有金融资产的比例,代表了投资强度。数据显示,2010 年有 7.1% 的家庭进行股票投资,有 9.6% 的家庭进行广义风险金融资产投资,到 2014 年这一比例分别为 7.0% 和 9.3%。

CFPS 数据具有详细的收入信息,且三轮调查具有较强的可比性,可以较准确地衡量一个地区的收入差距及其变化情况。我们在区(县)层面根据家庭人均收入计算得到收入的基尼系数,作为本章的关键解释变量,为了能对收入差距状况进行准确衡量,我们在计算地区基尼系数时仍计入了金融资产收益。数据显示,2010 年全国各样本区(县)平均基

---

① CFPS2010 数据显示,农村家庭参与风险金融资产投资的比例仅有 0.7%。

尼系数为 0.426，2012 年增加到 0.430，2014 年降低到 0.398，这一趋势和统计年鉴显示的全国基尼系数的趋势基本一致。因为基尼系数对收入分布的中间部分比较敏感，所以，为了更全面、准确地衡量收入差距状况，我们还使用区（县）层面的平均对数偏差指数（mean logarithmic deviation，MLD 指数）、泰尔（Theil）指数、HSCV 指数（half square of the coefficient of variation，HSCV）作为替代的解释变量进行稳健性检验。这三个指数对收入分布中的敏感部分，由下而上逐渐上升。

　　回归中使用的控制变量分为区（县）层面控制变量和家庭控制变量。区（县）层面控制变量主要包括，人均 GDP 对数、人均土地面积对数和第三产业占比，这些区（县）层面变量在家庭金融资产投资决策模型中均为外生性变量。其中，市辖区的数据来源于《中国城市统计年鉴》，县的数据来源于《中国区域经济统计年鉴》。家庭控制变量分为外生控制变量和可能的内生控制变量两类。外生控制变量主要有家庭规模、少儿比例（16 岁以下）、老年人比例（60 岁以上），户主性别、年龄及其平方项。可能的内生控制变量主要有，家庭人均收入对数、是否有房产、是否有人住院、金融知识（是否有人受过经济学高等教育）、户主受教育年限、健康水平（二值变量，1 表示健康）、婚姻状况（二值变量，1 表示有配偶）、户口状况（二值变量，1 表示非农户口）等。这些都是文献中常见的影响家庭金融资产选择的决定因素。在回归中，我们会依次加入外生控制变量和可能的内生控制变量，以验证关键解释变量估计值的稳健性。变量的描述性统计，见表 5.1。

表 5.1　　　　　　　　　　　变量的描述性统计

变量	2010 年			2012 年			2014 年		
	观测值	均值	标准差	观测值	均值	标准差	观测值	均值	标准差
被解释变量									
股票投资参与	3 797	0.071	0.257	3 797	0.075	0.263	3 797	0.070	0.256
广义风险金融资产投资参与	3 797	0.096	0.295	3 797	0.107	0.309	3 797	0.093	0.290
股票投资占比（%）	3 757	0.034	0.157	3 782	0.027	0.128			
广义风险金融资产投资占比（%）	3 792	0.047	0.186	3 796	0.043	0.162			
物质渴求	3 692	3.083	2.058	3 604	3.056	2.070	3 470	2.665	1.941

续表

变量	2010 年			2012 年			2014 年		
	观测值	均值	标准差	观测值	均值	标准差	观测值	均值	标准差
关键解释变量									
收入基尼系数	3 798	0.426	0.064	3 798	0.430	0.075	3 798	0.398	0.074
收入 MLD 指数	3 798	0.373	0.135	3 798	0.400	0.156	3 798	0.369	0.162
收入 Theil 指数	3 798	0.352	0.181	3 798	0.377	0.225	3 798	0.290	0.132
收入 HSCV 指数	3 798	0.639	1.006	3 798	0.754	1.252	3 798	0.375	0.342
外生控制变量									
人均 GDP 对数	3 798	10.476	0.930	3 798	10.791	0.899	3 798	10.967	0.859
人均土地面积对数	3 798	0.373	1.201	3 798	0.380	1.213	3 798	0.402	1.238
第三产业占比（%）	3 798	0.419	0.132	3 798	0.400	0.136	3 798	0.423	0.139
家庭人口规模（个数）	3 798	3.487	1.543	3 798	3.491	1.579	3 798	3.421	1.658
少儿比例（%）	3 798	0.258	0.239	3 798	0.203	0.216	3 798	0.177	0.207
老年人比例（%）	3 798	0.178	0.317	3 798	0.210	0.341	3 798	0.255	0.362
户主男性	3 798	0.670	0.470	3 798	0.668	0.471	3 798	0.669	0.471
年龄（岁）	3 798	50.822	12.841	3 798	52.813	12.838	3 798	54.813	12.838
年龄^2	3 798	2748	1358	3 798	2954	1408	3 798	3169	1459
可能的内生控制变量									
家庭人均收入对数	3 798	8.588	2.016	3 798	9.160	1.579	3 500	9.295	1.193
家庭自有房产	3 798	0.858	0.349	3 797	0.852	0.355	3 796	0.833	0.373
家庭有人住院	3 798	0.171	0.377	3 798	0.214	0.410	3 798	0.253	0.435
家庭金融知识	3 798	0.045	0.207	3 798	0.052	0.221	3 798	0.055	0.228
户主受教育年限	3 794	7.882	4.654	3 797	7.699	4.743	3 798	7.700	4.742
户主健康水平	3 798	0.852	0.356	3 798	0.821	0.383	3 798	0.831	0.375
户主婚姻状态	3 798	0.884	0.320	3 798	0.877	0.328	3 798	0.865	0.341
户主非农户口	3 797	0.541	0.498	3 795	0.576	0.494	3 798	0.574	0.495

资料来源：笔者根据 CFPS 数据运用 Stata 14.0 软件计算整理而得。

5.3.2 实证策略

与既有文献一致，我们先使用 Probit 模型考察收入差距对家庭股票投资和广义风险金融资产投资参与决策的影响。Probit 模型存在一个潜变量

y＊，当 y＊＞0 时，被解释变量取值为 1；否则，取 0。在本章中，潜变量和基准模型的表达式如下：

$$y_{ijt}^* = \beta_0 + \beta_1 Inequality_{jt} + \beta_2 County_{jt} + \beta_3 X_{ijt} + \beta_4 prov + \beta_5 \delta_t + \mu_{ijt}$$

$$Pr(Y_{ijt} = 1) = Pr(y_{ijt}^* > 0) = \Phi(\beta_0 + \beta_1 Inequality_{jt} + \beta_2 County_{jt} + \beta_3 X_{ijt} + \beta_4 prov + \beta_5 \delta_t) \tag{5-1}$$

在式（5-1）中，Y_{ijt} 表示第 t 年 j 区（县）i 家庭是否进行股票投资或广义风险金融资产投资的虚拟变量，$Inequality_{jt}$ 表示衡量该家庭所在区（县）的收入差距变量，$County_{jt}$ 表示区（县）层面的控制变量，X_{ijt} 表示家庭层面和户主信息的控制变量，prov 表示省（区、市）虚拟变量，δ_t 表示年份虚拟变量。省（区、市）虚拟变量可以控制金融资产投资环境及其他重要经济变量的地区差距，年份虚拟变量则可以控制家庭风险金融资产投资的时间趋势。因为本章的关键变量（收入差距）是在区（县）层面计算得到的，所以，我们在估计中使用区（县）层面的聚类标准误进行显著性检验。

本章还使用 Tobit 左侧截断模型估计收入差距对家庭股票投资和广义风险金融资产配置的影响，具体模型如下：

$$y_{ijt}^* = \beta_0 + \beta_1 Inequality_{jt} + \beta_2 County_{jt} + \beta_3 X_{ijt} + \beta_4 prov + \beta_5 \delta_t + \mu_{ijt}$$

$$Y_{ijt} = \max(0, y_{ijt}^*) \tag{5-2}$$

在式（5-2）中，被解释变量分别换成了家庭股票投资与广义风险金融资产投资占所有家庭金融资产的比重，其他变量含义与式（5-1）完全相同，且仍然使用区（县）层面的聚类标准误进行显著性检验。

5.4　收入差距对家庭风险金融资产投资的影响

5.4.1　基准回归结果

收入差距对家庭风险金融资产投资决策影响的 Probit 模型回归结果，见表 5.2。表 5.2 汇报了各个变量的边际效应值（marginal effect）及其相对应的区（县）层面聚类标准误。表 5.2 第（1）~（2）列的被解释变量为股票投资参与，其中，第（1）列只加入区（县）层面的收入基尼系数，以及区（县）层面控制变量、家庭相对外生控制变量、年份虚拟变量和省（区、市）虚拟变量，第（2）列在第（1）列的基础上进一步加入家庭可能的内生控制变量。第（3）~（4）列为广义风险金融资产投资参与的回归结果，模型设定方式与第（1）~（2）列一致。通过每两列结果对比可以看出，关键解释变量系数的显著性和大小是比较稳定的。

以第（2）列回归结果为例，基尼系数每增加0.10，家庭参与股票投资的概率约增加1.18%，大约占2014年家庭股票投资平均参与程度（7.0%）的16.9%，具有较显著的经济效果。就家庭广义风险金融资产投资参与而言，以第（4）列为例，如果基尼系数每增加0.10，家庭进行广义风险金融资产投资参与的概率提高1.33%，这一效果占到2014年家庭平均参与风险投资比例（9.3%）的14.3%，同样具有显著的经济效果。这些回归结果表明，地区内部收入差距拉大，显著提高了当地家庭参与风险金融资产投资的概率。

表5.2 收入差距对家庭风险金融资产投资决策影响的 Probit 模型回归结果

变量	（1）	（2）	（3）	（4）
	股票投资		广义风险投资	
收入基尼系数	0.135 **	0.118 ***	0.139 *	0.133 ***
	(0.068)	(0.044)	(0.083)	(0.051)
人均 GDP 对数	0.044 ***	0.034 ***	0.063 ***	0.051 ***
	(0.012)	(0.009)	(0.013)	(0.008)
人均土地面积对数	− 0.014	− 0.009	0.004	0.010
	(0.010)	(0.007)	(0.011)	(0.006)
第三产业占比（%）	0.013	− 0.007	0.087	0.047
	(0.073)	(0.055)	(0.083)	(0.060)
家庭人口规模（人数）	− 0.004	0.002	− 0.006 *	0.002
	(0.003)	(0.002)	(0.003)	(0.003)
少儿比例（%）	− 0.012	− 0.010	− 0.012	− 0.007
	(0.015)	(0.014)	(0.018)	(0.016)
老年人比例（%）	− 0.023	− 0.019	− 0.021	− 0.017
	(0.014)	(0.016)	(0.016)	(0.018)
户主男性	− 0.006	− 0.017 **	− 0.013 *	− 0.026 ***
	(0.008)	(0.008)	(0.008)	(0.008)
年龄（岁）	0.001	0.001	0.004	0.004
	(0.002)	(0.002)	(0.002)	(0.003)
年龄^2	− 0.000	− 0.000	− 0.000 **	− 0.000
	(0.000)	(0.000)	(0.000)	(0.000)
家庭人均收入对数		0.015 ***		0.018 ***
		(0.004)		(0.004)
家庭自有房产		0.023 **		0.026 **
		(0.009)		(0.011)
家庭有人住院		− 0.005		− 0.002
		(0.006)		(0.007)
家庭金融知识		0.013		0.024 *
		(0.010)		(0.013)

续表

变量	(1)	(2)	(3)	(4)
	股票投资		广义风险投资	
户主受教育年限		0.010 ***		0.012 ***
		(0.001)		(0.001)
户主健康水平		0.007		0.009
		(0.008)		(0.008)
户主婚姻状态		0.011		0.014
		(0.012)		(0.014)
户主非农户口		0.052 ***		0.071 ***
		(0.009)		(0.010)
年份虚拟变量	是	是	是	是
省（区、市）虚拟变量	是	是	是	是
观测值	11 070	10 772	11 070	10 772

注：***、**、*分别表示在1%、5%和10%的水平上显著，表中汇报了各个变量的边际效应值及其区（县）层面的聚类标准误。

资料来源：笔者根据 CFPS 数据运用 Stata 14.0 软件计算整理而得。

就控制变量的回归结果而言，区（县）、家庭及户主的特征普遍会对家庭的风险金融资产投资决策产生影响。在不同回归中，估计系数显著的区（县）层面变量主要是人均 GDP 对数，对该地区家庭参与股票投资和风险金融资产投资的概率有正向影响。就户主特征而言，户主为男性对风险金融资产投资具有显著的负向影响，户主的年龄与风险金融资产投资呈现先升后降的倒 "U" 型关系，而户主的受教育年限、非农户口均对家庭的风险金融资产投资具有显著的正向影响。就家庭层面的控制变量而言，家庭人均收入水平和家庭有房产对风险投资决策具有显著的正向影响，家庭有人受过经济学相关的高等教育也促进了家庭的风险投资，但是，控制相关社会经济变量之后，家庭规模和人口结构对风险投资决策不再具有显著影响。以上控制变量得到的相关结论与既有文献基本一致，但是，考虑到这些控制变量可能具有潜在内生性问题，我们对这些变量的经济含义不做过多解读。

5.4.2　使用不同收入差距指标的稳健性检验

基尼系数只是衡量收入差距的一种指标，该指标计算方式存在一定局限性，尤其是基尼系数对处在收入分布中间部分的家庭收入更敏感。其他收入差距指标对于家庭风险投资决策的影响，见表 5.3。表 5.3 使用的收入差距指标包括，区（县）层面的收入 MLD 指数、收入 Theil 指数、收入 HSCV 指数。在用这三个指标衡量收入差距时，对于收入分布的敏感部分由下而上逐渐上升。第（1）~（3）列的被解释变量为股票投资参与的虚拟变量，第（4）~（6）列的被解释变量为广义风险金融资产投资参与的虚拟变量，所有列均控制了相关控制变量和年份虚拟变量、省（区、市）虚拟变量。回归结果表明，收入 MLD 指数、收入 Theil 指数和收入 HSCV 指数的提高，均增加了家庭参与股票投资和参与广义风险金融资产投资的概率。因此，无论选择哪种指标衡量收入差距，收入差距的扩大都会显著提高居民参与家庭股票投资和广义风险金融资产投资的可能性，这一结论具有较强的稳健性。

表 5.3　　　　　其他收入差距指标对于家庭风险投资决策的影响

变量	（1）	（2）	（3）	（4）	（5）	（6）
	股票投资			广义风险金融资产投资		
收入 MLD 指数	0.058 ***			0.066 ***		
	(0.018)			(0.021)		
收入 Theil 指数		0.039 ***			0.043 ***	
		(0.011)			(0.013)	
收入 HSCV 指数			0.006 ***			0.006 ***
			(0.002)			(0.002)
外生控制变量	是	是	是	是	是	是
可能的内生控制变量	是	是	是	是	是	是
观测值	10 772	10 772	10 772	10 772	10 772	10 772

注：***、**、* 分别表示在 1%、5% 和 10% 的水平上显著，表中汇报了各个变量的边际效应值及其区（县）层面的聚类标准误。外生控制变量和可能的内生控制变量的选择与表 5.2 一致，所有列均控制了外生控制变量、可能的内生控制变量、年份虚拟变量和省（区、市）虚拟变量。为节约篇幅，没有列出控制变量的回归结果。

资料来源：笔者根据 CFPS 数据运用 Stata 14.0 软件计算整理而得。

5.4.3　使用家庭风险金融资产投资强度的稳健性检验

上文考察了收入差距对于家庭风险金融资产投资参与决策的影响，但是，并未讨论家庭风险金融资产投资强度受到的影响。本节使用股票投资占比和广义风险金融资产投资占比衡量投资强度如何受到收入分配的影响。因为有大量没有进行风险投资的家庭，所以，这些家庭的风险金融资产投资比例为 0，为了解决被解释变量在左侧 0 点截断的问题，我们按照文献惯例，使用如式（5-2）所示的 Tobit 左侧截断模型估计收入差距对风险投资强度的影响。

收入基尼系数对于家庭风险投资强度的影响，见表5.4。表5.4汇报了 Tobit 模型的回归结果，表中列出了各个变量的估计系数及其相对应的聚类标准误。其中，第（1）~（2）列的被解释变量为股票资产占所有金融资产的比例，第（3）~（4）列的被解释变量为广义风险金融资产（股票和基金）占所有金融资产的比例，其他模型设定与表5.2一致。我们发现，收入基尼系数显著提高了股票或广义风险金融资产的占比，我们进一步计算了边际效应，当基尼系数升高0.1时，股票资产占比会提高0.63%，广义风险金融资产占比会提高0.67%。其他列的回归结果显示，这些效果不依赖于模型设定的特定形式，同时，具有显著的经济影响。表5.4说明，收入差距扩大，不仅增加了家庭风险金融投资的参与程度，而且，会显著提高风险金融资产在所有金融资产中的比例。

表5.4 收入基尼系数对于家庭风险投资强度的影响

变量	（1）	（2）	（3）	（4）
	股票投资占比		广义风险金融资产占比	
收入基尼系数	1.105 **	0.952 **	0.811 *	0.741 **
	(0.528)	(0.382)	(0.459)	(0.314)
外生控制变量	是	是	是	是
可能的内生控制变量		是		是
观测值	7 539	7 530	7 588	7 578

注：表中数据来自 CFPS2010 和 CFPS2012（CFPS2014 的调查，没有报告各种金融投资的数额）。***、**、* 分别表示在1%、5%和10%的水平上显著，表中汇报了各个变量的边际效应值及其区（县）层面的聚类标准误。外生控制变量和可能的内生控制变量的控制方式与表5.2一致，所有列均控制了省（区、市）固定效应和年份固定效应。为节约篇幅，没有列出控制变量的回归结果。

资料来源：笔者根据 CFPS 数据运用 Stata 14.0 软件计算整理而得。

5.4.4 内生性问题处理一：面板数据双向固定效应模型

采用式（5-1）进行估计，虽然控制了省级层面的虚拟变量，但是，仍然可能受到省级以下层面遗漏变量的影响。如果存在同时影响收入差距和家庭风险金融资产投资行为的遗漏变量，估计结果就是有偏的。例如，各个家庭的风险偏好程度各不相同，而且，难以用个别控制变量精确衡量。这种异质性的家庭风险偏好程度，会直接影响家庭风险金融资产投资决策，同时，也可能与一个地区的收入差距状况直接相关，成为潜在的遗漏变量。为了尽量克服因遗漏变量导致的内生性问题，我们运用 CFPS 三次调查形成的面板数据，通过家庭固定效应模型控制不随时间变化的家庭层面的遗漏变量。因此，我们将是否进行股票投资或风险金融资产投资视为一个连续变量，使用线性面板数据双向固定效应模型进行估计。收入基尼系数对于家庭风险投资决策的影响，见表 5.5。与前文相比，表 5.5 不再包含不随时间变化的变量（例如，性别、年龄等），其他控制变量与表 5.2 的设定相似。

表 5.5　　　　　　　收入基尼系数对于家庭风险投资决策的影响

变量	（1）	（2）	（3）	（4）
	股票投资		广义风险金融资产投资	
收入基尼系数	0.054 （0.035）	0.068 * （0.035）	0.073 * （0.039）	0.081 ** （0.039）
外生控制变量	是	是	是	是
可能的内生控制变量		是		是
观测值	11 391	11 081	11 391	11 081
R^2	0.002	0.004	0.003	0.005
家庭数量	3 798	3 798	3 798	3 798

注：***、**、* 分别表示在 1%、5% 和 10% 的水平上显著，括号内是区（县）层面的聚类标准误。外生控制变量和可能的内生控制变量的选择方式和控制方式与表 5.2 一致，不随时间变化的变量略去，所有列均控制了家庭固定效应和年份固定效应。为节约篇幅，没有列出控制变量的回归结果。

资料来源：笔者根据 CFPS 数据运用 Stata 14.0 软件计算整理而得。

表 5.5 中第（1）~（2）列为股票投资决策的回归结果，第（3）~（4）列为广义风险金融资产投资决策的回归结果。与表 5.2 对比可以发现，表 5.5 的回归结果基本保持稳健，估计的边际效应也基本一致，但统计显著性略有降低，这些属于使用家庭层面固定效应后的正常变动。因此，在使用双向固定效应模型消除潜在遗漏变量可能导致的内生性问题之后，收入差距对家庭风险金融资产投资决策的正向影响基本保持一致。

5.4.5　内生性问题处理二：滞后效应与工具变量法

上述面板数据双向固定效应模型，仅能克服不随时间变化的遗漏变量所导致的内生性问题。在本小节中，我们通过估计影响的滞后效应及工具变量法进一步解决内生性问题。因为本章使用的一个重要工具变量为 2010 年人口普查的县级人口结构，这一工具变量无法同时解决三轮调查的收入差距变量的内生性问题，所以，后文先介绍滞后效应的回归结果，然后，汇报依赖于滞后效应模型设定的工具变量法的回归结果。

滞后效应的回归结果，见表 5.6。具体做法是，解释变量取 2010 年的收入基尼系数，而被解释变量分别换作 2012 年、2014 年的风险金融资产投资变量。表 5.6 第（1）~（2）列报告了收入差距对股票投资影响的滞后效应结果，被解释变量分别为 2012 年、2014 年家庭是否进行股票投资的变量，解释变量为 2010 年的区（县）层面基尼系数，这样的模型设定可以在一定程度上克服反向因果问题。回归结果表明，滞后期的基尼系数仍然对股票投资具有显著正向效果，但是，通过两列结果对比发现，这种影响效果随着时间不断减少。第（3）~（4）列的被解释变量分别为 2012 年、2014 年家庭是否进行广义风险金融资产投资的变量，结论与第（1）~（2）列一致。

表 5.6　　　　　　　　　　　　　滞后效应的回归结果

变量	（1）	（2）	（3）	（4）
	2012 年股票投资	2014 年股票投资	2012 年广义风险金融资产投资	2014 年广义风险金融资产投资
2010 年收入基尼系数	0.268 *** (0.103)	0.227 ** (0.099)	0.313 *** (0.111)	0.258 ** (0.109)
外生控制变量	是	是	是	是
可能的内生控制变量	是	是	是	是
观测值	3 525	3 249	3 686	3 291

注：***、**、* 分别表示在 1%、5% 和 10% 的水平上显著，括号内是区（县）层面的聚类标准误。外生控制变量和可能的内生控制变量的选择方式和控制方式与表 5.2 一致，所有列均控制了省（区、市）固定效应。为节约篇幅，没有列出控制变量的回归结果。

资料来源：笔者根据 CFPS 数据运用 Stata 14.0 软件计算整理而得。

收入差距影响的滞后效应的工具变量分析，见表 5.7。在表中，我们将 2010 年的区（县）层面基尼系数作为内生变量，并使用三个工具变量。前两个工具变量分别为区（县）层面人均财政支出对数和区（县）层面平均家庭公共转移支付收入对数，文献指出，这两个变量代表政府公共转移支付能力，可以在很大程度上缩小收入差距（Glomm and

Kaganovich，2008）。第三个工具变量为区（县）层面人口结构（20岁以下和60岁以上人口占20～60岁人口比重），既有研究表明，人口结构也会对收入差距产生重要影响（You and Khagram，2005）。为了得到 IV Probit 模型的边际效应，我们采用极大似然估计法，回归结果如 Panel A 所示；因为极大似然估计法不能进行弱工具变量检验，所以，我们汇报了采用两步估计方法得到的一阶段回归结果，结果如 Panel B 所示。从理论上说，这三个工具变量对于单个家庭的金融投资决策而言均比较外生，一阶段回归结果的系数也验证了三个工具变量对于收入差距的影响方向，同时，排除了弱工具变量的可能性。Panel A 的回归结果表明，在使用工具变量克服内生性问题之后，仍然发现地区收入差距显著影响家庭风险金融资产投资。值得一提的是，Panel A 汇报的 Wald 检验基本上无法拒绝区（县）收入差距变量的外生性，因此，工具变量的回归结果在此仅作为一个稳健性检验来汇报。

表 5.7　　　　　　　　收入差距影响的滞后效应的工具变量分析

变量	（1）	（2）	（3）	（4）
Panel A：滞后效应与 IV	IV Probit（MLE）			
	2012 年股票投资	2014 年股票投资	2012 年广义风险金融资产投资	2014 年广义风险金融资产投资
2010 年收入基尼系数	0.794 * （0.554）	1.617 *** （0.589）	1.036 * （0.569）	1.037 * （0.557）
外生控制变量	是	是	是	是
可能的内生控制变量	是	是	是	是
Wald 外生性检验（P 值）	0.326	0.007	0.197	0.119
观测值	3 543	3 586	3 704	3 706
Panel B：两步法得到的一阶段回归结果				
2010 年县级人均财政支出对数	− 0.031 *** （0.004）	− 0.031 *** （0.004）	− 0.031 *** （0.004）	− 0.031 *** （0.004）
2010 年县级人均公共转移支付收入对数	− 0.010 *** （0.002）	− 0.010 *** （0.002）	− 0.010 *** （0.002）	− 0.010 *** （0.002）
2010 年县级人口结构	− 0.067 *** （0.012）	− 0.067 *** （0.012）	− 0.061 *** （0.012）	− 0.064 *** （0.012）
一阶段 F 值	41.79	41.47	41.12	41.44

注：***、**、* 分别表示在1%、5%和10%的水平上显著，括号内是区（县）层面的聚类标准误。外生控制变量和可能的内生控制变量的选择方式和控制方式与表5.2一致，所有列均控制了省（区、市）固定效应。为节约篇幅，没有列出控制变量的回归结果。

资料来源：笔者根据 CFPS 数据运用 Stata 14.0 软件计算整理而得。

5.5　机制探讨与异质性分析

5.5.1　收入差距对家庭风险金融资产投资的影响机制探讨

通过上文分析论证，我们基本上可以得出结论：收入差距的拉大提高了家庭进行股票等风险金融资产投资的概率，而且，加大了风险金融资产投资的强度。本节将对收入差距增加家庭风险金融资产投资的机制做进一步探讨。

既有研究在解释 Easterlin 悖论[①]时，提出了物质渴求（material aspiration）的概念，认为一个人的主观福利水平不仅取决于物质需要的最终满足程度，而且，取决于一个人的物质渴求（Michalos，1991；Inglehart，1990）。物质渴求主要受两个因素影响，一个是过去的收入水平或消费水平，另一个则是收入比较（Stutzer，2004）。收入比较对于物质渴求的形成具有重要影响，并对个人的经济决策或社会福利水平产生决定性作用（Ferrer-i-Carbonell，2005；Ball and Chernova，2008）。收入差距拉大，会改变人们的相对收入状况，会在一定程度上增加人们进行收入比较的动机、提升物质渴求水平（Stark，2006；Jin et al.，2011）。人们对风险的担忧会弱化（Payne et al.，1980），从而在家庭金融资产配置中增加收益较高的风险金融投资，以期快速改变相对收入状况应对收入差距拉大。

为了验证上述逻辑，我们需要衡量物质渴求水平。根据欲求水平理论（aspiration level theory），因为一个人的主观福利水平在很大程度上受其物质渴求以及满足程度的影响（Michalos，1991；Inglehart，1990），所以，物质渴求可以通过人们对收入的主观评价与其实际收入状况对比反映出来，我们也将据此构造物质渴求的测算指标。CFPS 问卷针对受访者的自评经济地位，询问了一个问题："您的个人收入在本地属于哪个层级？"答案为 1 ~ 5 五个层级，1 表示很低，而 5 表示很高。通过这个问题，我们可以得到户主自评经济地位的信息。与此同时，我们根据该户家庭的实际人均收入，计算出其处于所在区（县）的实际经济地位。具体而言，我们在一个区（县）内部将所有样本按照收入从低到高排序，分成 10 组，然后，分别赋值 1 ~ 10。我们通过式（5 - 3）的方式计算自

---

① 伊斯特林（Easterlin，1974）首次提出了 Easterlin 悖论，即收入对于幸福感有正向促进作用，但是，当所有人收入提高时，人们的幸福感并没有提高。

评经济地位和实际经济地位的差异程度，用来衡量个人的物质渴求程度。该数值越大，表示其自评经济地位越低于其实际经济地位，对于客观物质收入更加看重。

$$物质渴求 = \frac{实际经济地位}{自评经济地位} \tag{5-3}$$

在衡量物质渴求之后，我们接下来验证影响渠道的第一个环节——收入差距对物质渴求的影响。收入基尼系数对于户主物质渴求和风险偏好的影响，见表5.8。表5.8的第（1）~（3）列汇报了相关的回归结果，该表使用了面板数据双向固定效应模型，其实质上是利用同一个家庭2010年、2012年、2014年三年收入差距的变化来识别收入差距对户主物质渴求程度的影响。表5.8的第（1）~（3）列分别控制了不同层次的控制变量，结果保持稳健，表明收入差距拉大将会使人们的物质渴求程度增加。这说明，物质渴求可能是促使家庭倾向于进行高风险、高收益的风险金融资产投资的一个重要原因。

表5.8的第（4）列汇报了收入差距对家庭风险偏好的影响。2014年的CFPS调查问卷增加了针对户主及其配偶的风险偏好问题，并将风险偏好由低到高分为四类，分别是"不愿意承担任何投资风险""低风险、低收益""适中风险、稳健收益""高风险、高收益"。大部分样本均选择不愿承担任何风险，因此，我们将家庭中夫妇中的任意一人选择高风险或适中风险定义为家庭偏好风险，并采用Probit模型估计了收入差距对风险偏好的影响。回归结果表明，收入差距对家庭投资的风险偏好具有显著的正向影响。

表5.8　　　收入基尼系数对于户主物质渴求和风险偏好的影响

变量	(1)	(2)	(3)	(4)
	物质渴求 （面板数据双向固定效应模型）			风险偏好 （Probit）
收入基尼系数	1.175 *** (0.435)	1.157 *** (0.437)	1.134 ** (0.436)	0.287 * (0.172)
家庭人均收入对数	0.542 *** (0.021)	0.537 *** (0.021)	0.538 *** (0.021)	0.033 *** (0.012)
外生控制变量		是	是	是
可能的内生控制变量			是	是
个体固定效应	是	是	是	—

续表

变量	（1）	（2）	（3）	（4）
	物质渴求 （面板数据双向固定效应模型）			风险偏好 （Probit）
时间固定效应	是	是	是	—
观测值	10 831	10 831	10 819	2 106
R^2	0.193	0.196	0.197	—
家庭数量	3 831	3 831	3 831	—

注：***、**、* 分别表示在1%、5%和10%的水平上显著，括号内是区（县）层面的聚类标准误。外生控制变量、可能的内生控制变量的选择方式和控制方式与表5.2一致，不随时间变化的变量略去。为节约篇幅，没有列出控制变量的回归结果。

资料来源：笔者根据 CFPS 数据运用 Stata 14.0 软件计算整理而得。

　　为了进一步验证影响机制的第二个环节，我们估计了物质渴求对家庭金融资产投资的影响。物质渴求对家庭金融资产投资的影响，见表5.9，表5.9的第（1）~（4）列汇报了物质渴求对家庭股票投资和广义风险金融资产投资影响的 Probit 模型估计结果。结果表明，即使控制了其他变量，物质渴求仍然显著提高了家庭投资风险金融资产的概率。通过以上分析可以看出，收入差距影响家庭风险金融资产投资的一个重要机制：地区收入差距的拉大刺激了家庭物质渴求的提高，并增加了对于风险的偏好，从而最终增加了股票等风险金融资产投资的概率和强度。

表 5.9　　　　　　　　物质渴求对家庭金融资产投资的影响

变量	股票投资		广义风险金融资产投资	
	（1）	（2）	（3）	（4）
物质渴求	0.006 *** （0.001）	0.004 *** （0.001）	0.009 *** （0.001）	0.006 *** （0.001）
外生控制变量	是	是	是	是
可能的内生控制变量		是		是
观测值	10 573	10 562	10 573	10 562

注：***、**、* 分别表示在1%、5%和10%的水平上显著，表中汇报了各个变量的边际效应值及其区（县）层面的聚类标准误。县级控制变量、外生控制变量、可能的内生控制变量的选择方式和控制方式与表5.2一致，所有列均控制了年份固定效应和省（区、市）固定效应。为节约篇幅，没有列出控制变量的回归结果。

资料来源：笔者根据 CFPS 数据运用 Stata 14.0 软件计算整理而得。

5.5.2 收入差距对家庭风险金融资产投资影响的群体性差异

文献表明，物质资本、人力资本以及社会资本对家庭风险金融资产配置行为具有重要影响，而金融资产配置行为在城乡之间也有较大差异（Cardak and Wilkins，2009）。如果收入差距通过提升人们的物质渴求增加了家庭的风险金融资产投资，那么，这些效果势必会在不同群体之间存在异质性。收入基尼系数对家庭风险投资决策影响的群体差异，见表5.10。表5.10中根据户口、物质资本、人力资本、社会资本进行分组回归，讨论收入差距影响的异质性。

表5.10　　收入基尼系数对家庭风险投资决策影响的群体差异

变量名称	（1）农业户口	（2）非农户口	（3）低收入	（4）高收入	（5）低教育	（6）高教育	（7）低社会资本	（8）高社会资本
Panel A：股票投资决策								
收入基尼系数	0.024	0.190 ***	0.051 *	0.191 **	0.018	0.348 ***	0.085 *	0.139 **
	(0.044)	(0.064)	(0.026)	(0.074)	(0.039)	(0.101)	(0.047)	(0.063)
外生控制变量	是	是	是	是	是	是	是	是
可能的内生控制变量	是	是	是	是	是	是	是	是
观测值	3 475	5 992	4 844	5 272	7 485	3 166	5 044	5 171
Panel B：广义风险金融投资决策								
收入基尼系数	0.095 **	0.170 **	0.053	0.221 ***	0.039	0.353 ***	0.085	0.170 **
	(0.040)	(0.079)	(0.033)	(0.077)	(0.046)	(0.107)	(0.059)	(0.072)
外生控制变量	是	是	是	是	是	是	是	是
可能的内生控制变量	是	是	是	是	是	是	是	是
观测值	4 108	5 992	4 979	5 433	7 593	3 179	5 107	5 171

注：***、**、* 分别表示在1%、5%、10%的水平上显著，表中汇报了各个变量的边际效应值及其区（县）层面的聚类标准误。县级控制变量、外生控制变量、可能的内生控制变量的选择方式和控制方式与表5.2一致，所有列均控制了年份固定效应和省（区、市）固定效应。为节约篇幅，没有列出控制变量的回归结果。

资料来源：笔者根据 CFPS 数据运用 Stata 14.0 软件计算整理而得。

表5.10 的 Panel A 为股票投资决策的 Probit 模型回归结果，其中，

每两列形成一组进行比较。第（1）~（2）列根据城市常住居民是否拥有非农户口划分，考察不同户口群体间的差异，其中，第（1）列为农业户口样本，第（2）列为非农户口样本。回归结果显示，收入差距只对具有非农户口城市居民的股票投资决策有显著作用，对农业户口居民影响不显著。第（3）~（4）列根据居民家庭人均收入分为低收入组、高收入组两组，考察具有不同物质资本群体间的差异。回归结果显示，收入差距在高收入组的正向效果更为显著。第（5）~（6）列根据户主受教育水平划分，考察具有不同人力资本群体间的差异，其中，第（5）列为户主受教育水平在初中及以下的样本，第（6）列为户主受教育水平在高中及以上的样本。回归结果显示，收入差距对股票投资的影响主要来源于受教育水平较高的组别，对受教育水平较低的组别不显著。第（7）~（8）列根据家庭送出去的礼物金额的中位数划分，考察不同社会资本群体间的差异，第（7）列为礼物金额小于中位数组，第（8）列为礼物金额大于中位数组。回归结果显示，收入差距在高社会资本组的正向效果更为显著。简而言之，当收入差距拉大时，非农户口家庭、高收入家庭、高人力资本家庭和高社会资本家庭的反应更强烈。Panel B 为广义风险金融投资的回归结果。每两列回归结果的对比，显示了与 Panel A 一致的结果。

5.6　结论与政策含义

中国的收入差距处于较高水平，较大的收入差距将会带来一系列经济影响和社会影响，也会对居民家庭日益增长的风险金融资产投资决策带来影响。本章使用 2010 年、2012 年和 2014 年三轮中国家庭追踪调查形成的面板数据，考察了收入差距对家庭风险金融资产投资的影响。本章发现，收入差距对家庭股票投资及广义风险金融资产投资有显著的正向影响，且这一结果对不同的收入差距衡量指标及不同的模型设定都保持稳健。本章进一步考察了风险金融资产投资强度，并提供了收入差距通过增加人们的物质渴求影响家庭风险金融资产投资的证据。

本章的结论表明，地区内部收入差距的拉大通过提高人们的主观物质渴求，促使人们增强风险偏好并投资于高风险、高收益的股票、基金等风险金融资产。收入差距对家庭金融资产的投资行为产生了重要影响，而金融投资带来的收益差距往往会进一步拉大收入差距，从而形成恶性循环，因此，政策制定者还需要进一步关注收入差距拉大可能带来的各种潜在影响，并将收入差距控制在合理范围内。尤其值得注意的是，在上述情形下进行的风险金融投资，在很大程度上并不是一种经过深思熟虑的理性投资方式，而是受物质渴求驱动的投资方式，往往比较盲目。相关部门或媒体应该注意引导和宣传理性的投资理念，及时提醒跟风盲从投资的风险。最后，居民参与股票等风险金融投资的盲从性和投机性，可能导致金融市场参与资金的大进大出，也不利于资本市场的健康发展，这些问题都值得政策制定者关注。

第6章 经济差距对中国居民创业决策的影响

6.1 概述

全球经济差距加剧引起了公众和学术界的广泛关注（Piketty，2014；Stiglitz，2012）。研究发现，经济差距和经济发展紧密相关（Kuznets，1955；Bourguignon and Verdier，2000；Alderson and Nielsen，1999），在经济差距较大的社会中，储蓄率较低，居民获得信贷和资金的机会也受到限制，从而导致经济效率低下（Rayn，1998）。

虽然社会学家和经济学家已经广泛研究了与经济发展有关的经济差距问题，但是，经济差距究竟如何影响创业？这个重要问题很少被社会科学所关注。创业，即创办和经营新企业，已经成为社会经济发展和就业增长的关键动力（Birch，1997；Van Stel et al.，2005；Klepper，1996）。尽管研究人员已经发现，各种环境因素可能会阻碍或促进创业，但关于经济差距和创业的研究却很少，其背后的理论机制有待充分发掘（Lippmann，2005）。一方面，关于经济差距的研究表明，经济差距可能被视为创业的环境性阻碍因素，原因在于其导致了相对较低的信任水平（Alesina and La Ferrara，2002；Gustavsson and Jordahl，2008）、社会流动性（Corak，2013；Piketty，2014）和健康状况（Eibner and Evans，2005）；另一方面，也有研究认为，经济差距可能通过创造新的市场需求，为潜在企业家提供多样化的劳动力投入和金融资本以增加创业（Lippmann et al.，2005）。

争论的主要问题与缺乏多层次的研究密切相关，而多层次的研究可以将决定创业的微观因素和宏观因素的相互作用分析得更加清晰（Davidsson and Wiklund，2001；Hoskisson et al.，2011）。作为创业研究的核心问题，个人特质和社会经济环境是解释创业的两个主要因素，但二者往往是被单独研究的。正如奥德里奇和齐默尔（Aldrich and Zimmer, 1986）设想，创业可以被定义为"不同的机会结构及获取各类资源能力的函数"，经济差距作为一个宏观的社会环境因素，很可能与个人因素相互作用，进而影响创业倾向。基于一定程度的经济差距，不同人群有独特的个人特征，可能会产生不同的反应方式。基于上述分析，应该采用宏观与微观相结合的视角纳入相关影响因素，以便更好地理解创业过程及其决定因素。

因为基于经济差距影响创业结论存在不一致性，所以，对创业进行更细致的研究十分必要。既有研究发现，创业在质量层面存在较大差异（Lippmann et al., 2005；Reynolds et al., 2002；Baumol, 1990）。一些创业将追求发展机会与创造竞争优势结合，形成以增长为导向的创业企业（Ireland et al., 2003；Schendel and Hitt, 2007），这些创业企业构成了创造就业和经济增长的主要动力（Audretsch, 2007；Bowen and De Clercq, 2008）。与之相对的其他创业则是在有很少或没有其他参与劳动力市场机会的情况下进行的，而且，可能不是以增长和扩张为目标的（Bosma et al., 2009）。这表明，创业的不同类型是影响创业经济贡献的一个重要方面，但在很大程度上被忽视了。

在本章中，为了解决这些问题，我们对经济差距如何影响个人的创业决策给出了多层次的理论解释，同时，特别关注不同类型的创业及个人特征的调节作用。为了检验本章的研究假设，我们使用2010年、2012年来自105个区（县）的4 992个中国家庭的样本，并构造了区（县）层面和个人层面的变量。改革开放以来，中国不仅经历了经济快速增长，也经历了经济差距的显著扩大（Xie and Zhou, 2014；Li and Wan, 2015），这为我们研究此问题提供了较为理想的样本。研究结果表明，经济差距与创业水平呈正相关关系。然而，这些创业大多是自雇类型的创业，并未创造更多就业机会，而且，在从事创业时，中等经济群体的个人受经济差距的影响最大。

本章的贡献包含以下三个方面。

第一，为了补充对创业影响因素进行多层次研究的不足（Davidsson and Wiklund, 2001；Hoskisson et al., 2011），本章将经济差距这一宏观层面的因素与个人特征相结合，共同解释创业决策。虽然追求和从事创业的决策受到社会经济环境的影响（Aldrich and Zimmer, 1986；Busenitz et al., 2000；Lee et al., 2007；Stenholm et al., 2011），但人类所有行动最终都来自个人的认知和动机（Locke，2000；Shane et al.，2003）。本章研究表明，经济差距作为创业的一个环境性先决条件，对不同经济地位的个人存在显著不同的影响。

第二，本章提出的理论解释不仅研究了对创业十分重要但易被忽视的环境条件，而且，提出经济差距也可能对不同类型的创业产生差异性影响。虽然经济差距提高了创业的总体水平，但却并未增加具有较高发展潜力、能创造就业岗位的创业企业。

第三，在方法层面，经济差距变量可能存在较为严重的内生性问题。一方面，创业也可能反过来影响经济差距，原因在于成功的创业通常是实现社会经济地位向上跃迁的重要途径（Bruton et al.，2013；Tobias et al.，2013）；另一方面，与国民经济相关的关键因素，可能会同时解释经济差距和创业的变化（Lippmann et al.，2005）。为了解决反向因果和遗漏变量等导致的内生性问题，我们使用了一个工具变量，该工具变量基于地区的人口结构进行构造，不太可能与创业直接相关，在一定程度上可以修正此问题。

本章是首次使用一国内部区域层面的经济差距数据检验经济差距和家庭创业关系的实证研究。关于经济差距和创业的既有研究大多使用跨国数据，但运用跨国数据分析有明显的局限性。不同国家具有差异巨大的制度和文化特征，可能与经济差距和创业有较强的关联。而我们使用同一国家的地区层面的经济差距数据可以避免这种偏差，原因在于，处于同一国家可以使制度、文化和政策等变量基本一致。

接下来，我们将回顾主要的理论文献并提出假设，然后，描述数据、建立模型并解释实证结果。在本章最后一节，我们将会讨论本章的结论和不足，并提出未来研究的方向。

6.2　理论和实证假设

6.2.1　关于经济差距的文献

经济差距反映了经济资源在居民中的不均衡分配，会产生巨大的社会经济影响，因此，大量文献都致力于探究其影响。库兹涅茨（Kuznets，1995，1963）考察了经济差距和国民经济增长之间的关系，发现二者呈倒"U"型关系，其给出的解释是，不发达国家经济发展水平较低，经济差距往往较小，但随着工业化的发展，新创造的大量财富往往分配不均，会逐渐集中在控制工业基础设施的人群手中；而对于发达国家来说，经济差距会逐步缩小，主要是通过各种税收政策、再分配计划将财富从富人手中转移到穷人手中实现的。尽管对经济增长和经济差距之间的因果关系尚未达成共识，但库兹涅茨曲线已得到后续研究的广泛支持。

除了经济发展，很多研究还考察了经济差距的其他影响。一方面，部分研究文献强调，较大的经济差距可能有利于高收入群体而牺牲低收入群体，例如，研究发现，经济差距会降低信任（Alesina and La Ferrara，2002；Gustavsson and Jordahl，2008）、损害健康和幸福（Kawachi and Kennedy，1999；Oishi et al.，2011）、减缓社会流动性（Stiglitz，2012；Corak，2013），并可能加大腐败（You and Khagram，2005）；另一方面，也有部分研究文献强调了经济差距创造的发展机会和流动性（Cornia et al.，2003；Lippmann et al.，2005；Stark，2006；Jin et al.，2011）。

尽管关于经济差距的文献较为丰富，但在上述文献中，经济差距与创业之间的关系还没有被严格地理论化或系统地进行实证研究。一些文献对经济差距与创业关系的研究，要么是基于理论论证（Lippmann et al.，2005），要么是研究经济差距的间接影响而非直接影响（Xavier-Olivira et al.，2015）。此外，这些研究文献都没有解决可能的内生性问题，即创业可能反向影响经济差距，或者二者同时受一些其他因素（如经济增长）影响（Lippmann et al.，2005）。

6.2.2 经济差距和创业

在本章中，我们尝试提供一个新的理论框架，说明为什么经济差距会增加个人参与创业的倾向。长期以来，社会学家一直强调，个人是嵌入社会中的，个人行为会受到社会环境的影响（Grannovetter，1985），而经济差距就是一个可能影响个人行为的社会环境因素。所有个人行为都基于动机和认知的结合（Locke，2000；Shane et al.，2003），因此，我们认为一个人从事创业的动机和认知会受到他所居住社区经济差距的影响。

第一，经济差距可以促进成功创业经验和知识的传播（Mankiw，2013）。经济差距的加剧往往与某些群体创办企业并积累大量财富有关，而这些富人为社区的其他人树立了榜样，使更多人了解成为创业者是改变命运的潜在途径。在某些情况下，早期创业成功者还成为其家人、亲戚或朋友在创业道路上的老师或天使投资人，并帮助社区内的其他人开启创业之路。同时，经济差距的扩大产生了新的市场需求，原因在于，新的精英阶层有能力升级消费、扩大消费（Lipmann et al.，2005），为潜在的创业者创造了更多商业机会。新商业机会的产生及新的榜样效应改变了人们的认知，激发了人们的"动物精神"（Keyne，1936），并促使其开展创业行动。

第二，经济差距也通过推动社会比较而成为一种激励因素（Festinger，1954）。社会比较理论认为，一个人对自己相关状况的评估，如经济地位或智力能力等，并不完全由客观因素决定，而经常取决于"比较群体"（Hyman，1942）。因此，与他人进行比较会产生一种"向上的动力"，促使个人寻求方法来提升自己的地位，进而减少经济差距（Festinger，1954；Tajfel，1978）。随着经济差距的拉大，人们之间的差异变得更容易被察觉，人们可能会进行更强的社会比较，从而更难以对自身生活感到满意。这一比较过程的结果，往往会产生更强烈的物质渴求（Cheung and Lucas，2016），而这种提高个人地位的动机可能是创业的关键动力（Carsrud and Brannback，2011；Shane et al.，2003），并可能激励个人将创业付诸实践（McClelland and Winter，1969；Collins et al.，2004；Steward and Roth，2007）。一系列文献为这种激励效应提供了印证，例如，威尔金森和皮克特（Wilkinson and Pickett，2009）指出，经济差距和冒险行为之间的正向关系是由社会比较引起的，经济差距会增加评价焦虑。肖尔（Schor，1998）、瓦拉塞克和布朗（Walasek and Brown，2015）指出，收入差距会孕育向上比较的氛围，将导致人们寻求可以彰显地位的物质产品来与他人保持一致。还有一些研究文献发现，经济差距会通过增加储蓄和教育投资来强化个人追求社会地位的行为（Weiss and Fershtman，1998；Corneo and Jeanne，1998；Jin et al.，2011）。基于以上观点，我们提出以下假设：

假设6.1：在控制个人和其他社区层面变量的情况下，一个社区的经济差距越大，该社区的居民就越有可能成为创业者。

6.2.3　不同类型的创业

如前文所述，当人们发现机会并希望在经济阶梯上攀升时，创业可能是一个不错的选择。然而，创业努力并不总能带来最终的经济发展

（Baumol，1990）。虽然长期以来有关创业的文献中一直使用自雇状态作为创业的代理变量（Carr，1996；Porters and Zhou，1996；Sanders and Nee，1996），但近些年的文献开始根据创造就业潜力将创业进一步分类（Bowen and De Clercq，2008）。创造就业是创业的核心作用之一，也是创业促进经济增长的一个关键维度（Birch，1987；Davidsson and Henrekson，2002）。雇用劳动力的创业公司更有可能抓住市场机会并采取行动（Levie and Autio，2011），因此，会产生更大的经济贡献（Acs，1998；Autio，2005）。相比之下，不雇用劳动力的创业公司更可能是由创业者的生存需求驱动，是创业者缺乏其他就业机会而被迫进行的选择（Bosma et al.，2009），这类企业很少能发展成为规模化公司（Levine and Rubinstein，2013），而且，对经济发展的积极作用也相对较小（Becker，2004）。

基于上述研究可以认为，虽然经济差距总体上会促使人们从事创业，但其对创办能雇用员工企业的影响可能会更弱。原因在于以下两点。

第一，经济差距作为激励因素可能会成为潜在创业者的创业动力，然而，潜力较大的创业还需要其他制度性要素的支持，如金融、教育和监管体系等（Bowen and De Clercq，2008；Capelleras et al.，2008；Lee et al.，2007；Minniti，2008；George and Prabhu，2000；Anokhin and Schulze，2009）。在中国这样的发展中国家，上述体系还没有完全建立（Aidis et al.，2008；Busenitz et al.，2000），这将会在一定程度上限制创业质量。此外，较大的经济差距也可能会降低社会信任（Alesina and La Ferrara，2002；Gustavsson and Jordahl，2008；Flora，1998），而这是潜在创业者感知、追求商业机会的一个关键因素（Kwon and Arenius，2010）。因此，在其他支持机制没有充分发展的情况下，经济差距扩大会阻碍潜力较大的创业。

第二，较大的经济差距会直接促进低端创业。随着经济差距拉大，贫困人口规模将会增加，他们通常拥有较少的经济资源和人力资本，在劳动力雇用市场上的机会较少，因此，他们更有可能被激励从事自雇工作（Corak，2013；Bates，1997）。既有研究发现，在经济差距较大的社会中，机会型创业相对较少，必需型创业相对较多，这会导致较低的经济增长价值（Lippmann et al.，2005）。

总而言之，尽管所有类型的创业都有可能受到较大经济差距的影响，但经济差距对不创造就业的创业的影响比对创造就业的创业影响更强。

因此，本章提出以下假设：

假设 6.2：经济差距对不创造就业的创业的影响，要强于对创造就业的创业的影响。

6.2.4　对不同群体的异质性影响

除了创业的类型，经济差距对创业的影响也存在群体差异，原因在于，不同经济地位的人群对经济差距的看法和反应可能不尽相同。我们可以根据经济地位将人群分成三组：低收入组、中等收入组和高收入组。对经济地位较低的人而言，经济差距对自身满意度和物质渴求等心理因素的影响会特别强烈，原因在于，他们认为收入差距越大，满意度越低（Cheung and Lucas，2016；Kawachi and Kennedy，1999；Stutzer，2004）；而经济地位越高，一个人感受到的经济压力和不满意程度就会逐渐降低（Corak，2013；Stiglitz，2012）。换言之，一个人的经济地位与收入差距导致的物质渴求程度呈负相关，因此，追求经济地位的动力对于经济地位较低的人而言会更强。

上述研究表明，经济差距作为创业的激励因素对低收入群体最强烈，然而，我们也需要考虑个人能力在创业过程中的作用。例如，金融资本和人力资本，二者关联密切，而且，它们都可以决定创办新企业的能力（Ireland and Webb，2006）。既有研究表明，教育可以提高成功识别商业机会的能力（Schultz，1959），而受过良好教育的人能更有效地整合信息，做出更高质量的决策，并取得更好的风险投资业绩（Bates，1990；Cooper et al.，1989；Hambrick and Mason，1984；Davidsson and Honig，2003）。同样地，资金约束也可能限制创业的可能性（Evans and Leighton，1989；Bates，1997）。经济地位低的群体可能受教育程度更低，金融资本水平更低，因此，我们预计经济地位较高的群体创业能力可能更强。

结合动机和能力两方面因素，中等收入群体可能是创业过程中受经济差距影响最大的群体。一方面，他们与高收入群体的经济差距会给他们带来充足的行动动力；另一方面，相对于低收入群体，他们有足够的人力资本和金融资本，使其能够将想法付诸行动。因此，本章提出以下假设：

假设 6.3：经济差距对创业的影响，对中等收入群体来说，要比低收入群体或高收入群体更强。

6.3 实证数据与方法

6.3.1 数据和样本

我们使用如式（6-1）所示的 Probit 模型估计经济差距对创业的影响：

$$\text{Prob}（\text{Entrepreneur}_{ijt}=1）=\Phi（\beta_0+\beta_1\text{Inequality}_{jt}+\beta_2 C_{jt}+\beta_3 X_{ijt}+\beta_4 \text{Prov}+\beta_5\delta_t）\tag{6-1}$$

因变量$\text{Entrepreneur}_{ijt}$是一个虚拟变量，表示 j 区（县）i 家庭在 t 年的创业情况，关键自变量Inequality_{jt}是区（县）层面经济差距的衡量指标，控制变量包括区（县）层面变量（C_{jt}）、家庭层面变量（X_{ijt}）以及省（区、市）虚拟变量（Prov）、年份虚拟变量（δ_t）。

我们根据中国家庭追踪调查（CFPS）的数据，构建经济差距的衡量指标。CFPS 可以被看作美国收入动态面板调查（PSID）的中国版本。除了 CFPS 的数据集，我们还从历年《中国区域经济统计年鉴》《中国城市统计年鉴》中收集了区（县）层面的控制变量数据。

中国的数据为检验经济差距与创业的关系提供了一个较完美的研究样本。作为一个新兴工业化国家，中国为经济差距和创业的动态变化提供了一个试验场景，中国的经济差距在 20 世纪 80 年代非常小，而近年来则明显拉大。

本章主要使用 CFPS 已经公开的 2010 年和 2012 年两轮调查数据。在第一轮全国性代表样本的调查中，共调查了 9 661 户家庭，其中，84.8% 的家庭在第二轮调查中被追踪调查。本章使用的家庭样本，仅限于在 CFPS 两轮调查中均出现的家庭。因为我们研究经济差距对家庭创业的影响，所以，进一步将样本限制在 2012 年户主年龄大于等于 16 岁小于 60 岁的家庭，以此保证他们仍然活跃在劳动力市场中。在排除个别变量的缺失值后，我们得到了一个两期的平衡面板数据集，样本量为4 992 个。

6.3.2 因变量定义

关键因变量是一个表示创业的二值虚拟变量。职业选择和创业选择通常是整个家庭决定的，因此，我们根据对以下调查问题"你的家庭是否经营或参与经营任何非农产业？"的回答，在家庭层面定义创业变量。

在本章样本中，2010 年的创业比例为 9.3%，2012 年为 11.8%。这些比例与调查结果基本一致，例如，李和吴（Li and Wu，2014）运用不同的微观数据计算中国的创业比例为 7.4% ~ 13.1%。

本章还区分了两类创业，即创造就业的创业和不创造就业的创业。定义这一变量的问题为"您的企业雇用了多少员工？"如果家庭企业没有雇用任何员工，那么，其就被定义为不创造就业的创业；反之，则被定义为创造就业的创业。根据 CFPS 的数据，不创造就业的创业比例在 2010 年和 2012 年均为 7.9%，而创造就业的创业比例在 2010 年为 1.4%，在 2012 年为 3.9%。

6.3.3　自变量定义

我们对经济差距的衡量是在区（县）层面，主要原因在于，以村或镇为单位的计算样本太少，我们需要有足够的观测值以计算经济差距，而且，人们通常进行社会比较的对象也是同一区（县）内部的其他人。因此，假设 6.1 中提到的社区在本章是指一个区（县）。我们用家庭人均支出反映一个家庭的经济状况，并计算一个区（县）的基尼系数，将其作为主要自变量。具体来说，家庭支出包含食品、衣服、通信、水、电、燃料、当地交通（包括汽油）、日用品（如肥皂或牙膏）、娱乐、家用电器支出或服务支出、医疗支出、教育支出、住房相关支出和其他支出。本章使用支出而不是收入作为经济状况的衡量标准有三个原因。其一，在发展中国家，支出是一个更全面、更稳定、更准确的经济资源衡量标准（Strauss and Thomas，2008）。使用当前的收入计算经济差距已经受到了一些质疑，原因在于，在调查过程中往往存在低报收入的情况，而且，收入不能反映出家庭长期可用资源水平（Blundell and Preston，1998；Fisher et al.，2013）。其二，支出差距在一定程度上随收入差距的变化而变化（Aguiar and Bils，2015），也可以反映经济差距状况。其三，家庭收入与创业高度相关，使用收入差距作为关键解释变量，可能会导致潜在的内生性问题。

为了确保结果的稳健性，我们还使用了广义熵指数的其他两种经济差距衡量标准，即 GE（-1）指数和 GE（1）指数。GE（-1）指数对分布在中下部的支出差异更敏感，而 GE（1）指数对分布在中上部的支出差异更敏感（它也被称为泰尔指数）。经济差距指标的定义，见表 6.1。

表 6.1 经济差距指标的定义

经济差距指标	定义	代表性文献
Gini	基尼系数，对分布在中间的支出差异最敏感	考威尔（Cowell, 2000, 2001）；詹金斯（Jenkins, 1991）
Theil	泰尔（Theil）指数（GE（1）指数），对分布在中上部的支出差异更敏感	肖罗克斯（Shorrocks, 1984）
GE（-1）	GE（-1）指数，对分布在中下部的支出差异更敏感	肖罗克斯（Shorrocks, 1984）

注：上述所有的经济差距指标都是在区（县）层面用人均支出计算的，这些经济差距指标对分布在不同部分的支出差异的敏感度不同。

资料来源：笔者根据表 6.1 中的代表性文献整理而得。

6.3.4 控制变量

模型中同时控制了家庭层面和区（县）层面的变量。家庭层面控制变量包括，家庭规模、人均支出的对数、银行贷款和私人贷款的虚拟变量，还包含户主特征，包括性别、年龄、教育水平、婚姻状况和其参加的组织数量，组织数量用来衡量一个人的社会资本水平。户籍状况（户口）是衡量社会地位的一个非常重要的指标，因此，也使用虚拟变量控制户口状况。虚拟变量中的三个类别分别是农村居民（回归分析中的默认组别）、拥有农村户口的城市居民（主要是农村到城市的移民）和拥有城市户口的城市居民。

经济差距指标是在区（县）层面计算的，模型中还控制了对创业有潜在影响的区（县）特征，包括人均 GDP 的对数（衡量收入水平）、人均土地面积的对数（衡量区（县）规模）、人均财政支出的对数（衡量公共支出规模），以及工业增加值占 GDP 的比重（衡量经济结构）。模型中还包括了省（区、市）虚拟变量和年份固定效应，以控制在同一省（区、市）或同一年度内不变的不可观察因素。

6.3.5 实证模型

为了检验假设 6.1，我们使用如式（6-1）所示的 Probit 模型进行分析。

为了验证假设 6.2，我们使用多值选择模型（多值 Logit 模型），同时考察经济差距对两类创业（创造就业的创业和不创造就业的创业）的影响：

$$\text{Prob}(\text{Type}_{ijt} = m)$$

$$= \begin{cases} \dfrac{e^{\beta_{0m}+\beta_{1m}\text{Inequality}_{jt}+\beta_{2m}C_{jt}+\beta_{3m}X_{ijt}+\beta_{4m}\text{Prov}+\beta_{5m}\delta_t}}{1 + \sum\limits_{m=1}^{3} e^{\beta_{0m}+\beta_{1m}\text{Inequality}_{jt}+\beta_{2m}C_{jt}+\beta_{3m}X_{ijt}+\beta_{4m}\text{Prov}+\beta_{5m}\delta_t}}(m=2,3) \\[3ex] \dfrac{1}{1 + \sum\limits_{m=1}^{3} e^{\beta_{0m}+\beta_{1m}\text{Inequality}_{jt}+\beta_{2m}C_{jt}+\beta_{3m}X_{ijt}+\beta_{4m}\text{Prov}+\beta_{5m}\delta_t}}(m=1) \end{cases} \quad (6-2)$$

在模型（6-2）中，因变量 Type_{ijt} 是一个分类变量，表示 j 区（县）家庭 i 在 t 年的创业类型，1 代表参照组（没有创业），2 代表不创造就业的创业，3 代表创造就业的创业。

6.4 实证结果

描述性统计，见表6.2。表6.2报告了统计分析中使用的所有变量的汇总统计特征。

表6.2 描述性统计

变量	定义	2010 年		2012 年	
		均值	标准差	均值	标准差
家庭层面（个人层面）的变量（观测值=4 992)					
Entrepreneurship	=1 至少有一个家庭企业	0.09	0.29	0.12	0.32
Non-job-creating entrepreneurship	=1 至少有一个不雇用他人的家庭企业	0.08	0.27	0.08	0.27
Job-creating entrepreneurship	=1 至少有一个雇用他人的家庭企业	0.01	0.12	0.04	0.19
Size	家庭规模	3.94	1.49	3.93	1.59
Expenditure	人均支出	7457	11078	8355	10377
Borrow	=1 私人借贷>0	0.30	0.46	0.27	0.44
Bank	=1 银行借贷>0	0.10	0.30	0.08	0.27
Male	=1 户主是男性	0.75	0.44	0.75	0.43
Age	户主的年龄	44.51	8.51	46.44	8.52
Education	户主的受教育年限	7.25	4.45	7.10	4.53
Married	=1 户主是已婚	0.93	0.26	0.93	0.26
Organization	户主参与的组织数量	0.28	0.52	0.27	0.75

续表

变量	定义	2010 年		2012 年	
		均值	标准差	均值	标准差
Urban	=1 户主有城市户口	0.23	0.42	0.24	0.43
Migrant	=1 户主是农村到城市的移民	0.22	0.42	0.22	0.41
区（县）层面变量（观测值 = 105）					
Gini	基尼系数	0.43	0.07	0.40	0.07
Theil	Theil 指数（也称为 GE（1））	0.36	0.14	0.31	0.14
GE（−1）	GE（−1）	0.64	0.46	0.47	0.25
GDP	人均 GDP（元）	36 030	37 018	49 534	49 564
Area	人均土地面积（千平方米）	4.55	14.27	4.57	14.20
Industry	工业增加值与国内生产总值之比	0.46	0.15	0.49	0.15
Fiscal	人均财政支出（元）	4 645	4 597	6 767	6 101

资料来源：笔者根据 CFPS 数据运用 Stata 14.0 软件计算整理而得。

2010 年区（县）基尼系数与创业比例的散点图，见图 6.1。在图 6.1 中，拟合线的正斜率表明，经济差距大小与创业率之间存在正相关关系。

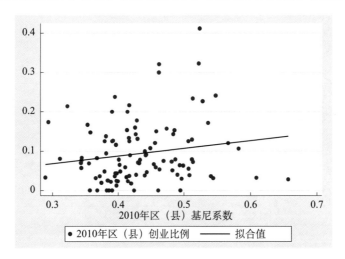

图 6.1　2010 年区（县）基尼系数与创业比例的散点图

资料来源：笔者根据 CFPS 数据运用 Stata 14.0 软件计算整理而得。

相关系数矩阵，见表 6.3。表 6.3 列出了所有变量的相关系数矩阵，从第（1）~（3）列的结果可以发现，经济差距的衡量指标一般与创业呈正相关，特别是与不创造就业的创业呈正相关，大多数家庭或个人特征，如人均支出、借贷行为、教育和组织参与都与创业呈正相关。

表6.3

相关系数矩阵

变量	(1)	(2)	(3)	(4)	(5)	(6)	(7)	(8)	(9)	(10)	(11)	(12)	(13)	(14)	(15)
Entrepreneur															
Non–job–creating entre	0.854***														
Job–creating entre	0.479***	−0.048***													
Aspiration	0.125***	0.088***	0.093***												
Gini	0.009	0.024**	−0.022**	−0.020*											
Theil	0.015	0.023	−0.01	−0.017	0.942***										
GE (−1)	0.018*	0.032**	−0.019*	−0.019*	0.709***	0.652***									
Size	0.011	0.021**	−0.014	−0.203***	0.094***	0.058***	0.124***								
Expenditure	0.105***	0.040***	0.134***	0.465***	−0.079***	−0.047***	−0.093***	−0.242***							
Borrow	0.026***	0.021**	0.015	0.076***	0.057***	0.033***	0.043***	0.104***	0.002						
Bank	0.054***	0.030***	0.053***	0.069***	0.023*	0.012	0.039***	0.068***	0.020**	0.066***					
Male	0.061***	0.058***	0.020**	−0.044***	0.062***	0.056***	0.060***	0.105***	−0.048***	0.015	0.034***				
Age	−0.069***	−0.043***	−0.061***	−0.076***	−0.050***	−0.034***	−0.060***	−0.008	−0.022**	−0.047***	−0.059***	0.007			
Education	0.091***	0.055***	0.082***	0.189***	−0.120***	−0.088***	−0.130***	−0.147***	0.231***	−0.076***	−0.012	0.039***	−0.136***		
Married	0.057***	0.051***	0.022**	−0.045***	0.006	−0.003	0.002	0.233***	−0.075***	0.009	0.025**	0.163***	−0.031***	0.046***	
Organization	0.018*	0.006	0.026***	0.116***	−0.007	0.002	−0.011	−0.042***	0.097***	−0.01	0.014	0.063***	−0.002	0.248***	0.026***

注：***、** 和 * 分别表示在1%、5%和10%的水平上显著，表中显示了所有变量的相关系数。
资料来源：笔者根据 CFPS 数据运用 Stata 14.0 软件计算整理而得。

6.4.1 主要结果

我们使用如式（6-1）所示的 Probit 模型，估计经济差距衡量指标对创业概率的影响。基准 Probit 模型回归结果，见表 6.4。表 6.4 报告了每个自变量估计的边际效应，以及对应的区（县）层面的聚类标准误，在第（1）列中只包括控制变量，在第（2）~（4）列中依次加入三个经济差距的衡量指标。结果显示，在控制了个人层面和其他社区层面的特征变量后，这些经济差距的衡量指标在所有回归中都有显著的正向影响。以第（2）列为例，如果基尼系数每增加 0.1，家庭从事创业的概率就会增加 1.65%，这一影响具有显著的经济意义，原因在于，它占到 2012 年平均创业率（12.00%）的 13.75%。我们还对第（1）列和其他列之间对数似然值的差异进行了显著性检验，结果显示，差异都在 1% 的水平上显著。这表明，加入这些经济差距变量后，大大提高了 Probit 模型的解释力。以上结果有力地支持了假设 6.1，即一个家庭参与创业的概率与经济差距正相关。

表 6.4 基准 Probit 模型回归结果

变量	(1)	(2)	(3)	(4)
Gini		0.165 ***		
		(0.063)		
Theil			0.076 ***	
			(0.026)	
GE (−1)				0.045 ***
				(0.016)
Log (GDP)	−0.004	−0.005	−0.005	−0.011
	(0.013)	(0.013)	(0.013)	(0.012)
Log (Area)	0.010 *	0.006	0.007	0.006
	(0.006)	(0.006)	(0.006)	(0.006)
Industry	0.058	0.060	0.057	0.065
	(0.042)	(0.041)	(0.041)	(0.043)
Log (Fiscal)	−0.021	−0.017	−0.017	−0.012
	(0.016)	(0.016)	(0.016)	(0.015)
Size	0.009 ***	0.009 ***	0.009 ***	0.009 ***
	(0.002)	(0.003)	(0.003)	(0.003)
Log (Expenditure)	0.057 ***	0.057 ***	0.057 ***	0.057 ***
	(0.005)	(0.005)	(0.005)	(0.005)
Borrow	0.010	0.010	0.010	0.010
	(0.007)	(0.007)	(0.007)	(0.007)

续表

变量	(1)	(2)	(3)	(4)
Bank	0.047***	0.048***	0.048***	0.048***
	(0.011)	(0.010)	(0.011)	(0.010)
Male	0.040***	0.039***	0.039***	0.039***
	(0.008)	(0.008)	(0.008)	(0.008)
Age	-0.003	-0.003	-0.003	-0.002
	(0.004)	(0.004)	(0.004)	(0.004)
Age square	0.000	0.000	0.000	0.000
	(0.000)	(0.000)	(0.000)	(0.000)
Education	0.003***	0.003***	0.003***	0.003***
	(0.001)	(0.001)	(0.001)	(0.001)
Married	0.065***	0.066***	0.066***	0.066***
	(0.018)	(0.018)	(0.018)	(0.018)
Organization	-0.004	-0.004	-0.004	-0.005
	(0.005)	(0.005)	(0.005)	(0.005)
Urban	0.019	0.020	0.019	0.019
	(0.013)	(0.012)	(0.013)	(0.013)
Migrant	0.066***	0.065***	0.065***	0.065***
	(0.013)	(0.012)	(0.012)	(0.012)
Pseudo R^2	0.0972	0.0985	0.0986	0.1001
Log – likelihood	646.98	655.73	656.33	666.47
ΔLog – likelihood		8.75***	9.35***	19.49***
观测值	9 885	9 885	9 885	9 885

注：所有模型均包含省（区、市）虚拟变量和年份虚拟变量，括号内是区（县）层面的聚类标准误，***、**和*分别表示在1%、5%和10%的水平上显著。ΔLog – likelihood 表示第（1）列与其他列之间的 Log – likelihood 之差。

资料来源：笔者根据 CFPS 数据运用 Stata 14.0 软件计算整理而得。

区（县）层面的大多数控制变量都没有统计学意义上的显著影响，包括用于控制城市规模的变量（如人均 GDP 和人均土地面积的对数）。相比之下，大多数家庭层面、个人层面的变量都有显著影响。例如，人均支出的对数及私人借贷的虚拟变量和银行借贷的虚拟变量可以被看作物质资本的代理变量，户主的教育水平可以被看作人力资本的代理变量，它们均对家庭创业产生了显著的正向影响。

如前文所述，家庭创业可分为两类，即创造就业的创业和不创造就业的创业。下面，将对这两种类型的创业进行区分，并使用如式（6－2）所示的多值 Logit 模型估计经济差距所产生的影响。经济差距对不同创业类型的影响，见表 6.5。表 6.5 显示，对于不创造就业的创业而言，经济差距的效应总是比较大，在统计上更显著。相比之下，经济差距对创造就业的创业概率影响很小，而且一般不显著，这与假设 6.2 的预测一致。

表 6.5　　　　　　　　经济差距对不同创业类型的影响

变量	(1)	(2)	(3)	(4)	(5)	(6)
	不创造就业	创造就业	不创造就业	创造就业	不创造就业	创造就业
Gini	0. 111 **	0. 042				
	(0. 056)	(0. 032)				
Theil			0. 043 *	0. 030 **		
			(0. 023)	(0. 013)		
GE (-1)					0. 034 **	0. 007
					(0. 015)	(0. 005)
控制变量	是	是	是	是	是	是
观测值	9 885	9 885	9 885	9 885	9 885	9 885

注：表中使用了多值 Logit 模型（Mlogit），控制变量与表 6.4 相同，括号内是区（县）层面聚类标准误，*** 、 ** 和 * 分别表示在 1%、5% 和 10% 的水平上显著。

资料来源：笔者根据 CFPS 数据运用 Stata 14.0 软件计算整理而得。

至此，研究结论表明，经济差距可以促进创业，但经济差距可能会对不同经济地位的人产生异质性影响。为了检验假设6.3是否成立，我们根据家庭平均支出将样本分成三个相同规模的子样本，分别是低支出组、中等支出组和高支出组，然后，进行分样本回归，研究经济差距的差异性影响。经济差距对不同支出组别创业的影响，见表6.6。在表6.6中，第（1）~（3）列报告了低支出组的回归结果，第（4）~（6）列报告了中等支出组的回归结果，第（7）~（9）列报告了高支出组的回归结果，结论与假设6.3一致，即经济差距对中等支出组的影响最大，而且，这种差异模式对三个经济差距的衡量变量相同。

表 6.6　　　　　　　　经济差距对不同支出组别创业的影响

变量	(1)	(2)	(3)	(4)	(5)	(6)	(7)	(8)	(9)
	低支出组			中等支出组			高支出组		
Gini	0. 189 **			0. 274 ***			0. 096		
	(0. 084)			(0. 093)			(0. 118)		
Theil		0. 088 **			0. 124 ***			0. 042	
		(0. 035)			(0. 037)			(0. 054)	

续表

变量	(1)	(2)	(3)	(4)	(5)	(6)	(7)	(8)	(9)
	低支出组			中等支出组			高支出组		
GE（-1）			0.049 *** (0.016)			0.052 ** (0.020)			0.036 (0.023)
控制变量	是	是	是	是	是	是	是	是	是
观测值	3 303	3 303	3 303	3 280	3 280	3 280	3 263	3 263	3 263

注：控制变量与表 6.4 相同，括号内是区（县）层面的聚类标准误，***、** 和 * 分别表示在 1%、5% 和 10% 的水平上显著。

资料来源：笔者根据 CFPS 数据运用 Stata 14.0 软件计算整理而得。

为了进一步厘清经济差距对创业在支出分布上的异质性影响，我们在回归中加入了支出和经济差距指标的交互项，以及支出的平方项和经济差距指标的交互项，这种方法能使我们直接检验经济差距与创业的关系是否在支出分布上呈倒"U"型。经济差距对创业的非线性影响，见表6.7。每个经济差距变量与支出的交互项系数均显著为正，而与支出平方项的交互项系数均显著为负，这些结果表明，随着人们支出的增加，经济差距对创业的影响会先增大、后降低（三个模型显示的倒"U"型的转折点分别为 5.2 万元、3.8 万元和 2.9 万元）。结果进一步证实了本章猜想，即中等收入群体是受经济差距影响而进行创业的主要群体。

表 6.7　　　　　经济差距对创业的非线性影响

变量	(1)	(2)	(3)
Gini	0.063 (0.080)		
Gini × exp_per	0.115 ** (0.049)		
Gini × exp_per_sq	-0.011 *** (0.003)		
Theil		0.016 (0.034)	
Theil × exp_per		0.086 *** (0.027)	
Theil × exp_per_sq		-0.011 *** (0.003)	
GE（-1）			0.021 (0.019)
GE（-1） × exp_per			0.040 *** (0.013)

续表

变量	(1)	(2)	(3)
GE（-1）×exp_per_sq			-0.007 *** (0.002)
控制变量	是	是	是
观测值	9 885	9 885	9 885

注：在表中，使用人均支出的绝对值而不是对数值，单位是万元。控制变量与表 6.4 相同，括号内是在区（县）层面的聚类标准误，***、**和*分别表示在 1%、5% 和 10% 的水平上显著。

资料来源：笔者根据 CFPS 数据运用 Stata 14.0 软件计算整理而得。

6.4.2　稳健性检验

1. 工具变量（IV）估计

使用如式（6-1）所示的 Probit 模型存在的一个重要问题，就是经济差距变量的潜在内生性问题。一方面，家庭创业收入可能对经济差距状况产生反向影响；另一方面，可能存在一些遗漏变量，如风险偏好等，会同时影响家庭创业选择和经济差距。为了处理经济差距的潜在内生性，本章构造了一个经济差距的工具变量，即区（县）层面的抚养比，具体通过 2010 年中国人口普查数据计算 14 岁以下或 65 岁以上的人口比例。此处抚养比与经济差距相关，原因在于，抚养比越高，说明劳动年龄人口越少，经济差距会越大（Higgins and Williamson，1999；Leigh，2003；You and Khagram，2005），因此，满足工具变量相关性条件。此外，因为宏观层面的抚养比与其他任何可能影响家庭创业决策的因素均无关系，所以，满足工具变量外生性条件。抚养比在短期内变化不大，因此，只使用一轮家庭调查数据进行工具变量估计。我们使用 2010 年测量的经济差距和其他区（县）层面的变量，同时，使用 2012 年测量的家庭层面（个人层面）的变量，通过关键解释变量的滞后数据可以进一步避免反向因果关系问题。

工具变量 Probit 模型的估计结果，见表 6.8。一阶段回归发现，抚养比和经济差距之间存在很强的正相关关系，而且，对于三个经济差距指标而言，一阶段 F 统计量都远远大于常规的临界值 10，表明工具变量相关性较强。一阶段的正向系数也证实了既有文献中提出的工具变量的构造逻辑：较高的抚养比表明劳动年龄人口规模较小，经济差距较大。在解决了潜在内生性问题后的最终结果显示，三个经济差距指标都对家庭创业产生了显著的正向影响，而且，估计系数更大。这说明，普通的 Probit 估计效应可能是低估的，而经济差距对创业的真正影响可能更强。

表 6.8　　　　　　　　工具变量 Probit 模型的估计结果

变量	（1）	（2）	（3）
2010 Gini	1.085 * （0.650）		
2010 Theil		1.426 * （0.763）	
2010 GE （-1）			0.081 * （0.046）
控制变量	是	是	是
用两阶段估计方法计算的一阶段结果			
抚养比	0.304 *** （0.028）	0.218 *** （0.063）	4.137 *** （0.188）
控制变量	是	是	是
一阶段 F 统计量	123.56	81.54	118.49
观测值	4 893	4 893	4 893

注：控制变量与表 6.4 相同。在估计 IV - Probit 模型时，我们使用极大似然估计方法获得边际效应，并使用两阶段估计方法计算一阶段的结果。括号内是 cluster 在区（县）层面的标准误。*** 、 ** 和 * 分别表示在 1% 、 5% 和 10% 的水平上显著。

资料来源：笔者根据 CFPS 数据运用 Stata 14.0 软件计算整理而得。

2. 经济差距对新创业的影响

在前文分析中，创业是通过经营家庭企业衡量的，这是一种常用的创业衡量标准。主要涵盖了不受雇于他人的职业选择，为了进一步证明经济差距对创业的影响，我们运用 CFPS 数据的面板特性，建立了一个新创业的衡量标准，其含义为 2010 ~ 2012 年新创建的家庭企业。具体来说，如果一个家庭在 2010 年没有经营家庭企业，但在 2012 年开始拥有家庭企业，那么，这个家庭就被定义为一个新创业家庭。根据这一标准，我们能够在 2012 年的样本中识别出 350 个新创业家庭，这一数据占 2010 年所有非创业家庭样本总数的 7.5% 。

经济差距对新创业的影响，见表 6.9。表 6.9 报告了经济差距对新创业的影响结果，在第（2）~（4）列的回归结果中，关键解释变量是 2010 年的经济差距指标，考察初始的经济差距状况对未来两年创办新企业概率的影响。以第（2）列为例，基尼系数的边际效应在统计上是显著的，且基尼系数估计结果 0.116 与表 6.4 的基准估计值大致相当。这表明，本章的回归结果是相当稳健的。

表 6.9 经济差距对新创业的影响

变量	(1)	(2)	(3)	(4)
Gini		0.116 * (0.065)		
Theil			0.052 * (0.029)	
GE (−1)				0.007 (0.009)
控制变量	是	是	是	是
拟 R^2	0.0717	0.0730	0.0729	0.0719
Log – likelihood	178.14	181.44	181.24	178.62
ΔLog – likelihood		3.31 *	3.11 *	0.49
观测值	4 664	4 664	4 664	4 664

注：控制变量与表 6.4 相同，括号内是 cluster 在区（县）层面的标准误，***、**和*分别表示在 1%、5% 和 10% 的水平上显著。ΔLog – likelihood 表示第（1）列与其他列之间的 Log – likelihood 之差。

资料来源：笔者根据 CFPS 数据运用 Stata 14.0 软件计算整理而得。

6.5 结论和讨论

改革开放以来，中国的收入差距和财富差距不断扩大，创新创业更加频繁，这给我们提供了检验经济差距与创业关系的一个较为理想的情境。本章的理论推导显示，经济差距可能通过改变个人认知和个人动机，影响个人参与创业的决策。在实证方面，我们使用 2010 年和 2012 年的 4 992 个中国家庭样本与区（县）层面的经济差距指标进行回归分析，发现二者存在显著的正向关系。实证结果表明，经济差距促进了创业，但相比于创造就业的创业而言，经济差距对不创造就业的创业影响更大。此外，经济差距对创业的影响效果具有异质性，中等收入群体更有可能受经济差距的影响而进行创业决策。本章结论无论是对理论层面还是实践层面都形成了重要的推动作用，具体体现在以下三个方面。

6.5.1 研究层面的启示

第一，这项研究是最早对经济差距如何影响创业进行全面系统的理论研究和实证分析的文献之一。本章不仅使用了各种经济差距衡量指标，而且，运用工具变量方法解决了经济差距变量的潜在内生性问题，因此，在经济差距和创业之间建立了因果关系。

第二，这项研究对经济差距与不同类型创业决策之间的关系进行了更详细的分析，并进行了异质性影响效果的探讨。本章的分析视角与现实更相符，原因在于，不同特征的人群看待和理解经济差距的角度不同，更重要的是，区分创业的不同类型也很重要，本章的视角有助于更好地揭示经济差距对创业的影响。

第三，这是第一篇使用微观数据研究发展中国家经济差距和创业之间关系的文献。既有关于经济差距和创业的文献大多依赖于跨国数据，而我们采用一国内部的数据进行实证研究，可以剔除制度、文化和政策等变量的干扰。

6.5.2 政策层面的意义

经济差距与创业之间正向关系的研究发现，在政策层面具有重要意义。虽然经济差距通常是人们不希望看到的结果，并且，需要采取措施加以调控，但本章的一个正面启示在于，政府可以积极引导因经济差距所激发的创业精神，鼓励人们进行创业。创业可以起到促进社会流动的作用，希望可以如库兹涅茨曲线（1955）描述的那样，经济差距最终可以缩小。事实上，这种经济差距的积极作用已经被既有研究关注。本章研究结果还表明，当制度性支持缺失时，经济差距可能无法促进可以创造就业的创业，这对长期经济发展有更深远的影响。因此，制定促进创业的政策不仅应从创业水平考虑，还应从创业类型评估调整相关政策。此外，本章对不同群体的分析结果表明，当中等收入群体观察到较大的经济差距时，他们更有可能进入创业者行列。这一结果进一步说明，培养强大的中等收入群体在经济发展中的重要性，社会应该让一部分人先富起来，但同时也要不断努力减少贫困，完善相关制度性支持，引导人们更多进入潜力较大、可以创造就业的创业中。

6.5.3 局限和展望

虽然本章采用一国内部的研究样本可以避免制度、文化和政策变量对研究结果的干扰，但这一结论推广到其他社会情境时也会受到明显限制。尽管经济差距促进了创业认知和动机的核心结论在许多社会情境中都能成立，但在将经济差距和创业之间的正向影响结论推演到其他国家时，我们必须持谨慎态度。对于其他发展中国家或处于不同发展阶段的国家而言，社会背景或制度环境的不同，导致经济差距和创业之间的关系可能并不成立，因此，利用其他国家的数据进行类似研究具有重要价值。

　　既有研究已经控制了其他社会经济环境因素，如经济发展水平和政府功能变量，同时，把个人特征作为控制变量，如性别、教育水平和社会资本等。毫无疑问，这些因素可能与经济差距和创业之间的关系存在重要的相互作用，值得在未来的研究中进一步探讨。诚然，本章存在局限性，只研究了经济差距，而未研究其他意义上的差距，如性别差异，这些问题是未来研究的方向。

第三部分

中国社会的代际流动性与
机会不均等

第7章 数字金融、流动性约束与代际流动性

7.1 概述和相关理论研究

党的二十大报告指出，共同富裕是中国特色社会主义的本质要求，也是一个长期的历史过程。[①] 代际流动则通过刻画父代与子代之间收入、职业等社会经济特征的关联程度，反映了社会公平、机会公平状况，是衡量共同富裕的一个重要指标（王伟同等，2019）。既有研究大多使用代际收入弹性指标，对代际流动进行测度。[②] 从测度水平上看，鄢和邓（Yan and Deng，2022）研究发现，中国的父亲—子代的代际收入弹性为0.41，而母亲—子代的代际收入弹性则为0.56，均在国际上处于较高水平。从趋势上看，樊等（Fan et al.，2021）发现，在中国经济发展转型过程中，代际收入弹性从1970～1980年出生群体的0.390提高到1981～1988年出生群体的0.442，代际收入流动整体上呈减弱趋势。代际收入流动减弱，不仅会对经济长期、健康发展产生负面影响（Marrero and Rodríguez，2013；Aiyar and Ebeke，2020），而且，会拉大收入差距，不利于社会稳定发展（陈东和黄旭锋，2015）。因此，如何促进代际流动、缓解阶层固化成为政策制定者、学术研究者等社会各界广泛关注的问题。

[①] 见 http://theory. people. com. cn/GB/n1/2022/1228/c40531 - 32595139. html.

[②] 在贝克尔和托梅斯（Becker and Tomes，1979）建立的关于代际收入流动性测度的理论框架中，定义了代际收入弹性指标对代际流动情况进行测度。但在估计代际收入弹性时，可能受到生命周期偏误（lifecycle bias）和暂时性冲击（transitory shock）的影响，后续研究尝试引入年龄二次项、估算持久收入、两阶段工具变量及采用测量误差模型等多种方法对各个国家的收入弹性进行准确估算（Solon，1992；Zimmerman，1992；Grawe，2004；Haider and Solon，2006；Gong et al.，2012；Deng et al.，2013；陈琳，2016）。近几年来，也有研究尝试使用代际收入秩关联系数（Rank - Rank Slope）指标测度代际收入流动，以避免持久收入的度量误差对估计结果的影响（Dahl and DeLeire，2008；Chetty et al.，2014；杨沫和王岩，2020）。

部分既有研究对影响代际流动的宏观因素、微观因素进行了探讨。就宏观因素而言，有研究发现，政府支出、公共教育政策、经济总量发展及结构优化等，均能对代际流动产生积极影响（Mayer and Lopoo，2008；李力行和周广肃，2015；杨中超，2016；李任玉等，2018；陈斌开等，2021）。而在微观因素方面，李任玉等（2015）通过构建反事实收入分布对子女收入差距进行分解，结果显示，高收入家庭子女、低收入家庭子女之间的收入差距，主要来源于受教育程度、工作经验、工作单位性质等特征差异。周兴和张鹏（2015）同样发现，子女受教育程度的提高能显著增加代际职业向上流动的机会。进一步，杨娟等（2015）通过构建世代交叠模型研究发现，家庭的教育选择和公共教育政策可能导致子女人力资本在代际内的差距加大，并固化收入在代际间的相关性。但目前，尚未有研究采用宏观与微观结合的视角，探究数字金融发展对代际流动的影响。

近年来，伴随着信息技术、大数据和云计算等革新和推进，数字金融这一以互联网科技企业提供金融服务为代表的新型金融模式得到蓬勃发展（黄益平和黄卓，2018）。与传统金融服务相比，数字金融能有效降低金融服务的门槛和交易成本，拓展金融对居民部门的覆盖广度和服务深度（郭峰等，2020）。[①] 因此，也有部分研究结合微观数据对数字金融对于家庭行为和家庭福利的影响进行了分析。例如，易行健和周利（2018）通过理论模型和实证检验发现，数字金融可以通过缓解流动性约束和便利居民支付两种途径促进居民消费；傅秋子和黄益平（2018）、孙玉环等（2021）同样发现，数字金融能通过改善居民信贷需求，促进消费。除此之外，数字金融带来的流动性约束缓解不仅促进了消费改善，而且，对居民创业和收入产生积极影响。例如，何婧和李庆海（2019）发现，数字金融的使用能通过信贷、信息约束缓解及社会信任强化等途径促进农户创业，提高创业绩效。周利等（2021）研究发现，数字金融的发展能通过增加信贷可得性、促进收入增长等机制减缓居民贫困。综

---

① 例如，受限于传统金融机构网点设置的高成本及信用风险信息的不对称，传统金融机构难以通过银行网点、ATM 等硬件设施较好地覆盖并服务经济相对落后地区的居民（Tsai，2004；温涛等，2016）。而数字金融则借助互联网、大数据等技术弥补了这种不足，一方面，对于缺少传统金融机构网点地区的居民而言，其可以通过电脑、手机等互联网终端设备获取所需的金融服务（Grossman and Tarazi，2014；谢平等，2015）；另一方面，数字金融服务机构可以根据贷款人在第三方平台上支付、借贷等行为的数据信息，对贷款人的信用进行评估并基于此进行贷款审核（Duarte et al.，2012；李继尊，2015）。

合来看，在上述研究中，数字金融发挥影响的重要微观机制是其缓解居民面临的流动性约束，进而实现居民消费、收入提高及福利改善。

　　基于以上背景，本章运用中国家庭追踪调查数据和中国数字普惠金融指数 2014 年、2016 年和 2018 年的三期数据，探究了地区数字金融发展对代际流动的影响，并结合相关理论对微观机制进行分析。研究结果显示，地区数字金融的发展能显著降低代际收入弹性、促进代际流动和社会公平。具体而言，数字普惠金融指数每提高 10%，父亲—子代的代际收入弹性显著降低约 0.03，等同于本章样本中代际收入弹性平均值的 24.6%，这一结果具有显著的经济意义。在此基础上，本章着重处理了代际收入流动测度过程中可能存在的偏误，通过计算持久性收入、换用代际收入秩相关系数等系列稳健性检验及内生性处理后，结论仍然成立。进一步分析显示，数字金融发展主要通过提高覆盖广度和使用深度两个维度，改善低人力资本家庭和低社会资本家庭的代际流动，体现出数字金融的影响具备普惠性特征。最后，机制分析表明，数字金融的发展能够通过降低家庭出现流动性约束的概率，进而改善家庭部门的人力资本投资和代际教育流动，最终对代际收入流动产生影响，而且，该作用效果在原本处于流动性约束较紧的低收入家庭中体现得更为明显。

　　本章的主要贡献体现在三个方面：一是本章实证探究了地区数字金融发展对于代际流动的影响，从代际和分配的视角丰富了关于数字金融经济效应的研究，突出了数字金融发展可能带来的长期代际收益，为数字经济相关公共政策的制定提供了参考；[①] 二是本章通过细致考察数字金融影响代际流动的微观机制，突出了家庭流动性约束在代际教育流动和代际收入流动中的关键作用，丰富了关于社会流动影响因素的讨论和研究；三是数字金融影响的子指标分解和异质性分析结果表明，数字金融对于流动性约束和代际流动的影响在低收入家庭、低人力资本家庭和低社会资本家庭中体现得更明显，这也从代际视角为共同富裕相关政策的制定提供了参考，即政府应重视提高处于收入分配劣势地位群体的信贷

----

　　① 在有关数字金融经济效应的研究中，大多基于当期的宏观经济影响进行分析。例如，既有文献发现，数字金融不仅可以有效地校正传统金融中存在的属性错配、领域错配、阶段错配问题，对企业创业以及技术创新具有显著的促进作用（谢绚丽等，2018；唐松等，2020），而且，数字金融能够降低盗窃犯罪（江鸿泽和梁平汉，2022）、优化劳动力要素配置（马述忠和胡增玺，2022）、缩小区域经济不平衡（宋晓玲，2017）、推动经济高质量发展（Kapoor，2014；钱海章等，2020；滕磊和彭德功，2020）。与本章相近的研究，仅讨论了农村数字金融发展对农户收入流动性的影响（彭澎和周力，2022）。

可及性，进而实现代际流动的改善和社会公平的促进。

7.2　理论分析和研究假说

在关于代际流动的研究中，一个重要的分析模型便是贝克尔和托梅斯（Becker and Tomes，1986）提出的引入借贷约束的代际传递模型，即在教育市场和借贷市场处于非最优状态时，借贷约束的存在会限制低收入家庭进行最优人力资本投资，进而导致低收入家庭子女与高收入家庭子女在人力资本投资等方面的差距拉大。这一方面，会导致低收入家庭子女因无法接受足够的教育继续处于贫困状态；另一方面，又会使得高收入家庭子女因人力资本积累而收入提高，最终，使得整体代际流动降低。因此，宏观经济和社会环境的发展，可能通过提高教育市场和借贷市场的有效性等途径缓解家庭（特别是低收入家庭）在人力资本投资时受到的借贷约束，进而实现代际流动促进和改善。例如，李力行和周广肃（2015）研究发现，政府公共教育支出有助于缓解家庭层面的借贷约束，弥补家庭人力资本投资的不足，提高教育水平的代际流动；李任玉等（2018）也发现，经济发展带来的收入提升，能够有效地缓解家庭对教育的投入约束，进而提升社会流动。

家庭部门的金融可及性和流动性约束可能会通过三个渠道受到数字金融发展的影响：其一，金融机构可能通过互联网技术，将先前被排斥在传统金融体系之外的长尾群体（如低收入家庭等）纳入服务范围内，提高金融服务的"平等机会"（易行健和周利，2018；尹志超等，2023）；其二，对缺少信用历史和抵押品的家庭而言，传统金融机构和互联网企业能够根据家庭在互联网平台支付、购物等活动的数字足迹和数据信息，对其进行精准画像。这不仅可以有效地降低金融服务过程中的信息不对称和潜在风险，而且，有助于针对性地为家庭提供信贷、理财、保险等产品服务（张勋等，2019；彭澎和周力，2022）；其三，互联网平台能够扩大金融服务、产品等信息的传播范围，降低家庭获取金融信息的成本，并在一定程度上提高家庭金融素养（刘生龙等，2021；吴雨等，2021）。进一步地，伴随着家庭部门（特别是低收入家庭）金融可及性的提高，其能够通过借贷等途径缓解自身在消费、投资时受到的流动性约束，进而实现对子女的人力资本进行最优投资（尹志超和张号栋，2018）。这一机制在保障低收入家庭子女获得足够教育资源的同时，也可能会缩小其与高收入家庭子女间的教育差距和收入差距，最终促进代际收入流动性改善。

与此同时，考虑到低人力资本、低社会资本和低收入等经济弱势家庭信用记录较少、金融素养较低，往往游离于传统金融服务体系之外，受到较强的金融排斥（尹志超等，2023），这部分家庭在进行消费、投资等决策时会面临更强的流动性约束，因此，数字金融对家庭流动性约束的缓解作用在这些家庭应该体现得更明显（张勋等，2019）。相应地，数字金融对这部分家庭产生的代际流动改善效果也可能更显著。这既体现了数字金融的普惠性特征，也与"发展成果更多更公平惠及全体人民"①这一共同富裕的内涵相一致。

因此，本章提出以下待验证的研究假设：

假设 7.1：数字金融发展能够显著降低代际收入弹性、促进代际收入流动。

假设 7.2：数字金融对于代际流动的影响，对处于流动性约束较为紧张状态的低人力资本、低社会资本和低收入家庭更加显著，即数字金融对代际流动的影响具有普惠性特征。

假设 7.3：数字金融的发展可以通过缓解家庭的流动性约束，进而改善家庭人力资本投资、促进代际教育流动，最终对代际收入流动产生影响。

7.3　数据和实证策略

7.3.1　数据介绍

本章所使用的数据主要来源于两方面，一是来自北京大学中国社会科学调查中心的中国家庭追踪调查，该数据通过分层多阶段的概率抽样方式对社区（村居）、家庭和个体的信息进行跟踪收集，具有良好的全国代表性，反映了中国经济发展和社会变迁的现状（Xie and Lu，2015）；二是来自北京大学数字金融研究中心课题组的中国数字普惠金融指数，该指数基于中国一家代表性数字金融机构数以亿计的微观数据编制而成，主要包含数字金融覆盖广度、数字金融使用深度和普惠金融数字化程度

---

① 见 http://SX. people. com. cn/n2/2022/1019/c189130 - 40163917. html.

等维度及 33 个具体指标，具有良好的代表性和可靠性。[①] 该指数覆盖了中国的 31 个省（区、市）[②]、337 个地级以上城市、约 2 800 个县，其中，省级指数和城市级指数的时间跨度为 2011～2020 年，县级指数为 2014～2020 年，从多个维度和层级对中国数字普惠金融的发展现状和发展趋势进行了科学刻画（郭峰等，2020）。

CFPS 于 2010 年正式开展第一期全国层面调查，调查样本覆盖中国的 25 个省（区、市）的 162 个区（县），并在此后每隔两年开展一期全国跟踪调查。本章研究地区数字金融发展对于代际流动的影响，考虑到问卷相关指标的可比性以及 2013 年是中国数字金融发展元年（黄益平和黄卓，2018），因此，选取 2014 年、2016 年和 2018 年三期 CFPS 数据以及相应的数字普惠金融指数进行匹配，进一步经过父代—子代样本匹配及数据清理后，最终使用的样本为 3278 对父代—子代的有效配对数据（此处有效配对是指，父代和子代均无收入数据缺失的配对）。

7.3.2 实证策略及变量描述

本章建立的实证模型如下：

$$CInc_{ijt} = \beta_0 + \beta_1 PInc_{ijt} + \beta_2 IF_{j,t-1} \times PInc_{ijt} + \beta_3 IF_{j,t-1} + \gamma X_{ijt} + \varphi_j + \lambda_t + \varepsilon_{ijt}$$

$$(7-1)$$

在式（7-1）中，$CInc_{ijt}$ 表示城市 j 的子代个体 i 在第 t 年的收入对数，$PInc_{ijt}$ 表示与子代个体 i 对应的父代个体在第 t 年的收入对数。$IF_{j,t-1}$ 表示城市层面的数字金融发展水平，在测度指标选取时，一方面，为尽可能克服地区代际流动影响数字金融发展的反向因果问题，本章选取了滞后一期的指数（谢绚丽等，2018；张勋等，2019）；另一方面，为平衡指数差异，本章还对指数进行了对数化处理（傅秋子和黄益平，2018），因此，本章最终选取滞后一期即第 t-1 年的数字普惠金融指数对数值对地区数字金融发展水平进行测度。进一步，本章借鉴代际流动相关研究

---

① 其中，覆盖广度主要根据地区支付宝账户数目以及绑定银行卡情况进行衡量，包括每万人拥有支付宝账户数量、支付宝绑卡用户比例和平均每个支付宝账号绑定银行卡数三个具体指标；使用深度主要用地区实际使用数字金融服务的总量和活跃度进行测度，包括支付、货币基金、信贷、保险、投资和信用六个业务方面的 20 个具体指标；数字支持服务程度则通过地区数字金融服务使用的便利性和成本反映，包括移动化、实惠化、信用化和便利化四个特征方面的十个具体指标。

② 中国的 31 个省（区、市）具体包括河北、山西、辽宁、北京、天津、黑龙江、吉林、河南、山东、陕西、内蒙古、宁夏、甘肃、新疆、青海、西藏、湖北、安徽、江苏、上海、浙江、福建、湖南、江西、四川、重庆、贵州、云南、广东、广西、海南。

的实证方法（李任玉等，2018），在模型中引入 IF_{jt-1} 和 $PInc_{ijt}$ 的交互项，交互项的系数定量反映了地区数字金融发展对代际流动的影响程度。

在模型的控制变量方面，首先，本章沿用梭伦（Solon，1992）的研究结论，选取子代和父代的年龄及年龄平方作为控制变量，以期控制年龄效应以及其他不可观测因素，克服估计代际收入弹性时可能存在的向下偏误；其次，参考孙三百等（2012）的研究方法，本章进一步选取子代性别、民族、婚姻状况、教育年限及户口情况等可能决定子代收入的个体特征控制变量。在此基础上，模型还进一步引入了省（区、市）固定效应和年份固定效应，以尽可能控制不随区域变动或不随时间变动的遗漏变量的影响。

此外，为避免收入数据中两侧极端值对估计结果准确性的影响，本章还将父代和子代的原始收入数据进行了前后缩尾 1% 处理。主要变量的描述性统计，如表 7.1 所示。

表 7.1　　　　　　　　　主要变量的描述性统计

中文变量名	英文变量名	样本量	平均值	标准差
子代收入对数	CInc	3 278	7.627	4.344
父亲收入对数	FInc	3 278	5.796	4.977
母亲收入对数	MInc	1 963	3.181	4.520
父母收入对数	PInc	1 963	5.482	5.148
子代年龄（岁）	CAge	3 278	26.257	5.323
子代年龄^2	CAge^2	3 278	717.761	294.185
父亲年龄（岁）	FAge	3 278	52.653	6.084
父亲年龄^2	FAge^2	3 278	2 809.394	645.138
父亲受教育年限（年）	FEdu	3216	7.384	3.924
母亲年龄（岁）	MAge	3278	51.074	6.004
母亲年龄^2	MAge^2	3 203	2 643.572	621.723
母亲受教育年限（年）	MEdu	3 152	5.260	4.322
子代性别（男性=1）	CMale	3 278	0.688	0.464
子代婚姻（已婚=1）	CMarried	3 276	0.495	0.500
子代户口（城镇=1）	CUrban	3 236	0.428	0.495
子代受教育年限（年）	CEdu	3 222	10.618	3.677
数字普惠金融指数对数	Index	3 278	5.015	0.268
覆盖广度对数	Coverage	3 278	4.904	0.313
使用深度对数	Usage	3 278	4.998	0.311
数字支持服务程度对数	Digitization	3 278	5.304	0.215

资料来源：笔者根据 CFPS 数据和中国数字普惠金融指数运用 Stata 14.0 软件计算整理而得。

7.4 数字金融对代际流动的影响

7.4.1 父亲—子代匹配的基准结果

在中国，许多年龄较大的女性因受当时社会经济发展水平的影响，其教育水平和收入水平大多较低（Gong et al.，2012），因此，本章主要选取父亲—子代匹配数据进行实证分析，并将此系列结果作为本章实证研究的基准结果。进一步，考虑到同一城市内不同家庭之间可能存在的相互影响，本章将模型的标准误聚类到相应的城市层面。

（1）线性回归结果

首先，我们根据本章提出的实证模型进行线性回归估计，以探究地区数字金融发展对代际流动的平均影响。数字金融对代际流动的影响：基于父亲—子代匹配数据的线性回归，见表7.2。其中，第（1）列只控制了省（区、市）固定效应和年份固定效应，第（2）列在第（1）列的基础上，加入了父亲和子代年龄及年龄平方作为控制变量，第（3）列又加入了子代性别等子代特征控制变量。通过比较三列结果可以发现，地区数字金融发展能显著降低代际收入弹性、促进代际流动，且估计结果在进一步引入控制变量后仍然保持稳健，初步验证了本章提出的研究假设7.1。以第（3）列结果为例，交互项的系数表明，地区数字普惠金融指数每提高10%，父亲—子代的代际收入弹性显著降低约0.03，等同于本章样本中代际收入弹性平均值的24.6%，具有显著的经济意义。

控制变量的结果显示，子代婚姻状态为已婚不利于其收入提高，可能原因在于，已婚状态个体需将一定的工作时间和精力分配给婚姻维系和家庭经营。而子代拥有的城镇户口能够对子代收入具有显著的促进作用，且子代受教育年限越高收入也越高，这在一定程度上说明子代社会资本和人力资本的改善有助于其收入水平的提高。

表7.2 数字金融对代际流动的影响：基于父亲—子代匹配数据的线性回归

变量	(1)	(2)	(3)
	CInc		
FInc	1.636 *** (0.446)	1.607 *** (0.446)	1.529 *** (0.392)

续表

变量	(1)	(2)	(3)
	CInc		
Index	5. 265 ***	5. 250 ***	4. 212 ***
	(1. 347)	(1. 337)	(1. 100)
FInc × Index	− 0. 298 ***	− 0. 293 ***	− 0. 282 ***
	(0. 089)	(0. 089)	(0. 079)
CAge		0. 309 **	0. 214
		(0. 133)	(0. 135)
$CAge^2$		− 0. 006 **	− 0. 004 *
		(0. 002)	(0. 002)
FAge		0. 032	− 0. 073
		(0. 212)	(0. 237)
$FAge^2$		− 0. 000	0. 001
		(0. 002)	(0. 002)
CMale			0. 156
			(0. 164)
CHan			1. 252 ***
			(0. 453)
CMarried			− 0. 444 **
			(0. 193)
CEdu			0. 137 ***
			(0. 022)
CUrban			0. 282 *
			(0. 168)
样本量	3 278	3 278	3 180
R^2	0. 208	0. 212	0. 236

注：***、**和*分别表示在1%、5%和10%的水平上显著，各列均控制了年份固定效应和省（区、市）固定效应，括号内为聚类在城市层面的稳健标准误。

资料来源：笔者根据 CFPS 数据和中国数字普惠金融指数运用 Stata 14. 0 软件计算整理而得。

（2）分位数回归结果

线性回归结果表明，整体而言，地区数字金融发展会对代际收入流动具有显著的促进效果。但在理论上，不同收入家庭的社会资本、物质资本以及流动性约束等均有一定差异，其受数字金融的影响程度也不尽相同（傅秋子和黄益平，2018）。因此，我们基于父代收入在不同分位点的分布，使用分位数回归方法分别对 30% 分位点、40% 分位点、50% 分位点、60% 分位点和 70% 分位点处的系数进行估计，以细化数字金融发展在不同收入层次群体对代际收入弹性影响的边际效果。[①] 数字金融对代际流动的影响：基于父亲－子代匹配数据的分位数回归，见表 7.3。从表 7.3 汇报的结果可以发现，数字金融发展降低代际收入弹性的边际效果主要体现在低收入群体中。特别是对父代收入处于 30% 分位点、40% 分位点处的群体而言，数字金融改善其家庭代际流动的边际效果无论在统计意义上还是经济效果上均十分显著。一方面，说明数字金融主要通过促进低收入群体的代际流动，实现对整体代际流动的改善；另一方面，也体现了数字金融对代际流动的影响具有普惠性特征，初步证实了本章假设 7.2，且与既有文献结论一致（张勋等，2021）。

表 7.3　数字金融对代际流动的影响：基于父亲—子代匹配数据的分位数回归

变量	（1）	（2）	（3）	（4）	（5）
	30% 分位点	40% 分位点	50% 分位点	60% 分位点	70% 分位点
FInc	5.279 ***	6.427 ***	1.654	0.520 **	0.272
	(1.515)	(1.014)	(1.027)	(0.258)	(0.168)
Index	9.004 **	13.109 ***	3.913 *	1.284 **	0.813 **
	(3.881)	(1.769)	(2.035)	(0.640)	(0.328)
FInc × Index	− 0.957 ***	− 1.221 ***	− 0.318	− 0.099 *	− 0.052
	(0.324)	(0.192)	(0.200)	(0.051)	(0.033)
年龄效应控制变量	是	是	是	是	是
子代特征控制变量	是	是	是	是	是
样本量	3 180	3 180	3 180	3 180	3 180
R^2	0.183	0.188	0.175	0.180	0.156

注：***、**和 * 分别表示在 1%、5% 和 10% 的水平上显著，各列均控制了年份固定效应和省（区、市）固定效应，括号内为聚类在城市层面的稳健标准误。

资料来源：笔者根据 CFPS 数据和中国数字普惠金融指数运用 Stata 14.0 软件计算整理而得。

为了更直观地反映数字金融发展对父代收入处于不同分位点的家庭

[①]　例如，第 q 分位数的回归系数是基于全部样本数据，以 q 为权重，使用残差绝对值的加权平均值作为最小化目标函数估计得到。该系数反映了自变量对因变量在第 q 分位数的边际影响效果。与常用于异质性分析的分样本回归相比，分位数回归可以有效地避免样本数据的损失且不易受极端值影响。

代际流动的边际影响，我们基于分位数回归方法，分别对 30% ~ 70% 的每一分位点进行回归，得到每一分位点处的边际效果后，绘制分位数回归系数图，见图 7.1。结果表明，数字金融发展降低代际收入弹性、促进代际流动的边际影响在父代收入位于 30% ~ 45% 的家庭表现最明显，且在 35% 分位点附近效果最强。而后，随着分位点上移，数字金融发展水平对代际流动的边际影响效果逐渐降低且不再显著。由此可见，数字金融对代际流动的边际影响主要在父代收入位于收入分布底部的低收入家庭发挥作用，而对中高收入家庭影响较弱，这也为数字金融影响的普惠性特征提供了进一步证据支撑。

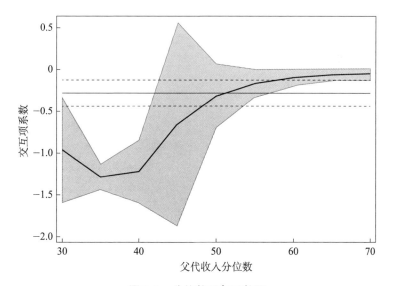

图 7.1 分位数回归系数图

注：折线表示分位数回归系数，阴影部分表示分位数回归系数在 95% 置信度下通过城市层面聚类标准误计算得到的置信区间；直线表示线性回归系数，虚线表示线性回归系数在 95% 置信度下的置信区间。

资料来源：笔者根据 CFPS 数据和中国数字普惠金融指数运用 Stata 14.0 软件计算整理而得。

7.4.2　稳健性检验

为了验证结果稳健性，我们依次采取换用母亲—子代、父母平均—子代匹配样本、对收入和数字金融发展水平等核心变量做细化处理等方法再次进行估计。数字金融对代际流动的影响：稳健性检验，见表 7.4。

表7.4　　　　　　　　　　数字金融对代际流动的影响：稳健性检验

变量	(1)	(2)	(3)	(4)	(5)	(6)
	父亲—子代匹配样本		母亲—子代匹配样本		父母平均—子代匹配样本	
Panel A：换用母亲—子代和父母平均—子代匹配样本						
FInc × Index	− 0. 293 *** (0.089)	− 0. 282 *** (0.079)	− 0. 448 *** (0.105)	− 0. 397 *** (0.103)	− 0. 274 ** (0.131)	− 0. 239 * (0.132)
年龄效应控制变量	是	是	是	是	是	是
子代特征控制变量		是		是		是
Panel B：使用持久性收入（三年平均收入）						
FInc × Index	− 0. 264 *** (0.098)	− 0. 264 *** (0.089)	− 0. 589 *** (0.090)	− 0. 576 *** (0.090)	− 0. 388 *** (0.107)	− 0. 384 *** (0.104)
年龄效应控制变量	是	是	是	是	是	是
子代特征控制变量		是		是		是
Panel C：使用收入十分位排序						
FInc × Index	− 0. 226 *** (0.069)	− 0. 225 *** (0.063)	− 0. 180 * (0.101)	− 0. 169 * (0.101)	− 0. 221 ** (0.112)	− 0. 200 * (0.108)
年龄效应控制变量	是	是	是	是	是	是
子代特征控制变量		是		是		是
Panel D：使用标准化后的滞后一期数字普惠金融指数						
FInc × Index	− 0. 088 *** (0.025)	− 0. 083 *** (0.021)	− 0. 132 *** (0.029)	− 0. 117 *** (0.028)	− 0. 090 ** (0.037)	− 0. 079 ** (0.038)
年龄效应控制变量	是	是	是	是	是	是
子代特征控制变量		是		是		是
Panel E：使用滞后两期的数字普惠金融指数对数值						
FInc × Index	− 0. 184 *** (0.058)	− 0. 179 *** (0.053)	− 0. 296 *** (0.074)	− 0. 265 *** (0.072)	− 0. 162 * (0.082)	− 0. 143 * (0.084)
年龄效应控制变量	是	是	是	是	是	是
子代特征控制变量		是		是		是

注：***、**和 * 分别表示在1%、5%和10%的水平上显著，各列均控制了年份固定效应和省（区、市）固定效应，括号内为聚类在城市层面的稳健标准误。Panel A 汇报了换用母亲—子代匹配样本和父母平均—子代匹配样本进行回归的估计结果，Panel B 汇报了将三年收入平均值作为持久性收入进行替换估计的估计结果，Panel C 汇报了使用收入十分位排序进行替换估计的估计结果，Panel D 汇报了使用标准化后的滞后一期数字普惠金融指数作为核心解释变量进行回归的估计结果，Panel E 汇报了使用滞后两期的数字普惠金融指数对数值作为核心解释变量进行回归的估计结果。

资料来源：笔者根据 CFPS 数据和中国数字普惠金融指数运用 Stata 14.0 软件计算整理而得。

第一，就收入指标而言，考虑到不同性别子代受父亲收入、母亲收入影响的程度具有差异性（王海港，2005），为丰富对父代收入的测度角度，Panel A 汇报了换用母亲—子代、父母平均—子代匹配样本的估计结果，分别以母亲收入的对数值和父母平均收入的对数值作为父代收入水平进行回归；为克服仅使用单年收入数据导致的暂时性收入偏差，我们参照李任玉等（2018）的做法，将三年收入平均值作为持久性收入进行替换估计，并在 Panel B 中汇报了相关结果。进一步，考虑到绝对收入可能存在的测量误差及比较偏误，我们参考切蒂等（Chetty et al.，2014）对子代收入排序关联系数与父代收入排序关联系数的估计，运用代际收入秩关联系数对代际收入流动进行测度。① 具体而言，我们按照父代当年收入和子代当年收入在其所在地区的相对分位进行十分位排序后再次进行估计，相关结果汇报在 Panel C 中。通过比较 Panel A、Panel B 和 Panel C 的结果可以发现，在更换匹配样本及收入指标后，交互项的系数仍然显著为负，证明了数字金融发展能降低代际收入弹性、促进代际流动这一结论的稳健性。

第二，就数字金融指标而言，Panel D 报告了使用标准化后的滞后一期数字普惠金融指数作为数字金融发展水平测度指标的估计结果，以避免仅采用指数对数值指标的可能偏误。此外，考虑到数字金融发展对居民收入的影响可能具有滞后性，我们还使用了滞后两期的数字普惠金融指数对数值作为核心解释变量再次进行回归，结果汇报在 Panel E 中。Panel D 和 Panel E 的结果显示，在换用不同方式对数字金融发展水平进行测度后，地区数字金融发展对代际流动的改善作用仍然显著，进一步证实了上文结论的稳健性和本章提出的假设 7.1。

7.4.3　内生性处理

在上文估计过程中，尽管我们已使用滞后一期的数字普惠金融指数、控制省（区、市）固定效应和年份固定效应等方法缓解内生性问题导致的估计偏误，但考虑到仍可能存在一些随时间变化且与数字金融发展相关的地区特征遗漏变量（如城市金融银行业发展水平等）。因此，本章参

----

① 代际收入秩关联系数反映了父辈收入排序与子辈收入排序之间的关联程度，可通过使用父辈收入排序对子辈收入排序进行回归估计得到。相较于传统的代际收入弹性估计，该方法能够有效地避免收入低报引起的偏误，在测量上更准确且在统计学上更稳健，在不同地区间也具有较高的可比性。

考彭澎和周力（2022）的研究设计，采用"同一省（区、市）其他城市滞后一期的数字普惠金融指数均值"作为数字金融发展水平的工具变量，进一步使用工具变量法对本章实证模型进行估计。[①] 数字金融对代际流动的影响：工具变量法，见表 7.5。表 7.5 汇报了估计结果，通过比较可以发现，对于父亲—子代匹配样本、母亲—子代匹配样本及父母平均—子代匹配样本而言，在使用工具变量法对内生性问题进行进一步处理后，交互项的系数仍然显著为负，即数字金融能降低代际收入弹性、改善代际流动的结论仍然成立。

表 7.5　　　　　数字金融对代际流动的影响：工具变量法

变量	(1)	(2)	(3)	(4)	(5)	(6)
	父亲—子代匹配样本		母亲—子代匹配样本		父母平均—子代匹配样本	
FInc	1.794 *** (0.461)	1.792 *** (0.447)	2.031 *** (0.559)	1.687 *** (0.593)	1.784 ** (0.774)	1.627 ** (0.813)
Index	2.867 * (1.653)	0.975 (1.523)	2.975 (2.408)	0.392 (2.400)	4.033 * (2.306)	1.629 (2.316)
FInc × Index	−0.330 *** (0.093)	−0.335 *** (0.090)	−0.384 *** (0.110)	−0.321 *** (0.117)	−0.332 ** (0.158)	−0.304 * (0.166)
年龄效应控制变量	是	是	是	是	是	是
子代特征控制变量		是		是		是
样本量	3 278	3 180	1 963	1 914	1 963	1 914
R^2	0.209	0.231	0.179	0.202	0.193	0.214

注：***、**和*分别表示在1%、5%和10%的水平上显著，各列均控制了年份固定效应和省（区、市）固定效应，括号内为聚类在城市层面的稳健标准误差。

资料来源：笔者根据 CFPS 数据和中国数字普惠金融指数运用 Stata 14.0 软件计算整理而得。

7.4.4　子指标分解

为进一步细化探究不同维度数字金融对代际流动的影响，我们基于数字普惠金融指数三个维度的子指标构成（包括覆盖广度、使用深度和数字支持服务程度），分子指标再次进行回归估计。数字金融对代际流动的影响：子指标分解，见表 7.6。其中，第（1）列、第（2）列为使用

[①]　此外，本章也参考谢绚丽等（2018）的研究，使用互联网普及率作为数字金融发展的工具变量，发现结论仍然成立。

滞后一期的覆盖广度指数对数值替换作为数字金融发展水平进行估计的结果，第（3）列、第（4）列和第（5）列、第（6）列分别为使用滞后一期的使用深度指数和数字支持服务程度指数作为替换解释变量的估计结果。结果发现，地区数字金融覆盖广度和使用深度的提高，均有利于降低代际收入弹性、促进代际流动。

　　具体而言，一方面，随着数字金融覆盖广度的提高，该地区拥有第三方支付平台并在电子账户绑卡的用户群体不断扩大，将会营造一个更具金融可及性的外部环境，增加低收入群体获得金融服务的可能性；另一方面，随着数字金融使用深度增强，居民使用数字金融各种服务（如支付、信贷及保险等）的情况也会不断改善，在便利家庭交易和筹资的同时，相应深化了低收入群体获得金融服务的程度。因此，子指标分解结果表明，数字金融发展主要通过覆盖广度和使用深度两个维度的提高，改善了居民部门特别是低收入群体获得金融服务的可能性和程度，进而降低了代际收入弹性。这也与前文分位数回归中关于数字金融影响具有普惠性特征的发现相一致，进一步证实了本章提出的假设 7.2。

表 7.6　　　　　数字金融对代际流动的影响：子指标分解

变量	(1)	(2)	(3)	(4)	(5)	(6)
	覆盖广度		使用深度		数字支持服务程度	
FInc	1.276 *** (0.359)	1.160 *** (0.298)	1.383 *** (0.438)	1.350 *** (0.417)	0.540 (0.443)	0.610 (0.417)
Index	4.215 *** (1.001)	3.233 *** (0.782)	3.322 *** (1.171)	2.593 ** (1.011)	−1.487 (1.390)	−0.176 (1.187)
FInc × Index	−0.231 *** (0.073)	−0.212 *** (0.061)	−0.249 *** (0.089)	−0.247 *** (0.085)	−0.071 (0.084)	−0.089 (0.079)
年龄效应控制变量	是	是	是	是	是	是
子代特征控制变量		是		是		是
样本量	3 278	3 180	3 278	3 180	3 278	3 180
R^2	0.216	0.238	0.208	0.233	0.204	0.230

　　注：***、**和 * 分别表示在 1%、5% 和 10% 的水平上显著，各列均控制了年份固定效应和省（区、市）固定效应，括号内为聚类到城市层面的稳健标准误。

　　资料来源：笔者根据 CFPS 数据和中国数字普惠金融指数运用 Stata 14.0 软件计算整理而得。

7.4.5 异质性分析

考虑到金融可得性的改善对拥有不同人力资本家庭、社会资本家庭造成的影响可能具有差异性（尹志超等，2015），我们根据父亲—子代匹配样本中父亲的户口特征和受教育水平进行分样本回归，以探究数字金融发展对不同家庭群体代际流动的异质性影响。数字金融对代际收入流动的影响：异质性分析，见表 7.7。表 7.7 报告了异质性分析结果，通过对第（1）~（2）列和第（3）~（5）列的估计结果进行对比可以发现，数字金融的发展对代际收入流动的改善效果主要体现在父亲为农村户口及父亲受教育学历在初中、小学及以下的家庭群体，而在父亲为城镇户口和拥有高中及以上学历的群体中并不显著。

表 7.7   数字金融对代际收入流动的影响：异质性分析

变量	(1)	(2)	(3)	(4)	(5)
	父亲户口		父亲受教育学历		
	城镇	农村	小学及以下	初中	高中及以上
FInc	0.929 (0.635)	1.273 ** (0.540)	1.392 ** (0.617)	2.221 *** (0.738)	−0.987 (1.182)
Index	2.674 (1.615)	4.866 *** (1.629)	5.503 *** (1.769)	4.961 *** (1.723)	−0.638 (2.679)
FInc × Index	−0.156 (0.127)	−0.236 ** (0.109)	−0.252 ** (0.124)	−0.425 *** (0.150)	0.233 (0.243)
年龄效应控制变量	是	是	是	是	是
子代特征控制变量	是	是	是	是	是
样本量	1 281	1 896	1 541	1 029	570
R^2	0.191	0.248	0.264	0.237	0.238

注：***、**和*分别表示在 1%、5%和 10%的水平上显著，各列均控制了年份固定效应和省（区、市）固定效应，括号内为聚类在城市层面的稳健标准误差。

资料来源：笔者根据 CFPS 数据和中国数字普惠金融指数运用 Stata 14.0 软件计算整理而得。

可能原因在于，对于父亲为农村户口或拥有较低学历的家庭而言，往往会因缺乏足够的人力资本和社会资本而面临更严重的金融排斥和更紧张的流动性约束，因此，无法通过传统金融市场进行借贷实现对子女的最优人力资本投资。而数字金融的发展及其具备的普惠性特征恰好能改善这部分家庭获得金融服务的可能性及使用金融服务的程度，缓解家庭在进行人力资本等投资时面临的流动性约束，最终实现代际流动改善。该发现不仅进一步支持了数字金融的影响效果具有普惠性特征的研究假说，而且，为数字金融影响代际流动的机制提供了支撑性证据。

7.5　数字金融对代际流动影响的机制分析

本章分析发现，地区数字金融发展能显著降低代际收入弹性，促进代际流动和社会公平。考虑到个体教育程度等人力资本积累是决定收入的关键因素，因此，父代收入地位的差距可能会通过影响子代人力资本积累和收入水平，对代际收入流动产生作用（Bowles and Gints，2002；Lefgren et al.，2012）。如达尔和洛克纳（Dahl and Lochner，2012）研究发现，父代收入情况将影响家庭对子女进行人力资本等投资时面临的流动性约束程度，低收入家庭往往因约束较强而无法为子女提供足够的投资。而数字金融作为金融体系的有效扩展，能拓宽金融服务的覆盖范围和服务广度，有效缓解居民部门特别是低收入家庭的流动性约束（Chen，2016；易行健和周利，2018），在一定程度上保证家庭能对子女教育进行必要投资。

7.5.1　数字金融对家庭流动性约束的缓解作用

基于父亲—子代教育匹配样本，[①] 我们对数字金融是否会提高代际教育流动进行分析，机制分析：数字金融对家庭流动性约束的缓解作用，见表 7.8。表 7.8 中 Panel A 的结果表明，数字金融发展能够显著促进代际教育流动，且换用不同指标对父代和子代的受教育程度进行测度后，促进效果仍然显著。进一步，表 7.8 的 Panel B 报告了数字金融发展对家庭流动性约束的影响，[②] 结果显示，地区数字金融发展能显著缓解家庭出现流动性约束的概率。这说明，数字金融可能会通过缓解家庭在教育支出时面临的流动性约束，促进教育的代际流动，初步验证了本章提出的

---

① 父亲—子代教育匹配样本是指，在经过相同的数据清理步骤后，对父代、子代教育指标均无缺失的观测值进行配对后得到的样本。

② 对于家庭是否受到流动性约束的测度，我们参考泽尔德斯（Zeldes，1989）的定义方式，将拥有金融资产总价值低于两个月收入的家庭，定义为受到流动性约束的家庭。

假设 7.3。

此外，我们还估计了家庭流动性约束对代际教育流动的影响，以对假设 7.3 进行直接验证，相关结果报告在表 7.8 的 Panel C 中。我们发现，家庭流动性约束和父代教育水平交互项的系数显著为正，这说明家庭面临的流动性约束越强，往往越无法对子代进行最优人力资本投资，导致代际教育流动更加固化。这不仅反映了家庭流动性约束是影响代际教育流动的关键因素，也为本章提出的假设 7.2 提供了直接证据。

表 7.8　　　机制分析：数字金融对家庭流动性约束的缓解作用

Panel A：数字金融对代际教育流动的影响				
变量	(1)	(2)	(3)	(4)
	CEdu Years		CEdu Level	
FEdu	1. 375 *** (0. 356)	1. 286 *** (0. 304)	0. 940 *** (0. 243)	0. 888 *** (0. 203)
Index	5. 778 *** (1. 449)	4. 462 *** (1. 191)	1. 808 *** (0. 391)	1. 379 *** (0. 318)
FEdu × Index	− 0. 228 *** (0. 067)	− 0. 216 *** (0. 058)	− 0. 134 *** (0. 046)	− 0. 130 *** (0. 039)
年龄效应控制变量	是	是	是	是
子代特征控制变量		是		是
样本量	12 736	12 349	15 113	14 668
R^2	0. 340	0. 366	0. 339	0. 356

Panel B：数字金融对家庭流动性约束的影响						
变量	(1)	(2)	(3)	(4)	(5)	(6)
	家庭是否受到流动性约束					
	Probit 模型			线性概率模型（LPM）		
Index	− 0. 394 *** (0. 115)	− 0. 314 *** (0. 099)	− 0. 292 *** (0. 099)	− 0. 400 *** (0. 116)	− 0. 322 *** (0. 101)	− 0. 301 *** (0. 101)
年龄效应控制变量	是	是	是	是	是	是
子代特征控制变量		是	是		是	是
家庭特征控制变量			是			是
样本量	15 410	14 960	14 511	15 414	14 964	14 517
R^2				0. 045	0. 053	0. 059

续表

	(1)	(2)	(3)	(4)
变量	CEdu Years		CEdu Level	
FEdu	0.191 *** (0.016)	0.159 *** (0.014)	0.242 *** (0.016)	0.205 *** (0.015)
Liq	−0.824 *** (0.223)	−0.775 *** (0.175)	−0.243 *** (0.069)	−0.234 *** (0.056)
FEdu × Liq	0.044 * (0.026)	0.051 ** (0.021)	0.031 (0.025)	0.042 ** (0.021)
年龄效应控制变量	是	是	是	是
子代特征控制变量		是		是
样本量	12 736	12 349	15 113	14 668
R^2	0.333	0.363	0.334	0.354

Panel C：家庭流动性约束对代际教育流动的影响

注：***、**和*分别表示在1%、5%和10%的水平上显著，各列均控制了年份固定效应和省（区、市）固定效应，括号内为聚类在城市层面的稳健标准误。Panel A 汇报了数字金融对代际教育流动的影响，Panel B 汇报了数字金融对家庭流动性约束的影响，Panel C 汇报了家庭流动性约束对代际教育流动的影响。

资料来源：笔者根据 CFPS 数据和中国数字普惠金融指数运用 Stata 14.0 软件计算整理而得。

7.5.2　数字金融缓解作用在不同收入家庭的体现

低收入家庭可支配收入往往较少，其在消费、投资等决策时会面临更强的流动性约束，因此，如果数字金融主要通过缓解家庭流动性约束进而实现对代际教育流动和代际收入流动的改善效果，那么，该缓解作用应该在收入较低的家庭中体现得更加明显。为了验证该逻辑，我们根据每个家庭"全部家庭纯收入（与 2010 年可比）"这一收入指标的三期平均值，将家庭收入分为高、中、低三组，并通过分样本回归探究了数字金融对不同收入家庭代际教育流动和流动性约束的影响。机制分析：数字金融缓解作用在不同收入家庭的体现，见表 7.9。

通过比较发现，数字金融主要降低了中低收入家庭出现流动性约束的概率，并对低收入家庭的代际教育流动具有更显著、更稳健的促进作用，原因在于，家庭收入相对较少的家庭往往会受到更强的流动性约束，而数字金融的发展能显著提高该部分群体的金融可及性，进而明显改善流动性约束紧张、人力资本投资不足的状况（易行健和周利，2018），最终促进代际教育流动的改善。这不仅验证了我们提出的机制分析的逻辑，也为前文发现数字金融影响具有普惠性特征的结论提供了内在机制解释。

表7.9 机制分析：数字金融缓解作用在不同收入家庭的体现

	Panel A：数字金融对不同收入家庭代际教育流动的影响					
	（1）	（2）	（3）	（4）	（5）	（6）
变量	CEdu Years			CEdu Level		
	低收入组	中收入组	高收入组	低收入组	中收入组	高收入组
FEdu	1.710*** (0.407)	0.971*** (0.370)	0.962*** (0.289)	1.187*** (0.337)	0.524 (0.364)	0.905*** (0.256)
Index	5.536*** (1.429)	4.883*** (1.449)	3.001** (1.299)	1.493*** (0.372)	1.515*** (0.447)	1.304*** (0.413)
FEdu × Index	−0.304*** (0.078)	−0.162** (0.071)	−0.147*** (0.055)	−0.195*** (0.065)	−0.071 (0.069)	−0.128** (0.050)
年龄效应控制变量	是	是	是	是	是	是
子代特征控制变量	是	是	是	是	是	是
样本量	4 268	4 007	3 948	5 022	4 788	4 693
R^2	0.405	0.347	0.363	0.361	0.345	0.369

	Panel B：数字金融对不同收入家庭流动性约束的影响					
	（1）	（2）	（3）	（4）	（5）	（6）
变量	家庭是否受到流动性约束					
	Probit 模型			线性概率模型（LPM）		
	低收入组	中收入组	高收入组	低收入组	中收入组	高收入组
Index	−0.328** (0.141)	−0.365*** (0.141)	−0.201 (0.134)	−0.334** (0.143)	−0.374** (0.144)	−0.211 (0.136)
年龄效应控制变量	是	是	是	是	是	是
子代特征控制变量	是	是	是	是	是	是
家庭特征控制变量	是	是	是	是	是	是
样本量	5 000	4 826	4 685	5 000	4 826	4 691
R^2				0.086	0.053	0.076

注：***、**和*分别表示在1%、5%和10%的水平上显著，各列均控制了年份固定效应和省（区、市）固定效应，括号内为聚类在城市层面的稳健标准误。Panel A 汇报了数字金融对不同收入家庭代际教育流动的影响，Panel B 汇报了数字金融对不同收入家庭流动性约束的影响。

资料来源：笔者根据 CFPS 数据和中国数字普惠金融指数运用 Stata 14.0 软件计算整理而得。

7.6　结论

党的二十大报告强调，"我们坚持把实现人民对美好生活的向往作为现代化建设的出发点和落脚点，着力维护和促进社会公平正义，着力促进全体人民共同富裕，坚决防止两极分化。"① 而数字金融发展在影响宏观经济和家户行为的同时，也将会对微观福利和社会公平产生深远影响。本章基于代际流动视角，就数字金融发展对共同富裕的影响这一重要问题进行了实证探究，并从家庭流动性约束角度讨论了微观影响机制。本章研究结果表明，地区数字金融的发展能显著降低代际收入弹性、促进代际流动和社会公平。原因在于，数字金融发展能够通过降低家庭出现流动性约束的概率，改善家庭部门人力资本投资、增强代际教育流动，最终对代际收入流动和整体社会流动产生影响，而且，该影响效果对于原本流动性约束较为紧张的低收入家庭更加显著。需要说明的是，受数字金融发展时间相对较短及客观数据所限，本章分析样本的时间跨度仅为 2014～2018 年，因此，本章的估计效果主要存在于子代在此期间完成教育并进入劳动力市场的群体。随着时间推移，后续研究如果使用年份跨度更长的样本数据，或许可以得到数字金融对代际流动影响更全面的估计效果。

本章研究深化了对数字金融的经济效应及代际流动影响因素的理解，在丰富相关文献的同时，也对共同富裕背景下数字金融相关政策的制定具有重要的启示。第一，数字金融发展能有效降低代际收入弹性、促进代际收入流动。因此，相关部门要在总体层面统筹全局，明确数字金融的发展战略和系统方案，并在实际层面细化并落实政策规划，通过推动人工智能、大数据等科学技术与传统金融服务结合、鼓励传统金融机构进行数字化转型等方式，更好地推动数字金融发展和普及，充分发挥其在共同富裕中的积极作用。第二，考虑到数字金融在区域间、人群间的发展不平衡问题，相关部门要因地施策，注重加强对中西部地区等经济欠发达地区网络中心、数据中心的基础设施建设，同时，适当增加线下金融服务机构网点的投放，提高互联网技术普及和金融知识宣传力度，帮助扩大数字金融的覆盖广度并提高其使用深度，实现政策资源的优化

---

① 共产党员网．https://www.12371.cn/2022/10/25/ARTI1666705047474465.shtml.

配置。第三，相关部门还可以通过加强专业人才培养、鼓励技术研发创新、保障市场竞争环境等方式，多措并举，加快数字金融行业的产品升级和技术变革，提高金融服务效率和服务质量，更好地满足家庭部门对金融服务和金融产品的市场需求。第四，在通过上述途径推动数字金融发展的同时，相关部门还应注重通过普及金融知识、加强数字金融产品宣传、培训金融服务使用等方式，提高居民金融素养、降低居民金融排斥，切实提升居民金融服务的可得性。在此基础上，可以通过数字金融借贷等服务缓解家庭在消费和投资时面临的流动性约束，保障家庭有能力进行合理的教育支出。第五，考虑到低收入群体既是促进共同富裕的重点帮扶保障人群，也是处于金融可得性较低、流动性约束较紧张状态的金融弱势群体。因此，政府和企业应重点加强数字金融对低收入群体的普惠作用，推动这部分家庭使用数字金融产品和服务缓解其对子代人力资本投资时面临的流动性约束。与此同时，政府还可以结合学费减免、奖助学金、就近入学等教育帮扶政策，帮助这部分家庭减轻教育负担、保障其人力资本投入。这不仅能有效地避免低收入家庭因对子女的人力资本投资不足而导致其后代陷入贫困陷阱，而且，有助于提高代际流动和促进社会公平。但在上述过程中，政府和企业也应通过完善金融监管方式、健全金融体制机制等途径降低出现居民过度借贷、盲目消费等不良行为的概率。这既有助于避免家庭杠杆率过高导致的居民资产负债表恶化，也能防范数字金融风险，保证金融系统稳定。

第8章　机会不均等对中国家庭教育投资的影响

8.1　概述

在过去的几十年内，机会不均等概念及其测度在经济学研究中引起了广泛关注。包括德沃肯（Dworkin，1981）、阿内逊（Arneson，1989）和森（Sen，1985）在内的一些文献率先提出，应该把机会不均等，而不是结果不均等（如收入差距）作为评估特定分配制度是否公平的标准。上述文献认为，如果某些结果上的不均等是由个人努力的差异产生的，那么，这种不均等对社会可能是有益的，原因在于它可以激励人们更努力工作。相反，如果不均等是由人们无法控制的因素造成的（如家庭背景），那么，这种不均等则是不能被接受的。

罗默（Roemer，1998）将上述概念纳入经济学模型中，并将决定收入的因素分为两类：一类是人们可以控制的因素（称为"努力因素"）；另一类是人们无法控制的因素（称为"环境因素"，例如，性别或家庭背景等）。以这种区分为基础，在本质上把机会不均等定义为，收入等重要的结果变量在多大程度上是由人们无法控制的因素决定的。根据这一区别，经济学家们设计了一些方法对不同国家的机会不均等状况进行实证测量，如事前测量与事后测量、参数估计与非参数估计等（Ferreira and Gignoux，2011；Marrero and Rodriguez，2012；Bourguignon et al.，2013；Ramos and Gaer，2016；Roemer and Trannoy，2016）。

虽然有许多研究试图衡量不同国家的机会不均等状况，但鲜有研究对机会不均等的经济后果进行实证分析。此外，这些为数不多的研究几乎都探讨机会不均等对宏观经济增长的影响。例如，马雷罗和罗德里格斯（Marrero and Rodriguez，2013）运用美国的数据研究了机会不均等是否会影响经济增长，结果表明，在 1970～1990 年，机会不均等与美国的经济增长呈负相关关系。然而，费雷拉等（Ferreira et al.，2017）使用跨国数据库的相关数据研究发现，虽然机会不均等与经济增长呈负相关关系，但这一结果并不显著。

本章在既有研究基础上，采用中国的面板数据研究机会不均等是否会影响家庭的经济决策，更具体地说，是家庭教育支出。我们关注家庭教育支出有两个原因。第一，教育被认为是促进经济增长、减少贫困的一个重要因素。根据人力资本理论，教育能使个人获得体面工作所需的技能和知识，提高生产力并促进经济增长（Lucas，1988；Mankiw et al.，1992；Barro，2001；Song，2012）。特别是在失去人口红利的情况下，中国正在寻求产业结构向高附加值产业转移，以维持经济增长，因此，需要更多受过较好教育的、有技能的工人（Yang et al.，2010；Li et al.，2012）。此外，家庭教育支出作为教育投资的重要组成部分，对儿童教育、人力资本积累有很大影响，因此，得到了大量文献的关注（Leibowitz，1974；Todd and Wolpin，2007；Chi and Qian，2016；Ebaidalla，2017）。第二，中国家庭教育支出的不均等程度相当高，这可能导致儿童教育的更大不均等，进而扩大收入差距（Chi and Qian，2016），年长一代的收入差距也有可能通过教育支出的差距传给年轻一代。迟和钱（Chi and Qian，2016）研究表明，2011年家庭年教育支出的基尼系数达到0.52，高于收入的基尼系数，这意味着，家庭的儿童教育支出比家庭收入分配更不均等。

一个地区的机会不均等，可能通过改变人们的动机而影响教育支出。如既有研究指出，高度的机会不均等意味着决定个人收入的大部分因素是人们无法控制的（Dworkin，1981；Sen，1985；Arneson，1989），即有些人可能无论付出多少努力，也只能赚取较低收入。因为投资教育是一种重要的努力方式，所以，人们可能在教育方面没有动力进行投资。有文献曾提出这一作用机制，但据笔者所知，目前，还没有文献对这一关系进行实证检验（World Bank，2005；Mejía and St-Pierre，2008；Marrero and Rodriguez，2013）。

事实上，既有研究已经考察了收入差距对家庭教育支出的影响，但没有得到一致结果。一方面，一些研究文献发现，收入差距与教育支出之间存在正向关系。例如，金等（Jin et al.，2011）发现，省级基尼系数衡量的收入差距对中国城镇的家庭教育支出有积极影响。孙和王（Sun and Wang，2013）采用村级数据也得到了类似结论，这些研究用地位寻求假说解释这一现象，即随着收入不平等加剧，人们可能会更多地储蓄并投资于教育，以增强他们在未来寻求更高社会地位的能力（Corneo and Jeanne，1999；Jin et al.，2011）。另一方面，在信贷约束的情况下，收入差距可能会减少教育支出。主要观点为：低收入群体无法为人力资本积累提供资金，而且，他们受到信贷约束，最终不会投资于人力资本或很少投资。一些理论研究表明，在信贷市场不完善的情况下，收入差距会对人力资本投资产生长期的负面影响（Galor and Zeira，1993；Ferreira，2001）。在一个有借贷约束的多重稳态框架内，财富和某些环境因素的初始异质性，会减少获得实现更高教育水平的信贷机会。

尽管很多文献检验了总的收入差距对家庭教育支出的影响，但其几乎没有意识到收入差距的不同方面可能对家庭教育支出产生不同影响，从而导致出现了不一致的结果。尤其是关于机会不均等对教育支出影响的研究非常少，梅佳和圣皮埃尔（Mejía and St-Pierre，2008）对这种潜在的关系进行了理论研究，其建立了一个理论模型，表明较高的机会不均等程度与较低的平均人力资本水平和较低的个人人力资本投资比例之间存在关联。也有其他文献指出，高度的机会不均等会减少人们的努力，例如，家庭教育投资等（World Bank，2005；Marrero and Rodriguez，2013）。

本章的第一个贡献是，运用中国的全国性面板数据，为研究机会不均等对家庭教育投资的影响提供了首批实证性证据。第二个贡献是，本章与既有众多关注微观层面的决定因素对教育支出影响的研究不同，我们关注区域内不均等，尤其是机会不均等对家庭教育投资的影响（Qian and Smyth，2010）。最后，本章率先在微观层面探讨了机会不均等对人们经济行为的影响，而既有文献大多是在宏观层面测量不同国家的机会不均等水平，或考察其对经济增长的影响（Marrero and Rodriguez，2013；Ferreira et al.，2017）。

综上所述，本章运用中国家庭追踪调查的三期面板数据（2010 年、2012 年和 2014 年），研究机会不均等对家庭教育支出的影响。家庭固定效应模型显示，机会不均等与家庭教育支出呈显著负相关关系，且该结果通过了一系列稳健性检验。此外，对于相对弱势的家庭（2014 年的教育程度较低、收入较低或农村户口的家庭），机会不均等对其教育支出的负向影响更大。

8.2　研究背景与相关理论研究

8.2.1　中国的研究背景

众所周知，虽然中国在过去几十年内经济快速增长，但是，收入差距迅速拉大（Meng et al.，2005；Benjamin et al.，2011；Song，2013）。全国范围内个人年收入的基尼系数已从 1997 年的 0.37 上升到 2014 年的 0.47。① 收入差距及其对经济的影响，已经在中国引起了广泛关注。

近年来，中国家庭在子女教育方面的支出不断增加，而且，与之相关的收入差距也在不断拉大，引起了政策制定者和学者的广泛关注（Gustafsson and Li，2004；Chi and Qian，2016）。余丽甜和詹宇波（2018）的研究显示，2015 年中国家庭的平均教育支出超过 1000 元，在家庭总支出中占比达到 10.1%。此外，家庭教育支出差距达到了很高水平。迟和钱（Chi and Qian，2016）指出，2011 年中国家庭年教育支出的基尼系数达到 0.52。

在中国，义务教育包括六年小学加三年初中，在此期间会得到政府的大量补贴（Deng and Xue，2014；Song，2012），因此，学生入读小学或初中不需要花太多学费。然而，升高中和考大学的竞争越发激烈，中国家庭在孩子校外学习上花费很多，导致教育支出水平很高。与义务教育相比，初中毕业后得到的教育补贴较少，因此，高中生和大学生需要支付大量学费。除此之外，高中生为了在高考中取得更高分数，也要为校外辅导课支付大量费用。迟和钱（2016）运用 2007 年、2011 年中国城镇家庭教育调查数据，计算了不同类别的家庭教育支出。该文献发现，2007～2011 年，校外教育支出迅速增加，并且，占总教育成本的比例大幅上升，具体来说，校外教育支出在教育总支出中的比例从 2007 年的44% 上升到 2011 年的60%。

8.2.2　文献回顾

许多研究文献试图从实证角度采用机会不均等的概念，并提出一些测量方法，包括使用不同国家的数据进行非参数估计和参数估计。

---

① 国家统计局. https://data. stats. gov. cn/easyquery. htm? cn = C01&zb = A0A0G&sj = 2022.

非参数估计方法由契奇和佩拉吉（Checchi and Peragine，2010）提出，它依赖于对总人口的不同划分方式和组间收入差距的标准化分解。如果群体是由环境特征区分的，就对应于罗默提出的概念，那么，群体间的收入差距可以解释为对机会不均等的事前衡量。相反，如果群体是按照他们在不同努力程度分布中的相对位置定义的，那么，群体间的收入差距就对应于对机会不均等的事后衡量（Ferreira and Gignoux，2011；Hassine，2012）。契奇和佩拉吉（Checchi and Peragine，2010）运用事后非参数估计方法发现，机会不均等占意大利整体收入差距的约20%，然而，这种非参数估计方法需要大量数据支撑结论的准确性（Hassine，2012）。

参数估计方法由布吉尼翁（Bourguignon et al.，2007）、费雷拉和吉格努（Ferreira and Gignoux，2011）提出，该方法将机会不均等定义为观察到的收入差距与排除环境差异时的收入差距之间的差异。具体而言，该文献用预测所得收入（将环境特征作为自变量进行回归得到）的收入差距指标衡量机会不均等水平（用机会不均等水平 IOL 表示），并利用其与观测所得的总体收入差距的比例（用机会不均等比例 IOR 表示）衡量一个社会机会不均等的相对状况。虽然数据存在限制，回归方程不能包括所有环境变量，但费雷拉和吉格努（Ferreira and Gignoux，2011）证明，可以放心地将 IOL 和 IOR 解释为整体机会不均等估计的下限。该文献指出，在拉丁美洲国家，IOR 的值分布在哥伦比亚的23%到危地马拉的34%之间。与之相比，经合组织成员国的机会不均等程度相对较低，在10%~20%（Lefranc et al.，2008）。宋（Song，2017）运用中国综合社会调查（CGSS）数据，研究发现总收入差距的27%可以归因于机会不均等，这一比例与大多数收入差距较大的拉丁美洲国家的比例相当（Ferreira and Gignoux，2011）。

可以看出，既有文献大多侧重于衡量不同国家的机会不均等状况，但鲜有文献对机会不均等的经济后果进行实证研究。此外，这些为数不多的研究文献绝大多数都是探讨机会不均等对经济增长的影响。例如，马雷罗和罗德里格斯（Marrero and Rodriguez，2013）运用美国1970年、1980年和1990年的收入动态追踪调查（panel study of income dynamics，PSID）数据考察了州级层面机会不均等是否会影响经济增长，他们发现，机会不均等与美国州级层面经济增长呈负相关，且该结论在不同估计结果中［如标准的混合数据普通最小二乘法（OLS）、固定效应模型（FE）

和随机效应模型（RE）〕都是稳健的。

另外，许多文献已经分析了家庭教育支出的决定因素（Hashimoto and Heath，1995；Qian and Smyth，2010），这些因素包括，家庭特征（如收入、居住地区等）以及户主特征。例如，拉泽尔（Lazear，1988）运用1972~1973年的消费者支出调查（CES）数据发现，家庭收入水平和子女数量对家庭教育支出有显著正向影响。除了这些因素外，研究表明，在美国，户主的受教育水平、年龄也会影响家庭教育支出（Mauldin et al.，2001）。坦塞尔和伯坎（Tansel and Bircan，2006）研究了在土耳其决定私人辅导需求的因素，结果表明，收入较高、父母受教育水平较高的家庭和城市地区的家庭会在子女私人辅导上投入更多资源。

然而，鲜有研究直接分析机会不均等对家庭教育支出的影响。梅佳和圣皮埃尔（Mejía and St-Pierre，2008）对这种潜在关系进行了理论研究，他们建立了一个允许行为人存在异质性的一般均衡模型，分析机会不均等的变化如何影响人力资本投资。在此模型中，机会不均等是由各种个人无法控制的初始禀赋体现的，如父母教育、性别等。通过数值模拟，该文献表明，较高程度的机会不均等与较低程度的人力资本平均水平和较低程度的个人人力资本投资占比相关。

本章运用中国的全国性面板数据，为研究机会不均等对家庭教育投资的影响提供了首批实证性证据。值得注意的是，我们关注家庭教育支出而不是实际受教育程度，原因在于中国有大量教育需求没有得到满足，尤其是在高等教育阶段更为明显（Qian and Smyth，2011）。因此，在某种程度上受教育程度是受供给限制的，用其反映需求方的偏好，可能会有偏差。关注教育支出的优点是，它可以衡量家庭的教育投入，并能直接反映父母的付费能力和他们为子女教育付费的意愿。

8.3　机会不均等对教育支出的影响

本节主要介绍本章数据来源和对中国机会不均等状况的估计。

8.3.1　数据来源

本章运用中国家庭追踪调查的微观数据，探讨机会不均等对教育支出的影响。2010 年 CFPS 首次调查了全国范围内的代表性家庭样本,涵盖了中国的 25 个省(区、市),抽样框占全国人口的 95%。CFPS 2010 的家庭样本包含 162 个县的 635 个村 (居) 的 14 798 个家庭。CFPS 在 2012 年、2014 年分别进行了追踪调查,受调查人数约占 2010 年总样本数的 80%。在调查问卷中,有一系列关于收入和支出的详细问题,这些问题可以用来计算不同时期的收入变量和支出变量。更重要的是,CFPS 还包含每个成年人的父母信息,以构建机会不均等的衡量指标。

本章研究机会不均等对家庭教育支出的影响,因此,我们只关注有孩子上学或有教育支出的家庭样本。经过筛选后,最终本章使用的有效样本为三期调查均覆盖的 5 892 个家庭。

8.3.2　机会不均等的估计步骤

既有文献在衡量机会不均等时,提供了不同标准 (Ramos and Gaer,2016;Arneson,2018)。本章按照费雷拉和吉格努 (2011)、马雷罗和罗德里格斯 (2012) 及宋 (Song,2017) 的参数化方法,将机会不均等定义为类型间 (事前) 的收入差距部分,也可以将数据库中更多的环境因素纳入测量。环境因素测量的稳定性比努力因素测量的稳定性更强,因此,机会不均等的事前测量要比事后测量更好,原因在于努力因素需要一整套相关变量的衡量 (Roemer and Trannoy,2016)。

具体而言,我们把个人收入 (用 w 表示) 的决定因素分为环境因素 (用 C 表示) 和努力因素 (用 E 表示) 两类。环境因素在定义上是外生的,不受个人决策的影响,并且,考虑到努力因素也可能受到环境因素影响,我们可以写出以下公式。

$$w = f[C, E(C, v), u] \tag{8-1}$$

u 和 v 分别表示影响收入的其他随机因素,如运气等 (Lefranc et al.,2009)。我们的目标是衡量机会不均等,而不是估计环境因素、努力因素和收入之间的任何因果关系,因此,我们只需通过 OLS 估计一个对数线性化的简化方程即可,其中,φ 表示一组环境变量的参数:

$$\ln w = C\varphi + \varepsilon \tag{8-2}$$

我们按照三个步骤构建机会不均等的衡量指标。第一步,估计式 (8-2),得到预测收入,表示为 $\hat{w}$。式中的环境变量 (人们无法控制的变量）具体包括性别、父母受教育程度，以及三岁时的户口状况（城镇户口或农村户口）。这些环境变量的选择与其他衡量机会不均等的文献基本相同（Zhang and Eriksson, 2010; Ferreira and Gignoux, 2011; Marrero and Rodriguez, 2013），不同的是本章加入了三岁时的户口状况。三岁时的户口状况是个人无法控制的，并且，可能对未来收入有很大影响。

第二步，计算预测收入的泰尔指数，用 T（ŵ）表示。[①] 我们使用泰尔指数的原因在于，它是可加可分解的，这有利于估计总体收入差距在多大程度上是由机会不均等导致的（Shorrocks, 1984; Bourguignon et al., 2007; Ferreira and Gignoux, 2011）。

第三步，计算机会不均等的衡量指标（用 Oppoineq 表示），即预测收入的泰尔指数与实际收入的泰尔指数的比率，用式（8 – 3）表示。

$$\text{Oppoineq} = \frac{T(\hat{w})}{\text{Theil}} \qquad\qquad (8 – 3)$$

关于上述衡量指标，有以下两点需要强调。

第一，是在区（县）层面计算的机会不均等水平，之所以采用区（县）层面，是因为在一个紧密相连的社会比较组群中，较低一级的收入差距可能对家庭行为产生更大影响（Sun and Wang, 2013）。[②] 与既有在国家级或州级计算机会不均等的研究（Marrero and Rodriguez, 2013）相比，本章使用区（县）层面的机会不均等作为解释变量，可以保证回归中有足够的变化进行识别。此外，为了避免区（县）层面的样本较少而造成估计偏误，还使用了省级机会不均等指标进行了稳健性检验，结果将在接下来的部分介绍。

第二，因为数据限制，所以，回归方程不能包含所有环境变量，这可能使机会不均等的衡量并不精确（Kanbur and Wagstaff, 2015）。费雷拉和吉格努（Ferreira and Gignoux, 2011）已经证明，可以放心地将这种衡量解释为整体机会不均等的下限估计。本章重点是研究机会不均等对家庭教育支出的影响，因此，只要每期数据区（县）的衡量标准一致，

---

① Theil 指数的计算公式为：$\text{Theil} = \frac{1}{n} \sum_{i=1}^{n} \frac{y_i}{\bar{y}} \ln \frac{y_i}{\bar{y}}$，其中，$\bar{y}$ 和 y_i 分别表示平均收入和样本 i 的收入，n 表示总人口。

② 为了减少估计偏差，我们删除了观察值少于 50 的区（县）。

我们就可以避免这一指标的精确程度对本章结果造成干扰。即本章主要目的是，得出一个一致的机会不均等的衡量指标，然后，用这个指标研究其对家庭教育支出的影响。

8.3.3　描述性统计

三期数据关键变量的汇总统计，见表 8.1。首先，从家庭教育支出的两个指标可以看出，平均而言，家庭年教育支出的自然对数值和教育支出与家庭总支出的比率在 2010～2014 年都有所下降。例如，教育支出与家庭总支出的比率从 2010 年的 16.6% 下降到 2014 年的 10.8%，其中，可能原因在于，CFPS 是对同一家庭的追踪调查，因此，同一组家庭的学龄子女将逐渐减少。

表 8.1　　　　　　　　　三期数据关键变量的汇总统计

变量	定义	2010 年			2012 年			2014 年		
		观测值	均值	标准差	观测值	均值	标准差	观测值	均值	标准差
lneduexp	家庭年教育支出的对数	5 819	6.356	3.153	5 786	5.945	3.625	5 851	5.481	3.966
eduratio	教育支出/家庭总支出	5 819	0.166	0.200	5 786	0.148	0.185	5 851	0.108	0.154
theil	总收入差距的 Theil 指数	5 892	0.342	0.217	5 892	0.431	0.219	5 892	0.320	0.125
oppoineq	机会不均等	5 892	0.169	0.124	5 892	0.236	0.154	5 892	0.217	0.139
family size	家庭人口数	5 892	4.554	1.607	5 892	4.399	1.707	5 892	4.133	1.858
priratio	上小学的子女数量占家庭人口数的比率	5 892	0.084	0.130	5 892	0.085	0.139	5 892	0.097	0.194
midratio	上初中的子女数量占家庭人口数的比率	5 892	0.047	0.103	5 892	0.047	0.110	5 892	0.048	0.130
highratio	上高中的子女数量占家庭人口数的比率	5 892	0.028	0.085	5 892	0.033	0.094	5 892	0.033	0.113
college ratio	上大学的子女数量占家庭人口数的比率	5 892	0.017	0.069	5 892	0.027	0.090	5 892	0.029	0.106
log hh. income	家庭年收入的对数	5 622	10.080	0.919	5 291	10.076	1.351	5 354	10.270	1.271
education	户主的受教育年限	5 890	6.967	4.539	5 890	6.762	4.618	5 892	6.761	4.618

续表

变量	定义	2010 年			2012 年			2014 年		
		观测值	均值	标准差	观测值	均值	标准差	观测值	均值	标准差
urban hukou	户主的城镇户口	5 892	0.252	0.434	5 884	0.270	0.444	5 891	0.274	0.446
health	户主的健康状况	5 891	0.842	0.365	5 889	0.823	0.382	5 892	0.841	0.365

注：health 是一个虚拟变量，表示户主的健康状况（1 = 健康）。

资料来源：笔者根据 CFPS 数据运用 Stata 14.0 软件计算整理而得。

此外，总收入差距和机会不均等都在 2012 年达到峰值。例如，作为总收入差距的衡量标准，所有区（县）泰尔指数的平均值从 2010 年的 0.342 上升到 2012 年的 0.431。同样地，机会不均等也从 2010 年的 17% 上升到 2012 年的 24%，在 2014 年又略微下降到 22%。指标的变动趋势及 2012 年的峰值状况，见图 8.1。

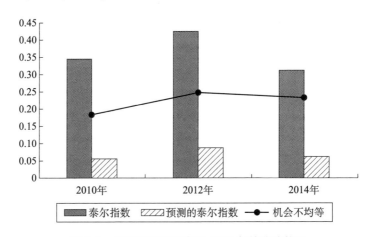

图 8.1 指标的变动趋势及 2012 年的峰值状况

资料来源：笔者根据 CFPS 数据运用 Stata 14.0 软件计算整理绘制而得。

我们进一步估计不同地区的总体收入差距和机会不均等程度。东部地区、中部地区和西部地区的收入差距和机会不均等的演变趋势，见图 8.2。图 8.2（a）是 2010 年的状况，图 8.2（b）是 2012 年的状况，图 8.2（c）是 2014 年的状况。比较有意思的现象是，2014 年的数据显示，东部地区（中国较富裕的地区）的总收入差距最小，但机会不均等程度最大，而西部地区（中国较贫穷的地区）则呈现相反的模式。此外，在本章样本中，约 27% 的户主拥有城镇户口，其余为农村户口。户主的平均受教育年限约 7 年，相当于初中水平。

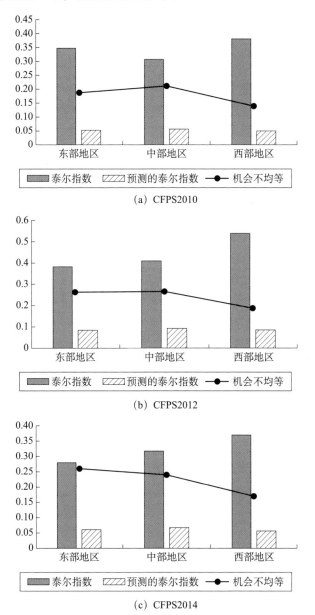

(a) CFPS2010

(b) CFPS2012

(c) CFPS2014

图 8.2　东部地区、中部地区和西部地区的收入差距和机会不均等的演变趋势

资料来源：笔者根据 CFPS 数据运用 Stata 14.0 软件计算整理绘制而得。

8.4 实证模型和结果

8.4.1 固定效应模型

本章首选的估计方法是面板数据双向固定效应模型，该模型可以控制时间趋势和所有不随时间变化的家庭特征的影响，具体如式（8－4）所示。通过豪斯曼（Hausman）检验，我们证实了固定效应模型比随机效应模型更适用于本章数据。Edu_{ijt}表示第 t 年 j 区（县）的家庭 i 的教育支出，$Oppoineq_{jt}$表示第 t 年 j 区（县）的机会不均等状况，计算方法如前文所示。X_{ijt}包括总收入差距、家庭人口数、家庭人口结构、家庭收入及户主健康状况、受教育年限和当前户口状况等控制变量。值得注意的是，我们之所以将总收入差距作为一个自变量控制，是因为机会不均等衡量由人们无法控制的因素造成的收入差距比例。因此，只有控制了每个区（县）的总收入差距，我们构建的指数才能完全反映机会不均等程度。为了更清楚地说明此点，举例如下，设想有两个县，在第 1 个县，测量得到的机会不均等程度为 20%，意味着 20% 的收入差距可以归因于个人无法控制的因素。在第 2 个县，机会不均等程度为 30%，意味着更大比例的收入差距是环境变量造成的。如果这两个县的总收入差距相同，那么，可以肯定，第 2 个县的机会不均等程度更大。[1] 此外，通常处在不同教育阶段子女的教育支出差异很大，因此，我们控制了处于各教育阶段（小学、初中、高中和大学）的子女数量与家庭人口数的比例。h_i 和 y_t 分别表示家庭固定效应和年份固定效应。

$$Edu_{ijt} = z_0 + z_1 Oppoineq_{jt} + \gamma X_{ijt} + h_i + y_t + \varepsilon_{ijt} \qquad (8-4)$$

我们采用两种不同的家庭教育支出的衡量指标，即家庭年教育支出的自然对数值（绝对衡量标准）和家庭年教育支出与家庭总支出的比率（相对衡量标准）。机会不均等对教育支出的影响（固定效应模型），见表 8.2。

表 8.2 中的回归结果，机会不均等系数的符号与世界银行（World Bank，2005）、梅佳和圣皮埃尔（2008）以及马雷罗和罗德里格斯（2013）的预测一致，即无论我们用哪一个因变量衡量教育支出，机会不均等对教育支出都有显著负向影响。与之相比，区（县）层面总收入差

---

[1] 我们还尝试了另一种估计方法，该方法将总收入差距排除在控制变量之外，最后，也得到同样的结果。如有需要，笔者可以提供。

距的影响大多是不显著的，而家庭人口特征变量对教育支出的影响与预期一致。例如，如果一个家庭有更多子女上高中或上大学，那么，教育支出则大幅上升。值得注意的是，家庭收入和户主受教育年限对教育支出没有预期正向影响，部分原因可能和本章使用的面板数据结构有关。本质上，家庭固定效应模型是对同一家庭不同年份数据变化的估计，因此，它可能反映一个事实：随着时间推移，一个家庭的收入逐渐增长，但上学的子女却逐渐减少。我们在本章后文使用了混合横截面数据验证这一猜想，研究结论与既有文献一致，即家庭收入和户主受教育年限都对家庭教育支出对数有正向影响。

表8.2　　　机会不均等对教育支出的影响（固定效应模型）

变量	（1）	（2）	（3）	（4）	（5）	（6）
	家庭年教育支出对数			家庭年教育支出/家庭总支出比率		
theil	−0.0594 (0.270)	−0.3540 (0.313)	−0.3663 (0.319)	−0.0019 (0.009)	−0.0155 (0.011)	−0.0198 * (0.012)
oppoineq		−1.1719 ** (0.585)	−1.0696 * (0.595)		−0.0542 *** (0.020)	−0.0464 ** (0.020)
family size			0.7310 *** (0.051)			0.0178 *** (0.002)
priratio			1.6775 *** (0.282)			−0.0016 (0.014)
midratio			3.0293 *** (0.359)			0.0569 *** (0.018)
highratio			6.5918 *** (0.436)			0.2659 *** (0.025)
college ratio			8.0364 *** (0.557)			0.4419 *** (0.035)
log hh. income			−0.0419 (0.032)			−0.0066 *** (0.002)
education			−0.0477 (0.029)			−0.0034 ** (0.001)
urban hukou			−0.3474 (0.261)			−0.0079 (0.012)
health			−0.0486 (0.098)			0.0040 (0.005)
年份虚拟变量	是	是	是	是	是	是
家庭固定效应	是	是	是	是	是	是
Hausman 检验	22.65 (0.00)	58.14 (0.00)	535.50 (0.00)	4.60 (0.20)	4.63 (0.33)	450.88 (0.00)

续表

变量	(1)	(2)	(3)	(4)	(5)	(6)
	家庭年教育支出对数			家庭年教育支出/家庭总支出比率		
观测值	17 456	17 456	16 122	17 456	17 456	16 122
R^2	0.018	0.018	0.103	0.036	0.037	0.097
家庭数	5 892	5 892	5 881	5 892	5 892	5 881

注：两个因变量分别为家庭年教育支出对数［第（1）~（3）列］和家庭年教育支出与家庭总支出的比率［第（4）~（6）列］，theil 表示一个区（县）的总收入差距，oppoineq 表示一个区（县）的机会不均等，区（县）的聚类标准误标注在括号内，***、**和*分别表示在1%、5%和10%的水平上显著。

资料来源：笔者根据 CFPS 数据运用 Stata 14.0 软件计算整理而得。

8.4.2 异质性分析

为了更好地了解哪个群体在教育支出方面受机会不均等的影响更大，我们进行了一系列异质性分析。

首先，我们将整个样本按照 2014 年的家庭总收入分为高、中、低三个组别。机会不均等对不同收入群体教育支出的影响，见表 8.3。由表 8.3 可知，中等收入群体受机会不均等的负向影响最大，即当一个区（县）内的机会不均等程度变大时，中等收入家庭会最大限度减少对教育的投资。这是一个重要的发现，原因在于中国正在努力避免陷入中等收入陷阱，并希望扩大中等收入家庭的比重。如果收入差距更多由人们无法控制的因素导致，那么，中等收入家庭可能会失去信心，减少对人力资本积累的投资，这可能成为中国未来经济发展的一个重要阻碍。

表 8.3　　　　机会不均等对不同收入群体教育支出的影响

变量	(1)	(2)	(3)	(4)	(5)	(6)
	家庭年教育支出对数			家庭年教育支出/家庭总支出比率		
收入群体	低	中	高	低	中	高
theil	-0.7239	-0.6773 *	0.1616	-0.0033	-0.0470 ***	-0.0045
	(0.614)	(0.392)	(0.366)	(0.030)	(0.016)	(0.015)
oppoineq	-1.2661	-2.4287 ***	0.0940	-0.0117	-0.1142 ***	-0.0142
	(1.135)	(0.843)	(0.742)	(0.051)	(0.035)	(0.032)
家庭控制变量	是	是	是	是	是	是
户主控制变量	是	是	是	是	是	是
年份虚拟变量	是	是	是	是	是	是

续表

变量	（1）	（2）	（3）	（4）	（5）	（6）
	家庭年教育支出对数			家庭年教育支出/家庭总支出比率		
家庭固定效应	是	是	是	是	是	是
观测值	5 024	5 073	5 077	5 024	5 073	5 077
R^2	0.101	0.124	0.108	0.078	0.097	0.140
家庭数	1 783	1 785	1 784	1 783	1 785	1 784

注：因变量是家庭年教育支出对数［第（1）~（3）列］和家庭年教育支出与家庭总支出的比率［第（4）~（6）列］。theil 表示一个区（县）的总收入差距，oppoineq 表示一个区（县）的机会不均等。回归所用的控制变量与表 8.2 相同，区（县）层面的聚类标准误标注在括号内，***、** 和 * 分别表示在 1%、5% 和 10% 的水平上显著。

资料来源：笔者根据 CFPS 数据运用 Stata 14.0 软件计算整理而得。

我们进行类似上述的异质性分析，并根据 2014 年户主的教育水平将样本分为三组，回归结果发现，主要效应来自小学或初中组别。机会不均等对不同教育水平群体教育支出的影响，见表 8.4。

表 8.4　机会不均等对不同教育水平群体教育支出的影响

变量	（1）	（2）	（3）	（4）	（5）	（6）
	家庭年教育支出对数			家庭年教育支出/家庭总支出比率		
不同教育水平群体	文盲	小学或初中	高中及以上	文盲	小学或初中	高中及以上
theil	−0.1411	−0.8714 **	0.2065	0.0124	−0.0416 ***	−0.0105
	(0.603)	(0.347)	(0.318)	(0.024)	(0.013)	(0.020)
oppoineq	−1.1354	−1.4921 **	−0.4345	−0.0018	−0.0687 ***	−0.0419
	(1.248)	(0.711)	(0.707)	(0.049)	(0.024)	(0.036)
家庭控制变量	是	是	是	是	是	是
户主控制变量	是	是	是	是	是	是
年份虚拟变量	是	是	是	是	是	是
家庭固定效应	是	是	是	是	是	是
观测值	4 082	8 742	3 298	4 082	8 742	3 298
R^2	0.099	0.103	0.128	0.072	0.100	0.128
家庭数	1 493	3 203	1 185	1 493	3 203	1 185

注：因变量是家庭年教育支出对数［第（1）~（3）列］和家庭年教育支出与家庭总支出的比率［第（4）~（6）列］。theil 表示一个区（县）的总收入差距，oppoineq 表示一个区（县）的机会不均等。回归所用的控制变量与表 8.2 相同，区（县）层面的聚类标准误标注在括号内，***、** 和 * 分别表示在 1%、5% 和 10% 的水平上显著。

资料来源：笔者根据 CFPS 数据运用 Stata 14.0 软件计算整理而得。

最后一个异质性分析，是将整个样本按户主在 2014 年的户口状况（城镇户口或农村户口）分为两组。机会不均等对不同户口状态群体教育支出的影响，见表 8.5。由表 8.5 可知，机会不均等对农村户口家庭的教育支出有显著的负向影响，虽然城镇户口家庭样本的估计系数也为负，但在统计学上不显著。

表 8.5　　　　机会不均等对不同户口状态群体教育支出的影响

变量	(1)	(2)	(3)	(4)
	家庭年教育支出对数		家庭年教育支出/家庭总支出比率	
户口状态	农村	城镇	农村	城镇
theil	− 0.7794 **	0.1464	− 0.0329 **	0.0033
	(0.355)	(0.281)	(0.015)	(0.010)
oppoineq	− 1.4062	− 0.5530	− 0.0725 **	− 0.0091
	(0.910)	(0.574)	(0.031)	(0.022)
家庭控制变量	是	是	是	是
户主控制变量	是	是	是	是
年份虚拟变量	是	是	是	是
家庭固定效应	是	是	是	是
观测值	11 599	4 522	11 599	4 522
R^2	0.102	0.125	0.091	0.130
家庭数	4 264	1 616	4 264	1 616

注：因变量是家庭年教育支出对数［第（1）~（2）列］和家庭年教育支出与家庭总支出中的比率［第（3）~（4）列］。theil 表示一个区（县）的总收入差距，oppoineq 表示一个区（县）的机会不均等。城镇的户口状况和农村的户口状况仅指户主。回归所用的控制变量与表 8.2 相同，区（县）层面的聚类标准误标注在括号内，***、**和*分别表示在 1% 、5% 和 10% 的水平上显著。

资料来源：笔者根据 CFPS 数据运用 Stata 14.0 软件计算整理而得。

总之，异质性分析表明，机会不均等主要是对相对弱势家庭（教育程度较低、收入较低或农村户口的家庭）的教育支出有显著负向影响。因此，高度的机会不均等可能带来巨大的社会成本，原因在于，它将减少中低收入群体的人力资本投资水平。

8.5　稳健性检验

为了对上述主要结果提供更多数据支持，我们进行了如下四项稳健性检验。

第一，我们探讨机会不均等对家庭教育支出的时滞效应。关于时滞效应的稳健性检验，见表8.6。表8.6第（1）列和第（2）列分别显示了2010年的机会不均等分别对2010～2012年及2012～2014年两个时间段家庭教育支出自然对数之差的影响，第（3）列和第（4）列分别显示了对家庭教育支出与家庭总支出比率之差的类似结果。表8.6的结果显示，2010年的机会不均等对以后几年的家庭教育支出变化有显著负向影响，但随着时间的推移，其负向影响在逐渐减弱。

表8.6　　　　　　　　　　关于时滞效应的稳健性检验

变量	（1） 2012年与2010年家庭年教育支出对数之差	（2） 2014年与2012年家庭年教育支出对数之差	（3） 2012年与2010年家庭年教育支出/家庭总支出比率之差	（4） 2014年与2012年家庭年教育支出/家庭总支出比率之差
theil 2010	-4.2328***	-1.3909***	0.1198***	-0.0658***
	(0.125)	(0.095)	(0.006)	(0.004)
oppoineq 2010	-3.3363***	-0.5843**	-0.1674***	-0.0396***
	(0.275)	(0.258)	(0.014)	(0.011)
2010年家庭变量	是	是	是	是
2010年户主变量	是	是	是	是
观测值	5 467	5 487	5 467	5 487
R^2	0.082	0.079	0.086	0.081

注：因变量是家庭年教育支出对数之差［第（1）～（2）列］和家庭年教育支出与家庭总支出的比率之差［第（3）～（4）列］。theil 2010表示一个区（县）在2010年的总收入差距，oppoineq 2010表示一个区（县）在2010年的机会不均等。回归所用的控制变量与表8.2相同，区（县）层面的聚类标准误标在括号内，***、**和*分别表示在1%、5%和10%的水平上显著。

资料来源：笔者根据CFPS数据运用Stata 14.0软件计算整理而得。

第二，删除迁移家庭的样本，然后，重新估计机会不均等对家庭教育支出的影响。迁移家庭可能通过自主选择迁移到机会不均等程度较小（或较高）的地区，因此，我们对一个区域内机会不均等的估计可能存在偏差。我们通过将样本限制到非迁移家庭进行稳健性检验，具体而言，我们将迁移家庭定义为户主目前居住在非出生地省（区、市）的家庭。关于非迁移家庭的稳健性检验，见表8.7。结果显示，我们得到的主要结论仍然成立，即在所有模型中，机会不均等对教育支出仍有显著负向影响。

表 8.7 关于非迁移家庭的稳健性检验

变量	（1）	（2）	（3）	（4）	（5）	（6）
	家庭年教育支出对数			家庭年教育支出/家庭总支出比率		
theil	− 0.4241	− 0.4211	− 0.4439	− 0.0164	− 0.0200 *	− 0.0207 *
	（0.315）	（0.317）	（0.313）	（0.011）	（0.011）	（0.011）
oppoineq	− 1.4424 **	− 1.3393 **	− 1.3398 **	− 0.0641 ***	− 0.0557 ***	− 0.0559 ***
	（0.645）	（0.646）	（0.643）	（0.023）	（0.021）	（0.021）
家庭控制变量		是	是		是	是
户主控制变量			是			是
年份虚拟变量	是	是	是	是	是	是
家庭固定效应	是	是	是	是	是	是
观测值	16 487	15 246	15 237	16 487	15 246	15 237
R^2	0.018	0.103	0.104	0.037	0.097	0.098
家庭数	5 565	5 556	5 556	5 565	5 556	5 556

注：因变量是家庭年教育支出对数［第（1）~（3）列］和家庭年教育支出与家庭总支出的比率［第（4）~（6）列］。theil 表示一个区（县）的总收入差距，oppoineq 表示一个区（县）的机会不均等。迁移家庭的定义为户主目前居住在非出生地省（区、市）的家庭。回归所用的控制变量与表 8.2 相同，区（县）层面的聚类标准误标注在括号内，***、** 和 * 分别表示在 1%、5% 和 10% 的水平上显著。

资料来源：笔者根据 CFPS 数据运用 Stata 14.0 软件计算整理而得。

第三，为了避免区（县）层面样本不足而可能造成机会不均等的估计不准确，我们采用省级层面的机会不均等指数进行稳健性检验。同样，省级层面的机会不均等对家庭年教育支出也具有负向影响，尤其在使用因变量的绝对衡量标准（家庭年教育支出对数）的结果中。省级层面的机会不均等指数进行的稳健性检验，见表 8.8。

表 8.8 省级层面的机会不均等指数进行的稳健性检验

变量	（1）	（2）	（3）	（4）	（5）	（6）
	家庭年教育支出对数			家庭年教育支出/家庭总支出比率		
prov_theil	− 1.6407 ***	− 2.0682 ***	− 2.0871 ***	− 0.0401 **	− 0.0507 ***	− 0.0518 ***
	（0.411）	（0.410）	（0.411）	（0.019）	（0.019）	（0.019）
prov_oppoineq	− 1.6518 *	− 2.0468 **	− 2.0206 **	0.0091	− 0.0216	− 0.0211
	（0.850）	（0.859）	（0.858）	（0.036）	（0.035）	（0.035）
家庭控制变量		是	是		是	是
户主控制变量			是			是
年份虚拟变量	是	是	是	是	是	是

续表

变量	（1）	（2）	（3）	（4）	（5）	（6）
	家庭年教育支出对数			家庭年教育支出/家庭总支出比率		
区（县）层面虚拟变量	是	是	是	是	是	是
观测数	16 696	15 447	15 437	16 696	15 447	15 437

注：因变量是家庭年教育支出对数［第（1）~（3）列］和家庭年教育支出与家庭总支出的比率［第（4）~（6）列］，prov_theil 表示一个省（区、市）的总收入差距，prov_oppoineq 表示一个省（区、市）的机会不均等。回归所用的控制变量与表 8.2 相同，省级的聚类标准误标注在括号内，***、**和 * 分别表示在 1% 、5% 和 10% 的水平上显著。

资料来源：笔者根据 CFPS 数据运用 Stata 14.0 软件计算整理而得。

　　第四，我们将因变量换作家庭教育支出是否大于 0 的虚拟变量，用以估计机会不均等对教育支出覆盖面的影响，并使用面板数据固定效应模型（即线性概率模型）进行估计。[①] 关于教育支出虚拟变量的稳健性检验，见表 8.9。表 8.9 显示，这一边际效应均显著为负，说明在机会不均等更高的地区，有更多家庭最终没有投资于教育。

表 8.9　　　　　关于教育支出虚拟变量的稳健性检验

变量	（1）	（2）	（3）
theil	− 0.0426 *	− 0.0492 *	− 0.0520 **
	（0.025）	（0.025）	（0.025）
oppoineq	− 0.0995 *	− 0.0964 *	− 0.0960 *
	（0.053）	（0.051）	（0.051）
家庭控制变量		是	是
户主控制变量			是
家庭固定效应	是	是	是
观测值	14 691	13 513	13 504
R^2	0.006	0.102	0.102
家庭数	4 897	4 890	4 890

注：因变量是一个虚拟变量，用来判断一个家庭是否有正向的教育支出。theil 表示一个区（县）的总收入差距，oppoineq 表示一个区（县）的机会不均等。回归所用的控制变量与表 8.2 相同，区（县）层面的聚类标准误标注在括号内，***、**和 * 分别表示在 1% 、5% 和 10% 的水平上显著。

资料来源：笔者根据 CFPS 数据运用 Stata 14.0 软件计算整理而得。

———————————

　　① 需要注意的是，在本章主体分析部分，我们将样本限制为有子女上学或有正向教育支出的家庭。在表 8.9 所示的稳健性检验中，我们只将样本限制为有子女上学的家庭。

第五，我们采用2010~2014年的混合数据，运用OLS方法重新估计机会不均等对家庭年教育支出的影响，进行这一项稳健性检验有两个原因。一是在平衡面板数据中，学龄儿童会逐年减少，在这种情况下重复的截面数据可以捕捉所有学龄儿童教育成本的变化。二是出于对样本留存偏差的担忧，虽然CFPS的数据收集团队已尝试很多方法减少该数据样本的损失率（Xie and Hu，2014），但如果重复的截面数据仍能得出类似结果，则结果会更加稳健。机会不均等对教育支出的影响（混合截面数据），见表8.10。由表8.10可知，机会不均等对家庭年教育支出与家庭总支出的比率有显著的负向影响，我们的主要结论仍然没有改变。此外，与既有研究结论一致，家庭收入和户主受教育年限都对家庭年教育支出对数有正向影响。

所有的稳健性检验都支持我们的主要结论，即机会不均等对家庭年教育支出有明显的负向影响。

表 8.10　　机会不均等对教育支出的影响（混合截面数据）

变量	(1)	(2)	(3)	(4)	(5)	(6)
	家庭年教育支出对数			家庭年教育支出/家庭总支出比率		
theil	-0.0883	-0.2901	-0.0385	0.0031	-0.0118	-0.0095
	(0.155)	(0.179)	(0.167)	(0.007)	(0.009)	(0.009)
oppoineq		-0.7848 **	-0.3421		-0.0582 ***	-0.0467 **
		(0.356)	(0.340)		(0.019)	(0.019)
family size			0.3836 ***			0.0033 ***
			(0.015)			(0.001)
priratio			6.7409 ***			-0.0313 ***
			(0.149)			(0.012)
midratio			7.4726 ***			0.0966 ***
			(0.183)			(0.015)
highratio			11.5426 ***			0.4449 ***
			(0.176)			(0.022)
college ratio			14.0460 ***			0.8291 ***
			(0.197)			(0.030)
log hh. income			0.1365 ***			-0.0029 ***
			(0.019)			(0.001)
education			0.0447 ***			0.0013 ***
			(0.005)			(0.000)
urban hukou			0.3324 ***			-0.0197 ***
			(0.061)			(0.004)
health			-0.0452			-0.0009
			(0.059)			(0.003)

续表

变量	（1）	（2）	（3）	（4）	（5）	（6）
	家庭年教育支出对数			家庭年教育支出/家庭总支出比率		
年份虚拟变量	是	是	是	是	是	是
区（县）层面虚拟变量	是	是	是	是	是	是
观测值	26 253	26 253	23 368	26 253	26 253	23 368
R^2	0.048	0.048	0.263	0.062	0.062	0.226

注：因变量是家庭年教育支出对数［第（1）~（3）列］和家庭年教育支出与家庭总支出的比率［第（4）~（6）列］。theil 表示一个区（县）的总收入差距，oppoineq 表示一个区（县）的机会不均等。本表使用的样本来自 2010~2014 年的混合数据，每年都包括所有观测值。回归所用的控制变量与表 8.2 相同，区（县）层面的聚类标准误标注在括号内，***、**和 * 分别表示在 1%、5% 和 10% 的水平上显著。

资料来源：笔者根据 CFPS 数据运用 Stata 14.0 软件计算整理而得。

8.6　结论与政策启示

本章运用中国家庭追踪调查的微观数据，探讨了机会不均等与教育支出之间的关系。本章主要贡献在于，为研究机会不均等对家庭教育支出的影响提供了首批实证性证据。通过使用面板数据固定效应模型发现，即使在控制了总收入差距之后，机会不均等对家庭教育支出也有负向影响，这一结果通过了一系列稳健性检验。

此外，异质性分析表明，主要负面效应来自中等收入群体，即当一个区（县）内的机会不均等程度拉大时，中等收入家庭会更明显地减少对教育的投资，这是本章的一个重要发现，特别是在现阶段发展背景下，中国正在努力避免陷入中等收入陷阱并希望扩大中等收入家庭的比重。如果收入差距更多由人们无法控制的因素导致，那么，中等收入家庭可能会失去信心，减少对人力资本积累的投资，这可能成为中国未来经济发展的严重阻碍。

鉴于以上实证结果，有必要采取相关政策降低机会不均等水平，以激励中等收入家庭在教育方面进行更多投资，并最终促进经济增长。即我们必须降低由人们无法控制的环境因素造成收入差距的比例。本章中的环境变量包括性别、出生时的户口状况、父母受教育程度，因此，政策措施可能需要减少性别、户口状况和父母教育对收入的影响。既有文献表明，在中国，性别和户口状况主要是通过劳动力市场歧视影响个人收入（Song，2016；Heshmati and Su，2017；Song，2017）。此外，陈等（Chen et al.，2019）研究发现，父母受教育程度会通过教育的代际传递影响子女个人收入，这主要是由抚养效应带来的。受教育程度较高的父母收入较高，会为子女提供更多教育资源，使子女受教育程度也较高，并最终获得较高的收入水平。因此，基于本章的研究结论，我们建议平衡教育资源以创造更平等的教育机会，以及通过为低收入家庭的子女提供教育补贴等政策减少机会不均等。

第 9 章　机会不均等与中国居民的住房可及性问题

9.1　概述

21 世纪以来，中国的城市化进程不断加快。2000～2019 年，中国城镇常住人口增加了 38 937 万人，常住人口城镇化率从 2000 年的 36.22% 提高到 2019 年的 60.60%。[①] 大量人口迁入城市并定居，实现了生活水平的巨大提升，并创造了前所未有的经济繁荣。随着大量人口涌入城市，房地产需求旺盛，导致城市房价普遍上涨，特别是在北京、上海等一线城市（Li and Wu，2014）。具体而言，全国城镇住宅均价由 2000 年的 2 112 元/平方米上涨到 2019 年的 9 310 元/平方米，增长了 340.81%。2000～2019 年，北京和上海的房价均值分别上涨约 7.5 倍和 8.9 倍。[②] 此外，方等（Fang et al.，2016）发现，2003～2013 年，中国主要城市的房价增长速度持续高于人均可支配收入增长速度，这与吴等（Wu et al.，2014）的结论类似。因此，越来越多的城市低收入家庭难以买房，带来了城市住房可及性问题。我们以全国一线城市的年度房价收入比作为评价中国城市住房可及性的主要指标。2010～2017 年全国一线城市的年度房价收入比，见图 9.1。截至 2017 年，中国的房价收入比已接近 25 倍，远超过许多发达国家，说明中国住房可及性问题严重。

中国的住房可及性主要通过两个指标来衡量。一是房屋所有权（Homeownership）；二是人均居住面积（living area per capita）。选择房屋所有权作为一个重要指标与中国传统文化密切相关。在中国，大多数人

[①]　国家统计局．http://www. stats. gov. cn/sj/sjjd/202302/t20230202_1896282. html.

[②]　房价数据来自《中国统计年鉴》。2000 年北京和上海的房价均值分别是 4 557 元/平方米和 3 326 元/平方米。2019 年，北京为 38 433 元，上海为 32 926 元。

喜欢拥有稳定的住所，而不是频繁迁移。在此背景下，房屋所有权作为拥有永久居住空间的标志，成为衡量中国住房可及性的一个有意义的、关键的指标。同时，在城市高房价的推动下，房屋租赁已成为城市中的普遍现象。考虑到目前城市房屋租赁的盛行程度，无论家庭是否拥有住房，人均居住面积都可被视为衡量住房可及性的另一项重要指标。与买房相比，租房不仅保证了高质量的居住条件，而且，在很大程度上缓解了住房的经济压力。但与日本、美国、英国、法国等发达国家相比，中国城市人均居住面积处于劣势（Mak et al.，2007），并且其增长率从2002年的10%下降到2012年的1%。住房可及性的下降趋势造成了一些社会问题，如影响了中国房地产市场的正常发展、降低了居民的基本生活质量等。

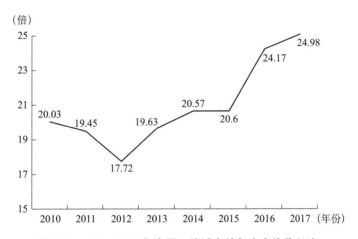

图9.1　2010~2017年全国一线城市的年度房价收入比

资料来源：笔者根据万得（Wind）数据库中的相关数据整理绘制而得。

　　住房可及性问题受到了学者们的广泛关注，收入差距拉大已被证明是导致中国住房可及性下降的重要因素（Zhang，2015，Zhang et al.，2016）。然而，既有研究仅从整体角度研究了其对住房可及性的影响，并提出了相应政策减少收入差距问题。但收入差距是一个非常复杂的现象，包含许多组成部分，不同因素可能对住房可及性起不同作用。明确收入差距中的哪一部分对住房问题存在显著负向影响，对有效解决住房问题是十分必要且有意义的。

　　相关文献发现，机会不均等（inequality of opportunity，IO）是收入差

距的一个不可或缺的组成部分（Assaad et al.，2018），而机会不均等概念最早是罗默在 1998 年引入经济分析模型的。他认为，个人收入的决定因素可分为两类：一类是可以被个人控制的努力变量，另一类是不由个人控制的环境变量，如一个人的种族、性别和出生地区等。由这些不可控制的环境变量造成的不均等就是机会不均等。机会不均等可能会对住房可及性产生显著影响，可能原因有三点：其一，机会不均等是收入差距的重要来源（Bourguignon et al.，2013），并且，对个人来说是不可控制的。它可以跨代积累，然后，反过来恶化收入差距，进而对住房可及性产生负向影响。其二，机会不均等的积累会扩大不同收入群体之间的差距，不利于低收入群体获得与住房相关的社会资源。例如，中国居民购房的主要资金来源——住房贷款。其三，机会不均等还可能通过降低地方经济增速等许多对住房可及性有利的因素（Wang，2003），从而对住房可及性产生负向影响（Marrero and Rodriguez，2013）。基于上述讨论，机会不均等可能是引起住房问题的一个潜在原因，然而，还没有相关文献从机会不均等角度讨论住房问题。

本章旨在探讨城市地区的机会不均等和住房可及性之间的关系。如前所述，我们采用人均居住面积和房屋所有权作为两个主要的住房可及性指标，并从中国家庭追踪调查数据中获取了 2010 年、2012 年和 2014 年的相关家庭数据和个人数据。为什么我们专注于城市地区而不是农村地区的住房可及性呢？第一，在中国，农村地区和城市地区的住房制度不同。城市住房是商业性的，有相对完善的交易市场和交易体系，房主拥有可以合法出售、出租或拥有房屋以获得报酬的权利；而农村地区住房不是可自由交易的资产，市场交易制度也不完善（Hin，1999；Song，2015）。第二，与农村地区相比，城市住房价格飙升。在较大的购房压力下，大量城市居民面临着各种各样的住房困难。相比之下，在农村地区，农民有权在分配的宅基地上自建房屋，拥有房产的比例非常高。考虑到住房问题在城市更典型和突出，因此，本章将主要关注城市的住房问题。

本章实证结果显示，在中国的城市，机会不均等对住房可及性状况产生了显著的负向作用，相关稳健性检验也支持了这一观点。此外，机制分析发现：住房贷款的可得性是一个有效的影响机制，机会不均等会通过减少民间借贷的可得性恶化住房可及性状况。在异质性分析部分，我们按照三个标准对样本进行分组，发现在教育程度较低、家庭收入较低或拥有农村户口的群体中，机会不均等对住房可及性带来的不利影响比对其他群体更显著。

与既有研究相比，本章在以下四个方面做出了贡献。

第一，本章运用中国数据在区（县）层面测算机会不均等，并研究其对城市住房可及性的影响，而这是当今被广泛关注的社会问题。因此，本章从一个有学术价值的角度拓展了住房可及性的解释因素，此外，基于一国数据的研究可以避免许多宏观经济因素的影响，使估计结果更加准确。

第二，不同于关注收入差距影响的文献，本章将收入差距划分为不同结构，提供了更有力的解释。通过探讨收入差距的不同结构，可以发现收入差距的一个重要组成部分——机会不均等，是住房可及性的一个重要影响因素。

第三，本章讨论了可能的影响机制，发现机会不均等可以通过影响城市地区民间借款的可得性影响住房可及性。众所周知，中国是一个传统的关系型社会，民间借贷很普遍，其一直充当了居民在住房、养老、医疗、教育等诸多重要支出方面的保护网。机会不均等在一定程度上影响了传统的社会关系，以购房为目的的民间借贷明显减少，这对住房可及性产生了不利影响。因此，机会不均等改变了传统的社会结构。根据住房贷款来源，我们将其分为两种类型：一是银行贷款；二是民间借款。结果显示，较高的机会不均等会对民间借款的参与产生显著的负向影响，而对银行借款几乎没有影响。此外，我们还测试了这两种贷款对住房可负担性的影响，发现民间借款的可获得性越高，住房可负担性越高。

第四，本章探讨了不同社会群体之间的影响差异，以便更全面地理解中国的住房可及性问题。中国是一个拥有14亿人口的大国，城市化进程尚未完成，现有的城镇居民在教育、收入和户口状况等各方面都存在较大差异（Wan et al.，2007）。关注不同群体的住房可及性问题，有利于更全面地了解这一社会问题，为解决这一问题提供更有针对性的方案。通过将样本按照教育程度、家庭收入水平和户口划分为不同的群体，我们发现，对于教育程度低、家庭收入水平低和农村户口的群体，机会不均等带来的不利影响更显著。由此可见，机会不均等对社会弱势群体的不利影响更明显，这一结论可以为政府制定更有针对性的政策提供参考。

9.2　相关理论研究

关于住房可及性的既有研究主要集中在两个方面，住房供给和住房需求。住房供给的主要影响因素，包括城市土地供应和建筑成本。在中国，城市土地供给受到政府的严格监管（Li et al.，2015）。沈等（Shen et al.，2018）探讨了政府对城市土地供给的干预如何影响中国的住房市场，并发现 2004~2014 年，城市土地供给的限制对不同城市的住房价格有不同影响。王和张（Wang and Zhang，2014）指出，全国平均每平方米的土地价格从 2002 年的 467 元上升至 2008 年的 1 439 元，每年增长 21%，在高房价产生的原因中，城市土地供给的限制占了很大比例。此外，王和张（Wang and Zhang，2014）指出，建筑成本增加也是导致当前高房价的另一个重要供给因素。

从住房需求角度而言，宽松的货币政策、城市化和实际收入的提高，是推动城市住房需求的三个关键因素，导致住房价格上涨，住房可及性下降。2008 年以来，国家实施了一系列宽松的货币政策，带来了广义货币供应量（M_2）的快速增长（Wang et al.，2014）。货币供应量的快速增长导致房地产投资的不断增加，进一步导致城市住房价格持续上升。同时，随着城市化的深入，自 2000 年以来，在一些城市尤其是一线城市（如北京、上海和广州），城市户籍人口出现了前所未有的增长。许多研究发现，快速城市化对住房需求有直接的正向影响（Wang et al.，2017；Gonzalez and Ortega，2013）。此外，一线城市、二线城市的劳动力相对短缺，在过去十年实际工资经历了持续上升（Zhang et al.，2011），也刺激了城市住房需求（Liang et al.，2016）。然而，城镇居民的实际工资增长是不平衡的，收入差距一直较大，而城镇居民的收入分配可能会影响城市住房的可及性。

既有文献表明，收入差距对住房可及性有负向影响，特别是对低收入群体更明显（Vigdor et al.，2002）。在竞争激烈的住房市场中，高收入群体的高收入推动了房价上涨（Matlack and Vigdor，2008），然后，降低了社会中的大多数人对房价的负担能力。张（Zhang，2015，2016）指出，在中国，收入差距是导致房价收入比上升、住房质量下降和居住面积缩小的重要因素。收入差距主要来源于薪酬差异，因此，不同职业居民之间的工资差异和住房福利差异，会导致房屋所有权和住房面积的巨大差异（Huang and Clark，2002）。

可见，既有文献大多集中在收入差距造成的房价上涨和住房可及性下降上，鲜有研究从收入差距的结构性视角分析此问题。机会不均等，源于不可控的环境因素导致的收入差距，被认为是收入差距的重要来源（Bourguignon et al.，2013；Ramos and Van de Gaer，2016；Assaad et al.，2018）。然而，主要的相关研究只关注用不同方法（如非参数估计方法和参数估计方法）测量不同国家的机会不均等水平（Brunori，2017；Belhaj Hassine，2012），鲜有研究将机会不均等纳入实证分析，更少见从此角度分析中国的住房可及性问题。少数实证研究主要探讨了机会不均等对经济增长（Ferreira et al.，2018）或教育支出（Song and Zhou，2019）的影响。基于这些研究结果，本章提出以下假设：

假设 9.1：机会不均等对住房可及性有负向影响。

随着住房公积金计划和一系列宽松货币政策的实施，住房贷款在满足中国居民住房金融需求方面发挥了至关重要的作用（Chen and Deng，2014）。截至 2016 年，中国住房抵押贷款与收入比例已经达到 67%（Jiang et al.，2016）。同时，抵押贷款市场可能受到多种机会不均等的影响，如地理因素导致的不均等（U.S. HUD，1995；Quillian et al.，2020）。此外，低收入群体很难获得住房贷款，他们只能选择高利率的贷款项目（Williams et al.，2005；Steil et al.，2018）。这些类别的不均等都可以归为机会不均等，很难通过个人努力进行改变。在这些证据的支持下，我们提出以下假设：

假设 9.2：机会不均等影响住房可及性的一个潜在机制，是降低了住房贷款的可得性。

城市化增加了城市居民特征的多样性，城市居民在教育、收入和户口状况等诸多方面存在巨大差异（Wan et al.，2007），不同特征家庭的住房条件也存在异质性。此外，艾希霍尔茨和林登塔尔（Eichholtz and Lindenthal，2014）指出，对于工业化国家来说，住房需求在很大程度上由家庭的人力资本决定，高教育水平、高收入和良好的身体健康状况可以推动家庭的住房需求。基于相关研究发现，机会不均等的负向影响在不同家庭中也是异质性的，并且，在弱势群体中影响更大，如收入较低或教育程度较低的家庭。我们提出以下假设：

假设 9.3：机会不均等对住房可及性带来的负向影响在不同群体中是异质性的，对弱势群体的影响更大。

9.3　实证模型、数据和变量的介绍

9.3.1　机会不均等指数（IO index）的构建

罗默明确了机会不均等的定义，并建立了一系列机会不均等的测量方法，如事前测量和事后测量、参数估计方法和非参数估计方法（Bourguignon et al. ，2013；Ramos and Van de gaer，2016）。在实证研究中，普遍采用的 IO 指数估计方法是将个人收入差距（通常用一些不均等指数表示，如泰尔指数）分为两部分：一部分是由不同努力水平造成的；另一部分是由不可控的环境因素造成的。通过预测这两部分引起收入差距指数的比例可以合理地估计 IO 指数（Marrero and Rodríguez，2013）。考虑到现有的 IO 指数评估方法和数据的可获得性，我们使用两个不同的泰尔指数比值表示机会不均等。一个泰尔指数衡量由环境因素预测的家庭人均收入差距；另一个泰尔指数衡量由实际家庭人均收入得到的收入差距。IO 指数的方程，见式（9-1），其中，$T(\hat{w})$ 表示由不可控因素带来的收入的泰尔指数，Theil 表示实际收入的泰尔指数：

$$\text{IO index} = \frac{T(\hat{w})}{\text{Theil}} \qquad\qquad (9-1)$$

在实践中，我们遵循以下三个步骤计算 IO 指数。

第一，估计经过对数线性化处理的简约方程，见式（9-2），得到式（9-1）分子中的预测收入（记为 $\hat{w}$），其中，X_i 表示一组环境变量：

$$\ln w_i = \beta X_i + \varepsilon_i \qquad\qquad (9-2)$$

在环境变量的选择上，我们遵循文献惯例（Marrero and Rodriguez，2013），选择性别和父母教育。具体而言，父母受教育程度被分为 8 个组别，分别是文盲、小学、初中、高中、大专、本科、硕士和博士，每个组别都作为一个虚拟变量处理。户口变量是一个虚拟变量，1 表示城市户口，0 表示农村户口。

第二，我们用预测得到的家庭人均收入，计算区（县）层面的 Theil[①] 指数［记为 $T(\hat{w})$］，作为式（9-1）的分子。

[①]　Theil 的公式如下：$\text{Theil} = \dfrac{1}{n} \sum\limits_{i=1}^{n} \dfrac{y_i}{\bar{y}} \ln \dfrac{y_i}{\bar{y}}$。其中，$\bar{y}$ 和 y_i 分别表示平均收入和家庭 i 的收入，n 表示家庭的数量。

第三，我们计算 IO 指数，即预测收入泰尔指数与实际收入泰尔指数的比值。这两个泰尔指数的比值评价了收入差距中源于机会不均等的比例，可以在一定程度上表示机会不均等程度。

9.3.2　实证模型

在此，我们侧重说明本章使用的具体计量经济学模型。为了更可靠地估计 IO 指数对两个指标的影响，我们不仅采用传统的混合截面数据模型，还采用面板数据估计方法，以控制一些在家庭层面不随时间变化的不可观察因素的影响。实证模型表示如下：

$$Y_{ijt} = \alpha_i + \beta_1 Oppoineq_{jt} + \beta_2 Theil_{jt} + \beta_3 X_{ijt} + \theta_t + \varepsilon_{ijt} \qquad (9-3)$$

在式（9 – 3）中，Y_{ijt} 表示 t 年 j 县 i 家庭的住房可及性状况，$Oppoineq_{jt}$ 表示在 t 年 j 区（县）的 IO 指数，$Oppoineq_{jt}$ 用 9.3.1 小节提到的方法计算，同时，我们也控制了区（县）层面的泰尔指数。X_{ijt} 表示一组相关的控制变量，包括家庭规模、家庭人口结构（例如，儿童和老人的比例）、家庭收入、健康状况、婚姻状况、年龄、性别、受教育年限及家庭居住区域（农村或城市）。α_i 表示家庭随机效应，θ_t 表示年度随机效应。

9.3.3　数据来源和变量描述

1. 数据来源

本章使用的数据来自中国家庭追踪调查，是由北京大学中国社会科学调查中心每两年进行一次的跟踪调查。在 2010 年、2012 年和 2014 年，已经进行了三轮全国性调查。2010 年的调查，覆盖了中国 25 个省（区、市）162 个区（县）的 14 798 个家庭。通过收集有代表性的村庄、家庭和家庭成员信息，全面反映中国的社会变迁和经济发展进程。

本章采用 2010 年、2012 年和 2014 年的家庭数据和个人数据并对二者进行匹配，以探讨机会不均等和住房可及性的关系。考虑到户主在中国的家庭决策中具有主导地位，我们将户主的个人信息与家庭数据进行匹配。为了保证 IO 指数的准确性，我们采用了全样本数据在区（县）层面进行计算。最后，我们选取三轮数据均存在的 156 个区（县）的 4 109 个城市家庭样本进行实证分析。

2. 变量描述

如前所述，本章主要自变量为区（县）层面的 IO 指数，主要因变量是人均居住面积和房屋所有权。具体而言，如果一个家庭拥有房屋产权，该变量的值为 1；否则，等于 0。人均居住面积是一个大于 0 的连续变量。所有这些变量信息，均来自 CFPS 的家庭问卷。

控制变量分别来自家庭问卷调查和个人问卷调查。在家庭层面，我们控制了家庭成员数量，家庭年收入的对数及家庭中孩子或老人的比例。这些家庭变量，与家庭生活状况和住房状况高度相关。此外，根据中国的传统文化，户主在许多重大家庭决策中（如家庭投资和购房决策）有较大的决定权，家庭住房可及性也取决于户主个人情况。因此，我们在户主层面选择了一些相关控制变量，包括一些二值虚拟变量，如健康状况、婚姻状况和性别；以及一些连续变量，如年龄和教育年限。对于其中的二元变量，如果答案是"健康""已婚"和"男性"，它们的值就为 1；否则，它们的值就为 0。变量的描述性统计结果，见表 9.1。

表 9.1 变量的描述性统计结果

变量	城市样本		
	观测值	均值	标准差
被解释变量			
房屋所有权	12 327	0.81	0.39
居住面积（人均）	12 072	32.95	54.67
关键解释变量			
机会不均等（IO）	12 327	0.25	0.14
个人控制变量			
性别	12 327	0.67	0.47
年龄	12 327	52.61	12.94
受教育年限	12 322	7.83	4.72
健康	12 327	0.84	0.37
婚姻状况	12 327	0.87	0.33
家庭控制变量			
家庭规模	12 327	3.45	1.61
家庭收入（对数）	11 412	9.15	1.20
儿童比例	12 327	0.22	0.23
老人比例	12 327	0.22	0.35
其他控制变量			
泰尔指数	12 327	0.34	0.19

资料来源：笔者根据 CFPS 数据运用 Stata 14.0 软件计算整理而得。

9.4 实证结果

9.4.1 基准结果

本节以城市样本为研究对象，分别考察机会不均等对房屋所有权和人均居住面积带来的影响。

1. 房屋所有权

机会不均等对房屋所有权的影响，见表9.2。房屋所有权是一个二值变量，我们采用Probit模型进行混合截面估计和随机效应估计。[1] 第（1）～（2）列列显示混合截面估计的结果，第（1）列控制了除省（区、市）虚拟变量和年份虚拟变量外的所有变量，第（2）列进一步控制了这两个虚拟变量。结果显示，无论是否控制省（区、市）虚拟变量和年份虚拟变量，IO指数都对房屋所有权有显著的负向影响。以第（2）列结果为例，IO指数每上升1%时，拥有住房的可能性将下降0.123%。第（3）～（4）列的模型设定，与第（1）～（2）列一致，显示了控制家庭随机效应估计的结果。第（4）列结果显示，IO指数每增加1%，拥有住房的可能性将下降0.074%。表9.2的估计结果说明，IO指数对房屋所有权有显著的负向影响，且结果在一定程度上是稳健的。

表9.2　　　　　　　　　机会不均等对房屋所有权的影响

变量	Probit 模型		随机效应模型	
	（1）	（2）	（3）	（4）
IO 指数	- 0.201 ***	- 0.123 *	- 0.092 ***	- 0.074 ***
	(0.076)	(0.072)	(0.023)	(0.024)
theil	0.017	0.018	- 0.008	- 0.005
	(0.056)	(0.050)	(0.015)	(0.016)
家庭控制变量				
家庭规模	0.032 ***	0.033 ***	0.023 ***	0.024 ***
	(0.005)	(0.005)	(0.003)	(0.003)
家庭收入（对数）	0.003	0.010 **	0.000	0.001
	(0.006)	(0.005)	(0.002)	(0.002)

---

[1] 我们在此采取随机效应的原因是，Probit 模型没有面板数据的固定效应。

续表

变量	Probit 模型		随机效应模型	
	（1）	（2）	（3）	（4）
儿童比例	- 0.029	- 0.037*	- 0.034**	- 0.038***
	(0.023)	(0.021)	(0.014)	(0.014)
老人比例	- 0.031*	- 0.024	- 0.038***	- 0.040***
	(0.018)	(0.017)	(0.013)	(0.013)
个人控制变量				
年龄	0.002***	0.003***	0.002***	0.002***
	(0.001)	(0.001)	(0.000)	(0.000)
性别	0.001	- 0.009	0.001	0.001
	(0.015)	(0.014)	(0.008)	(0.008)
受教育年限	- 0.001	0.000	- 0.001	- 0.001
	(0.001)	(0.001)	(0.001)	(0.001)
健康状况	0.017	0.018	0.015**	0.015*
	(0.012)	(0.012)	(0.008)	(0.008)
婚姻状况	0.059***	0.056***	0.038***	0.037***
	(0.014)	(0.014)	(0.011)	(0.011)
省（区、市）随机效应	no	yes	no	no
年份随机效应	no	yes	no	yes
家庭随机效应	no	no	yes	yes
观测值	11 199	11 199	11 199	11 199

注：***、**和*分别表示在1%、5%和10%的水平上显著，该表报告了每个变量的边际效应值和区（县）层面的聚类标准误。

资料来源：笔者根据 CFPS 数据运用 Stata 14.0 软件计算整理而得。

　　在控制变量方面，家庭和户主特征对房屋所有权也有一定的显著影响，但影响结果并不总是一致的。考虑到这些控制变量可能存在潜在的内生性问题，我们在此不对这些变量做过多解释。

　　2. 人均居住面积

　　IO 指数对人均居住面积影响的估计结果，见表9.3。表9.3 中相关指标是前文提到的住房可及性的另一个重要指标。这里的样本由两部分组成，一部分是房屋所有者；另一部分是租户。理论上，他们的居住面积都大于 0，但在现实中，分布直方图表明大量数值接近于 0，Tobit 模型更适合进行相应的估计。此外，还存在一些数值较大的异常值，因此，我们对大于99%分位数的值进行了缩尾处理。

表 9.3　　　　　IO 指数对人均居住面积影响的估计结果

变量	Tobit 模型		随机效应模型	
	(1)	(2)	(3)	(4)
IO 指数	−7.135	−4.079	−3.657***	−6.938***
	(4.651)	(3.518)	(1.343)	(1.322)
theil	6.886*	−1.462	9.311***	−0.929
	(3.541)	(2.549)	(0.870)	(0.856)
家庭控制变量				
家庭规模	−3.579***	−4.002***	−3.947***	−3.984***
	(0.249)	(0.256)	(0.148)	(0.141)
家庭收入（对数）	0.010	0.399	−0.048	0.505***
	(0.318)	(0.247)	(0.150)	(0.138)
儿童比例	−3.142***	−4.201***	−2.095**	−2.610***
	(1.166)	(1.073)	(0.839)	(0.777)
老人比例	3.647***	3.331***	3.340***	3.408***
	(1.185)	(1.033)	(0.789)	(0.754)
房屋所有权	7.361***	6.756***	5.960***	5.230***
	(1.003)	(1.068)	(0.445)	(0.413)
个人控制变量				
年龄	−0.060**	0.001	−0.141***	−0.006
	(0.026)	(0.027)	(0.023)	(0.023)
性别	3.020***	1.835***	3.183***	3.275***
	(0.717)	(0.596)	(0.488)	(0.495)
受教育年限	−0.296***	−0.170**	−0.383***	−0.348***
	(0.089)	(0.081)	(0.050)	(0.050)
健康状况	0.840	0.480	0.647	0.788*
	(0.647)	(0.559)	(0.461)	(0.424)
婚姻状况	−4.792***	−5.514***	−4.484***	−4.586***
	(0.923)	(0.966)	(0.658)	(0.638)
省（区、市）随机效应	no	yes	no	no
年份随机效应	no	yes	no	yes
家庭随机效应	no	no	yes	yes
观测值	24 759	24 759	24 759	24 759

注：***、**和*分别表示在1%、5%和10%的水平上显著，该表报告了每个变量的边际效应值和区（县）层面的聚类标准误。

资料来源：笔者根据 CFPS 数据运用 Stata 14.0 软件计算整理而得。

与表9.2相同，表9.3第（1）列和第（2）列是混合数据估计结果，而第（3）列和第（4）列是家庭层面的随机效应模型的估计结果。总的来说，这些结果是一致和稳健的。以最后一列为例，IO指数的系数为-6.938，在1%的水平上显著，这意味着，IO指数每增加1%，人均居住面积减少约0.07平方米。这些结论表明，机会不均等对人均居住面积有显著的负向影响，该结果与既有研究相似。例如，张（Zhang，2015）将20%或30%的家庭作为低收入家庭，发现基尼系数每增加一个标准差，低收入家庭人均居住面积约减少1.5%。

9.4.2　稳健性检验

为了加强基准结果的可靠性，本节从不同角度提供了一些稳健性检验。首先，以农村样本的经验证据支持上述结果；其次，侧重于检验机会不均等是否对其他住房可及性指标有类似的影响，如房屋租赁和住房困难等。

1. 运用农村样本的稳健性检验

我们预期农村地区与城市地区相比，IO指数对农村住房可及性的影响较小，甚至不显著。正如我们提到的，农村和城市的住房制度有很大不同，大多数农村家庭都有宅基地和自建房，相对于城市地区，农村地区住房可及性问题在理论上并不严重。如果结果相反，则说明上述逻辑并不正确，那么，在实证分析中放弃农村样本是错误的。IO指数对农村房屋所有权的影响，见表9.4。IO指数对农村人均居住面积的影响，见表9.5。

表9.4　　　　　　　　IO指数对农村房屋所有权的影响

变量	Probit 模型		随机效应模型	
	（1）	（2）	（3）	（4）
IO 指数	0.004 (0.038)	-0.010 (0.041)	-0.002 (0.014)	0.011 (0.031)
控制变量	yes	yes	yes	yes
省（区、市）随机效应	no	yes	no	no
年份随机效应	no	yes	no	yes
家庭随机效应	no	no	yes	yes
观测值	14 170	14 170	14 170	14 170

注：回归所用的控制变量与表9.2相同。***、**和*分别表示在1%、5%和10%的水平上显著，该表报告了每个变量的边际效应值和区（县）层面的聚类标准误。

资料来源：笔者根据CFPS数据运用Stata 14.0软件计算整理而得。

表9.5   IO 指数对农村人均居住面积的影响

变量	Tobit 模型		随机效应模型	
	（1）	（2）	（3）	（4）
IO 指数	−1.428	−6.404	−0.214	−6.598 ***
	（4.761）	（4.425）	（1.372）	（1.424）
控制变量	yes	yes	yes	yes
省（区、市）随机效应	no	yes	no	no
年份随机效应	no	yes	no	yes
家庭随机效应	no	no	yes	yes
观测值	13 489	13 489	13 489	13 489

注：回归所用的控制变量与表9.3 相同。***、**和* 分别表示在1%、5% 和10% 的水平上显著，该表报告了每个变量的边际效应值和区（县）层面的聚类标准误。

资料来源：笔者根据 CFPS 数据运用 Stata 14.0 软件计算整理而得。

  表9.4 中的所有结果都不具备统计学上的显著性，这意味着，机会不均等对农村地区的房屋所有权没有影响。在表9.5 中，除了最后一列，其他结果均不显著，这与我们的推论一致，即中国农村地区的住房可及性问题不是很严重。至于表9.5 的最后一列，目前国家对农村住房结构没有统一要求，在农村通过建造更多楼层以扩大居住面积是常见的，因此，可能存在部分地区的居住面积受到了 IO 指数的负面影响。总体而言，这些结果验证了关注城市样本并进行分析是合理的。

  2. 用租赁变量进行稳健性检验

  IO 指数对城市租房状况的影响，见表9.6。在巨大的购房压力下，大量城市居民的住房需求通过租房解决。第 7 次人口普查数据显示，全国流动人口数量达到 3.76 亿，其中，67.3% 的人口（1.67 亿）靠租房生活，[①] 在这种趋势下，未来一线城市和新一线城市的租房比例可能超过 40%。[②]在这种背景下，租房是衡量住房可及性的一个重要的负向指标，即租房比例越高，城市的住房可及性问题越严重。因此，我们选择家庭租房情况作为反映住房可及性状况的指标，用式（9−3）估计 IO 指数对城市租房状况的影响。考虑到被解释变量为二元变量（如果样本处于租

---

①② 国家统计局. http://www.stats.gov.cn/sj/zxfb/202302/t20230203_1901087.html.

房状态，该变量的值为1；否则，为0），我们采用 Probit 模型进行混合数据估计和随机效应估计。

表9.6　　　　　　　　　IO 指数对城市租房状况的影响

变量	Probit 模型		随机效应模型	
	（1）	（2）	（3）	（4）
IO 指数	0.093 **	0.068 *	0.007 **	0.012 **
	(0.044)	(0.039)	(0.003)	(0.005)
控制变量	yes	yes	yes	yes
省（区、市）随机效应	no	yes	no	no
年份随机效应	no	yes	no	yes
家庭随机效应	no	no	yes	yes
观测值	11 407	11 407	11 407	11 407

注：回归所用的控制变量与表9.2一致。***、**和*分别表示在1%、5%和10%的水平上显著，该表报告了每个变量的边际效应值和区（县）层面的聚类标准误。

资料来源：笔者根据 CFPS 数据运用 Stata 14.0 软件计算整理而得。

表9.6显示了估计结果，第（1）~（2）列是混合数据回归，第（3）~（4）列是随机效应估计，控制变量与表9.2一致。总的来说，第（1）~（4）列的结果均显著为正，这意味着，IO 指数对租房情况有显著正向影响。以第（4）列为例，IO 指数的边际效应为0.012，在1%的水平上显著。可以解释为，IO 指数每增长1%，家庭租房的可能性将显著增长0.012%，这意味着，机会不均等对拥有房屋产权不利。随着机会不均等程度的上升，越来越多家庭买不起房子，不得不租房居住，这反映了住房条件和住房可及性的恶化。马特拉克和维格多尔（Matlack and Vigdor, 2008）运用美国的数据，讨论了低收入租房者的收入差距和住房条件之间的关系，并发现了一些显著的负向关系。

3. 住房困难变量的稳健性检验

本小节试图从新的角度评估住房可及性的状况，我们在 CFPS 的家庭问卷中收集了关于住房困难的信息。如果受访家庭报告有问卷中所列的任何住房困难，如居住空间太狭窄等，该变量为1；如果没有，该变量为0。考虑到被解释变量的性质，我们在此再次采用 Probit 模型进行估计。IO 指数对城市住房困难的影响，见表9.7。

表 9.7   **IO 指数对城市住房困难的影响**

变量	Probit 模型		随机效应模型	
	（1）	（2）	（3）	（4）
IO 指数	0.154 ***	0.133 **	0.088 ***	0.097 ***
	（0.058）	（0.059）	（0.023）	（0.033）
控制变量	yes	yes	yes	yes
省（区、市）随机效应	no	yes	no	no
年份随机效应	no	yes	no	no
家庭随机效应	no	no	yes	yes
观测值	11 407	11 407	11 407	11 407

注：回归所用的控制变量与表 9.2 一致。***、**和 * 分别表示在 1%、5% 和 10% 的水平上显著，该表报告了每个变量的边际效应值和区（县）层面的聚类标准误。

资料来源：笔者根据 CFPS 数据运用 Stata 14.0 软件计算整理而得。

表 9.7 报告了估计结果，模型构建和控制变量与表 9.2 一致，在此不再详细讨论。总体而言，这些估计结果的趋势是一致的，IO 指数对住房困难有显著正向影响。以第（4）列为例，IO 指数的边际效应为 0.097，在 1% 的水平上显著，结果表明，IO 指数每增加 1%，一个家庭出现住房困难的可能性将显著增加 0.097%。从住房困难的角度，机会不均等对住房可及性也有不可忽视的不利影响，因此，本节所有结果都验证了得到的结论是可靠和稳健的。

9.5　进一步讨论

9.5.1　影响机制

2008 年后房价的持续快速上涨，是中国经济发展的一个重要事实，而房价增长和需求增长的一个重要原因是，银行实施了较为宽松的抵押贷款政策，使大多数家庭能通过贷款买房。贷款主要包括常规银行贷款和民间借贷，数据显示，截至 2016 年中国的住宅抵押贷款占收入比例已达到 67%，与美国和日本等发达国家相当（Jiang et al.，2016）。因此，住房贷款的可得性在住房可及性中发挥重要作用。然而，有证据表明，机会不均等对住房贷款的可得性有负向影响。

为什么机会不均等会对贷款的可得性产生负向影响？首先，抵押贷款市场也受到许多其他类型不均等因素的影响，如地理因素不均等

（U. S. HUD，1995），而所有这些不均等都可以归为机会不均等，很难通过个人努力改变。其次，机会不均等可以在几代人的时间内积累，随着时间推移，将加剧社会分层，而随着社会差距的拉大，弱势群体则很难获得优质资源，包括贷款或抵押贷款。在严重的机会不均等条件下，贫困家庭想要获得足够的住房贷款并不容易。

基于上述分析，我们推断，机会不均等可能通过影响住房贷款的可得性来影响住房可及性。为了检验这一影响机制是否成立，我们验证了获得住房贷款与住房可及性两个主要指标之间的关系。住房贷款对所有权和居住面积的影响，见表9.8。

表 9.8　　　　　　　　住房贷款对所有权和居住面积的影响

变量	随机效应模型	
	房屋所有权	人均居住面积
	（1）	（2）
住房贷款	0.077 *** （0.011）	2.958 *** （0.475）
控制变量	yes	yes
省（区、市）随机效应	no	no
年份随机效应	yes	yes
家庭随机效应	yes	yes
观测值	11 407	11 199

注：***、**和*分别表示在1%、5%和10%的水平上显著，该表报告了每个变量的边际效应值和区（县）层面的聚类标准误。

资料来源：笔者根据 CFPS 数据运用 Stata 14.0 软件计算整理而得。

表9.8显示了随机效应估计结果，从结果中可以看出，在城市地区，获得住房贷款对住房可及性有明显的正向影响，也验证了之前的假设。而且，该结果与其他研究结果一致，如陈和邓（Chen and Deng，2014）研究了住房公积金计划的影响，并发现住房贷款在满足中国家庭的住房金融需求方面发挥了关键作用。

然后，需要进一步探讨机会不均等对获得住房贷款的影响。IO 指数对不同住房贷款可得性的影响，见表9.9。在第（1）列中，我们发现机会不均等对住房贷款的可得性呈负向影响，这与前面提到的观点相同。然后，根据住房贷款的主要来源，分为银行贷款和民间借贷，并分别考察了机会不均等对它们的影响。第（2）列结果显示，机会不均等对民间借贷有显著负向影响，第（3）列结果显示，机会不均等并不影响家庭获得银行贷款。因此，机会不均等主要通过减少获得民间借贷的机会，降低贷款可得性。

表 9.9　　　　　　　IO 指数对不同住房贷款可得性的影响

变量	随机效应模型		
	住房贷款	民间借贷	银行贷款
	（1）	（2）	（3）
IO 指数	−0.079 ** (0.038)	−0.082 *** (0.028)	0.004 (0.012)
控制变量	yes	yes	yes
省（区、市）随机效应	no	no	no
年份随机效应	yes	yes	yes
家庭随机效应	yes	yes	yes
观测值	11 407	11 407	11 407

注：***、**和 * 分别表示在 1%、5% 和 10% 的水平上显著，该表报告了每个变量的边际效应值和区（县）层面的聚类标准误。

资料来源：笔者根据 CFPS 数据运用 Stata 14.0 软件计算整理而得。

考虑到 2010 年 4 月提出的房产限购政策会影响本章的结果，这项政策降低了没有本地户口的城市居民的住房可及性。为了消除这一政策的干扰，我们排除了在 2010 年实施这一政策的所有城市，用子样本重新估计结果，子样本结果与表 9.8、表 9.9 的结果一致。

9.5.2　异质性分析

既有研究表明，物质资本、人力资本和户口状况在一定程度上对住房可及性有不可忽视的影响，因此，如果机会不均等能通过降低民间借贷的可得性影响住房可及性，那么，这种影响在不同群体中应该是异质的，值得进一步研究。异质性分析，见表 9.10。在表 9.10 中，分别把城市样本按照物质资本、人力资本和户口状况分为两组进行异质性分析。

表 9.10 中的 Panel A 部分展示了人均居住面积的异质性分析结果，所有的估计都使用了 Tobit 随机效应模型，每两列构成一组比较。第（1）列和第（2）列根据户主的教育年限分为两组，如果样本的受教育时间少于 9 年，我们将其分为低学历组；否则，为高学历组。结果显示，机会不均等对人均居住面积的不利影响主要来自低学历组，而对高学历组的

影响较小。第（3）列和第（4）列所用样本，是按照户口状况划分的，第（3）列样本是农村户口，而第（4）列样本是城市户口。从结果可以看出，机会不均等带来的影响主要来自农村户口样本，而机会不均等对城市户口样本几乎没有影响。第（5）列和第（6）列根据家庭人均年收入将样本分为两组，并考察了它们之间的差异，收入低于中位数的样本被划分为低收入组，收入较高的样本被划分为高收入组。结果显示，机会不均等造成的影响主要来自低收入组。因此，机会不均等对人均居住面积的负向影响，在低学历、低收入和农村户口的家庭中更为明显。

表 9.10 异质性分析

变量	教育		户口状况		收入	
	低	高	农村	城市	低	高
	（1）	（2）	（3）	（4）	（5）	（6）
Panel A：人均居住面积						
IO 指数	-9.077*** (2.651)	-6.197*** (1.504)	-7.670*** (2.567)	-2.177 (1.435)	-8.945*** (2.054)	-6.728*** (1.748)
控制变量	yes	yes	yes	yes	yes	yes
省（区、市）随机效应	no	no	no	no	no	no
年份随机效应	yes	yes	yes	yes	yes	yes
家庭随机效应	yes	yes	yes	yes	yes	yes
观测值	3 828	7 371	4 675	6 184	5 180	6 019
Panel B：房屋所有权						
IO 指数	-0.104*** (0.037)	-0.055* (0.032)	-0.106*** (0.032)	-0.032 (0.037)	-0.088** (0.038)	-0.068** (0.031)
控制变量	yes	yes	yes	yes	yes	yes
省（区、市）随机效应	no	no	no	no	no	no
年份随机效应	yes	yes	yes	yes	yes	yes
家庭随机效应	yes	yes	yes	yes	yes	yes
观测值	3 972	7 435	4 839	6 213	5 303	6 104

注：***、**和*分别表示在1%、5%和10%的水平上显著，该表报告了区（县）层面的边际效应值和聚类标准误。Panel A 的控制变量与表9.2相同，Panel B 的控制变量与表9.3相同。

资料来源：笔者根据 CFPS 数据运用 Stata 14.0 软件计算整理而得。

Panel B 部分是 IO 对房屋所有权影响的异质性分析，结论与人均居住面积相似。总之,机会不均等对住房可及性的负向影响在弱势群体中更为严重,如低学历、低收入和农村户口的群体。

9.6 结论与启示

中国的城市住房可及性问题日益突出,受到广泛关注,而很多研究文献指出,住房可及性与收入差距之间存在不可分割的联系。在既有研究上,本章对机会不均等对中国城市住房可及性的影响进行了探讨。本章运用中国家庭追踪调查的城市样本数据,构建了一个测量区(县)层面机会不均等的指数,发现机会不均等的增加对中国城市人均居住面积和房屋所有权有显著的负向影响。随着一系列宽松的货币政策和银行发布的住房贷款计划,住房贷款在中国城市住房可及性方面发挥着重要作用。然而,我们发现,机会不均等对贷款的可得性有负向影响,特别是对民间借贷,这可能是机会不均等影响住房可及性的一个重要机制。此外,在教育水平较低、家庭收入较低或农村户口的群体中,机会不均等对住房可及性的负向影响可能更严重。

本章丰富了住房可及性相关文献,并对中国在城市化背景下机会不均等的社会经济影响提出了几个新观点。本章表明,在收入差距的表面现象下,机会不均等是造成中国城市住房可及性问题的一个重要原因。为了有效缓解城市住房问题,构建更好的房地产市场,政府需要努力降低机会不均等水平,以帮助低收入群体获得更多机会提高其收入水平和生活水平。到目前为止,政府已经采取了很多行动促进社会平等及消除社会歧视,如试图通过社会保障制度、税收和转移支付等重新分配收入。这些努力增加了弱势群体的收入,大大降低了相对贫困率,但它们对抵消收入差距的效果是有限的(He and Sato, 2013)。因此,要降低社会不均等并进一步提高住房可及性,还有很长的路要走。

本章研究结果将引起关注城市住房问题的政策制定者的兴趣。本章发现,在中国,住房贷款是机会不均等影响住房可及性的一个重要途径,因此,政府可以在提高低收入群体的住房贷款可得性方面做出更多努力,这可能会在短期内改善城市住房可及性状况。例如,为低收入家庭降低相关银行贷款项目的门槛,或者出台一些有针对性的政策,帮助他们更易获得住房贷款。此外,考虑城市家庭的异质性影响,相关机构应该对收入较低、教育水平较低或农村户口的家庭给予更多帮助和关注,从整体上提高城市住房的可及性。

参考文献

［1］白重恩，钱震杰. 劳动收入份额决定因素：来自中国省际面板数据的证据［J］. 世界经济，2010，33（12）：3－27.

［2］蔡跃洲，陈楠. 新技术革命下人工智能与高质量增长、高质量就业［J］. 数量经济技术经济研究，2019，36（5）：3－22.

［3］曹静，周亚林. 人工智能对经济的影响研究进展［J］. 经济学动态，2018（1）：103－115.

［4］陈斌开. 收入分配与中国居民消费——理论和基于中国的实证研究［J］. 南开经济研究，2012（1）：33－49.

［5］陈斌开，张淑娟，申广军. 义务教育能提高代际流动性吗？［J］. 金融研究，2021（6）：76－94.

［6］陈东，黄旭锋. 机会不平等在多大程度上影响了收入不平等？——基于代际转移的视角［J］. 经济评论，2015（1）：3－16.

［7］陈琳. 中国城镇代际收入弹性研究：测量误差的纠正和收入影响的识别［J］. 经济学（季刊），2016，15（1）：33－52.

［8］陈选娟，林宏妹. 住房公积金与家庭风险金融资产投资——基于2013年CHFS的实证研究［J］. 金融研究，2021（4）：92－110.

［9］陈永伟，许多. 人工智能的就业影响［J］. 比较，2018（2）：135－160.

［10］程杰. 养老保障的劳动供给效应［J］. 经济研究，2014，49（10）：60－73.

［11］崔晓敏，余淼杰、袁东. 最低工资和出口的国内附加值：来自中国企业的证据［J］. 世界经济，2018，41（12）：49－72.

［12］邓翔，黄志. 人工智能技术创新对行业收入差距的效应分析——来自中国行业层面的经验证据［J］. 软科学，2019，33（11）：1－5，10.

［13］邸俊鹏，韩清. 最低工资标准提升的收入效应研究［J］. 数量

经济技术经济研究，2015，32（7）：90 - 103.

[14] 丁守海. 最低工资管制的就业效应分析——兼论《劳动合同法》的交互影响 [J]. 中国社会科学，2010（1）：85 - 102，223.

[15] 董婧璇，臧旭恒，姚健. 移动支付对居民家庭金融资产配置的影响"[J/OL]. 南开经济研究，2023（4）.

[16] 傅秋子，黄益平. 数字金融对农村金融需求的异质性影响——来自中国家庭金融调查与北京大学数字普惠金融指数的证据 [J]. 金融研究，2018（11）：68 - 84.

[17] 付文林. 最低工资、调整成本与收入分配效应的结构差异 [J]. 中国人口科学，2014（1）：85 - 95，128.

[18] 高奥，龚六堂. 国有资本收入划拨养老保险、人力资本积累与经济增长 [J]. 金融研究，2015（1）：16 - 31.

[19] 高奥，谭娅，龚六堂. 国有资本收入划拨养老保险、社会福利与收入不平等 [J]. 世界经济，2016，39（1）：171 - 192.

[20] 高帆. 中国城乡消费差距的拐点判定及其增长效应 [J]. 统计研究，2014，31（12）：41 - 46.

[21] 郭峰，王靖一，王芳，等. 测度中国数字普惠金融发展：指数编制与空间特征 [J]. 经济学（季刊），2020，19（4）：1401 - 1418.

[22] 郭凯明. 人工智能发展、产业结构转型升级与劳动收入份额变动 [J]. 管理世界，2019，35（7）：60 - 77，202 - 203.

[23] 郭凯明，龚六堂. 社会保障、家庭养老与经济增长 [J]. 金融研究，2012（1）：78 - 90.

[24] 何婧，李庆海. 数字金融使用与农户创业行为 [J]. 中国农村经济，2019（1）：112 - 126.

[25] 黄益平，黄卓. 中国的数字金融发展：现在与未来 [J]. 经济学（季刊），2018，17（4）：1489 - 1502.

[26] 贾朋，张世伟. 最低工资标准提升的溢出效应 [J]. 统计研究，2013，30（4）：37 - 41.

[27] 江鸿泽，梁平汉. 数字金融发展与犯罪治理——来自盗窃案刑事判决书的证据 [J]. 数量经济技术经济研究，2022，39（10）：68 - 88.

[28] 金烨，李宏彬，吴斌珍. 收入差距与社会地位寻求：一个高储蓄率的原因 [J]. 经济学（季刊），2011，10（3）：887 - 912.

[29] 雷晓燕, 周月刚. 中国家庭的资产组合选择: 健康状况与风险偏好 [J]. 金融研究, 2010 (1): 31 – 45.

[30] 李继尊. 关于互联网金融的思考 [J]. 管理世界, 2015 (7): 1 – 7.

[31] 李力行, 周广肃. 家庭借贷约束、公共教育支出与社会流动性 [J]. 经济学 (季刊), 2015, 14 (1): 65 – 82.

[32] 李任玉, 杜在超, 龚强, 等. 经济增长、结构优化与中国代际收入流动 [J]. 经济学 (季刊), 2018, 17 (3): 995 – 1012.

[33] 李任玉, 杜在超, 何勤英, 等. 富爸爸、穷爸爸和子代收入差距 [J]. 经济学 (季刊), 2015, 14 (1): 231 – 258.

[34] 李时宇, 冯俊新. 城乡居民社会养老保险制度的经济效应——基于多阶段世代交叠模型的模拟分析 [J]. 经济评论, 2014 (3): 3 – 15.

[35] 李实, 朱梦冰. 中国经济转型 40 年中居民收入差距的变动 [J]. 管理世界, 2018, 34 (12): 19 – 28.

[36] 李涛. 社会互动、信任与股市参与 [J]. 经济研究, 2006 (1): 34 – 45.

[37] 李涛. 社会互动与投资选择 [J]. 经济研究, 2006 (8): 45 – 57.

[38] 李小云, 于乐荣, 齐顾波. 2000 ~ 2008 年中国经济增长对贫困减少的作用: 一个全国和分区域的实证分析 [J]. 中国农村经济, 2010 (4): 4 – 11.

[39] 林毅夫, 陈斌开. 重工业优先发展战略与城乡消费不平等——来自中国的证据 [J]. 浙江社会科学, 2009 (4): 10 – 16, 125.

[40] 刘生龙, 张晓明, 杨竺松. 互联网使用对农村居民收入的影响 [J]. 数量经济技术经济研究, 2021, 38 (4): 103 – 119.

[41] 刘伟, 蔡志洲. 新时代中国经济增长的国际比较及产业结构升级 [J]. 管理世界, 2018, 34 (1): 16 – 24.

[42] 罗楚亮. 经济增长、收入差距与农村贫困 [J]. 经济研究, 2012, 47 (2): 15 – 27.

[43] 罗小兰. 我国劳动力市场买方垄断条件下最低工资就业效应分析 [J]. 财贸研究, 2007 (4): 1 – 5.

[44] 马光荣, 周广肃. 新型农村养老保险对家庭储蓄的影响——基

于 CFPS 数据的研究 [J]. 经济研究, 2014, 49 (11): 116 – 129.

[45] 马述忠, 胡增玺. 数字金融是否影响劳动力流动?——基于中国流动人口的微观视角 [J]. 经济学 (季刊), 2022, 22 (1): 303 – 322.

[46] 马双, 孟宪芮, 甘犁. 养老保险企业缴费对员工工资、就业的影响分析 [J]. 经济学 (季刊), 2014, 13 (3): 969 – 1000.

[47] 马双, 张劼, 朱喜. 最低工资对中国就业和工资水平的影响 [J]. 经济研究, 2012, 47 (5): 132 – 146.

[48] 孟涓涓, 赵龙凯, 刘玉珍, 等. 社会性学习、从众心理和股市参与决策 [J]. 金融研究, 2013 (7): 153 – 165.

[49] 孟祥轶, 杨大勇, 于婧. 中国城市炫耀性消费的特征及决定因素——基于北京市家庭数据的实证分析 [J]. 经济研究, 2010, 45 (增刊): 118 – 128.

[50] 孟亦佳. 认知能力与家庭资产选择 [J]. 经济研究, 2014, 49 (增刊): 132 – 142.

[51] 米增渝, 刘霞辉, 刘穷志. 经济增长与收入不平等: 财政均衡激励政策研究 [J]. 经济研究, 2012, 47 (12): 43 – 54, 151.

[52] 欧阳葵, 王国成. 社会福利函数与收入不平等的度量——一个罗尔斯主义视角 [J]. 经济研究, 2014, 49 (2): 87 – 100.

[53] 彭澎, 周力. 中国农村数字金融发展对农户的收入流动性影响研究 [J]. 数量经济技术经济研究, 2022, 39 (6): 23 – 41.

[54] 钱海章, 陶云清, 曹松威, 等. 中国数字金融发展与经济增长的理论与实证 [J]. 数量经济技术经济研究, 2020, 37 (6): 26 – 46.

[55] 权衡, 李凌. 上海提高最低工资标准的收入分配效应: 实证与模拟 [J]. 上海经济研究, 2011 (4): 96 – 109.

[56] 石阳, 王满仓. 现收现付制养老保险对储蓄的影响——基于中国面板数据的实证研究 [J]. 数量经济技术经济研究, 2010, 27 (3): 96 – 106.

[57] 宋晓玲. 数字普惠金融缩小城乡收入差距的实证检验 [J]. 财经科学, 2017 (6): 14 – 25.

[58] 宋扬. 中国的机会不均等程度与作用机制——基于 CGSS 数据的实证分析 [J]. 财贸经济, 2017, 38 (1): 34 – 50.

[59] 孙三百, 黄薇, 洪俊杰. 劳动力自由迁移为何如此重要?——

基于代际收入流动的视角［J］．经济研究，2012，47（5）：147－159．

［60］孙玉环，张汀昱，王雪妮，等．中国数字普惠金融发展的现状、问题及前景［J］．数量经济技术经济研究，2021，38（2）：43－59．

［61］唐松，伍旭川，祝佳．数字金融与企业技术创新——结构特征、机制识别与金融监管下的效应差异［J］．管理世界，2020，36（5）：52－66．

［62］滕磊，马德功．数字金融能够促进高质量发展吗？［J］．统计研究，2020，37（11）：80－92．

［63］万广华．不平等的度量与分解［J］．经济学（季刊），2009，8（1）：347－368．

［64］王聪，田存志．股市参与、参与程度及其影响因素［J］．经济研究，2012，47（10）：97－107．

［65］王海港．中国居民收入分配的代际流动［J］．经济科学，2005（2）：18－25．

［66］王琎，吴卫星．婚姻对家庭风险资产选择的影响［J］．南开经济研究，2014（3）：100－112．

［67］王君，张于喆，张义博，等．人工智能等新技术进步影响就业的机理与对策［J］．宏观经济研究，2017（10）：169－181．

［68］王伟同，谢佳松，张玲．中国区域与阶层代际流动水平测度及其影响因素研究［J］．数量经济技术经济研究，2019，36（1）：78－95．

［69］王晓霞，白重恩．劳动收入份额格局及其影响因素研究进展［J］．经济学动态，2014（3）：107－115．

［70］王新军，韩春蕾，李继宏．经济增长、卫生投入与人民健康水平的关系研究［J］．山东社会科学，2012（11）：71－76．

［71］王永钦，董雯．机器人的兴起如何影响中国劳动力市场？——来自制造业上市公司的证据［J］．经济研究，2020，55（10）：159－175．

［72］魏婕，任保平．中国经济增长包容性的测度：1978—2009［J］．中国工业经济，2011（12）：5－14．

［73］温涛，朱炯，王小华．国农贷的'精英俘获'机制：贫困县与非贫困县的分层比较［J］．经济研究，2016，51（2）：111－125．

［74］翁杰，徐圣．最低工资制度的收入分配效应研究——以中国工业部门为例［J］．中国人口科学，2015（3）：17－31，126．

[75] 吴卫星，齐天翔. 流动性、生命周期与投资组合相异性——中国投资者行为调查实证分析 [J]. 经济研究，2007（2）：97–110.

[76] 吴卫星，荣苹果，徐芊. 健康与家庭资产选择 [J]. 经济研究，2011，46（增刊）：43–54.

[77] 吴一平，芮萌. 收入分配不平等对刑事犯罪的影响 [J]. 经济学（季刊），2011，10（1）：291–310.

[78] 吴雨，李晓，李洁，等. 数字金融发展与家庭金融资产组合有效性 [J]. 管理世界，2021，37（7）：92–104.

[79] 肖作平，张欣哲. 制度和人力资本对家庭金融市场参与的影响研究——来自中国民营企业家的调查数据 [J]. 经济研究，2012，47（增刊）：91–104.

[80] 谢璐，韩文龙，陈翥. 人工智能对就业的多重效应及影响 [J]. 当代经济研究，2019（9）：33–41.

[81] 谢平，邹传伟，刘海二. 互联网金融的基础理论 [J]. 金融研究，2015（8）：1–12.

[82] 谢绚丽，沈艳，张皓星，等. 数字金融能促进创业吗? ——来自中国的证据 [J]. 经济学（季刊），2018，17（4）：1557–1580.

[83] 徐梅，于慧君. 宏观经济波动与微观家庭决策对居民金融资产选择的影响效果分析 [J]. 中央财经大学学报，2015（8）：87–93.

[84] 徐敏，姜勇. 中国产业结构升级能缩小城乡消费差距吗? [J]. 数量经济技术经济研究，2015，32（3）：3–21.

[85] 杨继生，徐娟，吴相俊. 经济增长与环境和社会健康成本 [J]. 经济研究，2013，48（12）：17–29.

[86] 杨娟，赖德胜，邱牧远. 如何通过教育缓解收入不平等? [J]. 经济研究，2015，50（9）：86–99.

[87] 杨沫，王岩. 中国居民代际收入流动性的变化趋势及影响机制研究 [J]. 管理世界，2020，36（3）：60–75.

[88] 杨娟，李实. 最低工资提高会增加农民工收入吗? [J]. 经济学（季刊），2016，15（4）：1563–1580.

[89] 杨伟国，邱子童，吴清军. 人工智能应用的就业效应研究综述 [J]. 中国人口科学，2018（5）：109–119，128.

[90] 杨文，孙蚌珠，王学龙. 中国农村家庭脆弱性的测量与分解 [J]. 经济研究，2012，47（4）：40–51.

［91］杨中超. 教育扩招促进了代际流动？［J］. 社会，2016，36（6）：180 – 208.

［92］杨子晖. 经济增长、能源消费与二氧化碳排放的动态关系研究［J］. 世界经济，2011，34（6）：100 – 125.

［93］叶静怡，杨洋. 最低工资标准与农民工收入不平等——基于北京市农民工微观调查数据的分析［J］. 世界经济文汇，2015（5）：22 – 45.

［94］易行健，周利. 数字普惠金融发展是否显著影响了居民消费——来自中国家庭的微观证据［J］. 金融研究，2018（11）：47 – 67.

［95］尹志超，宋全云，吴雨. 金融知识、投资经验与家庭资产选择［J］. 经济研究，2014，49（4）：62 – 75.

［96］尹志超，文小梅，栗传政. 普惠金融、收入差距与共同富裕［J］. 数量经济技术经济研究，2023，40（1）：109 – 127.

［97］尹志超，吴雨，甘犁. 金融可得性、金融市场参与和家庭资产选择［J］. 经济研究，2015，50（3）：87 – 99.

［98］尹志超，张号栋. 金融可及性、互联网金融和家庭信贷约束——基于 CHFS 数据的实证研究［J］. 金融研究，2018（11）：188 – 206.

［99］余丽甜，詹宇波. 家庭教育支出存在邻里效应吗［J］. 财经研究，2018，44（8）：61 – 73.

［100］余玲铮，魏下海，孙中伟，等. 工业机器人、工作任务与非常规能力溢价——来自制造业"企业—工人"匹配调查的证据［J］. 管理世界，2021，37（1）：4，47 – 59.

［101］余玲铮，魏下海，吴春秀. 机器人对劳动收入份额的影响研究——来自企业调查的微观证据［J］. 中国人口科学，2019（4）：114 – 125，128.

［102］岳希明，李实. 真假基尼系数［J］. 南风窗，2013（5）：65 – 67.

［103］张川川，陈斌开. "社会养老"能否替代"家庭养老"？——来自中国新型农村社会养老保险的证据［J］. 经济研究，2014，49（11）：102 – 115.

［104］张丹丹，李力行，童晨. 最低工资、流动人口失业与犯罪［J］. 经济学（季刊），2018，17（3）：1035 – 1054.

［105］张俊森，李宏彬．中国人力资本投资与回报［M］．北京：北京大学出版社，2008．

［106］张世伟，贾朋．最低工资标准调整的收入分配效应［J］．数量经济技术经济研究，2014，31（3）：3－19，37．

［107］张勋，万广华，吴海涛．缩小数字鸿沟：中国特色数字金融发展［J］．中国社会科学，2021（8）：35－51，204－205．

［108］张勋，万广华，张佳佳，等．数字经济、普惠金融与包容性增长［J］．经济研究，2019，54（8）：71－86．

［109］赵伟，隋月红．集聚类型、劳动力市场特征与工资—生产率差异［J］．经济研究，2015，50（6）：33－45，58．

［110］周广肃．最低工资制度影响了家庭创业行为吗？——来自中国家庭追踪调查的证据［J］．经济科学，2017（3）：73－87．

［111］周广肃，樊纲，李力行．收入差距、物质渴求与家庭风险金融资产投资［J］．世界经济，2018，41（4）：53－74．

［112］周广肃，樊纲，马光荣．收入不平等对中国家庭可见性支出的影响［J］．财贸经济，2018，39（11）：21－35．

［113］周广肃，樊纲，申广军．收入差距、社会资本与健康水平——基于中国家庭追踪调查（CFPS）的实证分析［J］．管理世界，2014（7）：12－21，51，187．

［114］周广肃，李力行．养老保险是否促进了农村创业［J］．世界经济，2016，39（11）：172－192．

［115］周广肃，李力行，孟岭生．智能化对中国劳动力市场的影响——基于就业广度和强度的分析［J］．金融研究，2021（6）：39－58．

［116］周广肃，李沙浪．消费不平等会引发社会信任危机吗？［J］．浙江社会科学，2016（7）：11－21，53，155．

［117］周慧珺，沈吉，龚六堂．中老年人健康状况与家庭资产配置——基于资产流动性的视角［J］．经济研究，2020，55（10）：193－208．

［118］周晋，劳兰珺．医疗健康问题对居民资产配置的影响［J］．金融研究，2012（2）：61－72．

［119］周利，廖婧琳，张浩．数字普惠金融、信贷可得性与居民贫困减缓——来自中国家庭调查的微观证据［J］．经济科学，2021（1）：145－157．

［120］周铭山，孙磊，刘玉珍. 社会互动、相对财富关注及股市参与［J］. 金融研究，2011（2）：172 – 184.

［121］周钦，袁燕，臧文斌. 医疗保险对中国城市和农村家庭资产选择的影响研究［J］. 经济学（季刊），2015，14（3）：931 – 960.

［122］周兴，张鹏. 代际间的职业流动与收入流动——来自中国城乡家庭的经验研究［J］. 经济学（季刊），2015，14（1）：351 – 372.

［123］宗庆庆，刘冲，周亚虹. 社会养老保险与我国居民家庭风险金融资产投资——来自中国家庭金融调查（CHFS）的证据［J］. 金融研究，2015（10）：99 – 114.

［124］Aaronson D. , French E. Product Market Evidence on the Employment Effects of the Minimum Wage［J］. Journal of Labor Economics, 2007, 25(1)：167 – 200.

［125］Abdullah A. , Doucouliagos H. , Manning E. Does Education Reduce Income Inequality? A Meta – Regression Analysis［J］. Journal of Economic Surveys, 2015, 29(2)：301 – 316.

［126］Acemoglu D. , Restrepo P. Robots and Jobs：Evidence from US Labor Markets［J］. Journal of Political Economy, 2017, 128(6)：2188 – 2244.

［127］Acemoglu D. , Restrepo P. Demographics and Automation［R］. National Bureau of Economic Research Working Paper Series, 2021：24421.

［128］Addison J. T. , Blackburn M. L. , Cotti, C. D. Do Minimum Wages Raise Employment? Evidence from the U. S. Retail – Trade Sector［J］. Labour Economics, 2009, 16(4)：397 – 408.

［129］Aghion P. , Caroli E. , Garcia – Penalosaand C. Inequality and Economic Growth：The Perspective of the New Growth Theories［J］. Journal of Economic Literature, 1999, 37(4)：1615 – 1660.

［130］Aguiar M. , Bils M. Has Consumption Inequality Mirrored Income Inequality?［J］. American Economic Review, 2015, 105(9)：2725 – 2756.

［131］Aidis R. , Estrin S. , Mickiewicz T. Institutions and Entrepreneurship Development in Russia：A Comparative Perspective［J］. Journal of Business Venturing, 2008, 23(6)：656 – 672.

［132］Aiyar S. , Ebeke C. Inequality of Opportunity, Inequality of Income and Economic Growth［J］. World Development, 2020, 136：1 – 10.

［133］Alderson A. S. , Nielsen F. Income Inequality, Development, and

Dependence: A Reconsideration [J]. American Sociological Review, 1999, 64 (4): 606 - 631.

[134] Aldrich H. Organizations and Environments [M]. Englewood Cliffs, NJ: Prentice - Hall, 1979.

[135] Aldrich H., Auster E. R. Even Dwarfs Started Small: Liabilities of Age and Size and Their Strategic Implications [J]. Research in Organizational Behavior, 1986 (8): 165 - 186.

[136] Aldrich H., Fiol C. M. Fools Rush in? The Institutional Context of Industry Creation [J]. Academy of Management Review, 1994, 19(4): 645 - 670.

[137] Aldrich H., Wiedenmayer G. From Traits to Rates: An Ecological Perspective on Organizational Foundings [J]. Advances in Entrepreneurship, Firm Emergence, and Growth, 1993, 1(3): 145 - 196.

[138] Aldrich H., Zimmer C. Entrepreneurship through Social Networks. In D. Sexton, & R. Smilor (Eds.) [M]. The Art and Science of Entrepreneurship (3 - 23). Cambridge, MA: Ballinger, 1986.

[139] Alesina A., La Ferrara E. Who Trusts Others? [J]. Journal of Public Economics, 2002, 85(2): 207 - 234.

[140] Alesina A., Rodrik D. Distributive Politics and Economic Growth [J]. The Quarterly Journal of Economics, 1994, 109(2): 465 - 490.

[141] Angrist J. D., Pischke J. S. Mostly Harmless Econometrics—An Empiricist's Companion [D]. Princeton, NJ: Princeton University, 2009.

[142] Anokhin S., Schulze W. S. Entrepreneurship, Innovation, and Corruption [J]. Journal of Business Venturing, 2009, 24(5): 465 - 476.

[143] Arneson R. Equality and Equal Opportunity of Welfare [J]. Philosophical Studies, 1989, 56(1): 77 - 93.

[144] Arneson R. Four Conceptions of Equal Opportunity [J]. Economic Journal, 2018, 128(612): 152 - 173.

[145] Arntz M., Gregory T., Zierahn U. The Risk of Automation for Jobs in OECD Countries [R]. OECD Social, Employment and Migration Working Papers, 2016: 189.

[146] Assaad R., Krafft C., Roemer J., Salehi-Isfahani D. Inequality of Opportunity in Wages and Consumption in Egypt [J]. Review of Income and

Wealth, 2018, 64: S26 – S54.

[147] Atkinson J. W. An Introduction to Motivation [M]. New York: Van Nostrand, 1964.

[148] Audretsch D. B. Entrepreneurship Capital and Economic Growth [J]. Oxford Review of Economic Policy, 2007, 23(1): 63 – 78.

[149] Autor D. H. Polanyi's Paradox and the Shape of Employment Growth [R]. National Bureau of Economic Research Working Paper Series, 2014: 20485.

[150] Autor D. H. , Dorn D. The Growth of Low – Skill Service Jobs and the Polarization of the US Labor Market [J]. The American Economic Review, 2013, 103(5): 1553 – 1597.

[151] Bagwell L. S. , Bernheim B. D. Veblen Effects in a Theory of Conspicuous Consumption [J]. The American Economic Review, 1996, 86(3): 349 – 373.

[152] Ball R. , Chernova K. Absolute Income, Relative Income, and Happiness [J]. Social Indicators Research, 2008, 88(3): 497 – 529.

[153] Banerjee A. , Duflo E. Inequality and Growth: What Can the Data Say? [J]. Journal of Economic Growth, 2003, 8(3): 267 – 299.

[154] Barber B. M. , Odean T. Boys Will Be Boys: Gender, Overconfidence, and Common Stock Investment [J]. Quarterly Journal of Economics, 2001, 116(1): 261 – 292.

[155] Baron R. A. The Cognitive Perspective: A Valuable Tool for Answering Entrepreneurship's Basic "Why" Questions [J]. Journal of Business Venturing, 2004, 19(2): 221 – 239.

[156] Baron R. A. The Role of Affect in the Entrepreneurial Process [J]. Academy of Management Review, 2008, 33(2): 328 – 340.

[157] Barrett G. F. , Crossley T. F. , Worswick C. Demographic Trends and Consumption Inequality in Australia between 1975 and 1993 [J]. Review of Income and Wealth, 2000, 46(4): 437 – 456.

[158] Barro R. Human Capital and Growth [J]. American Economic Review, 2001, 91(2): 12 – 17.

[159] Bates T. Race, Self – Employment, and Upward Mobility: An Illusive American Dream [M]. Washington, DC & Baltimore, MM: Woodrow

Wilson Center Press, 1997.

［160］ Baumol W. J. , Litan R. E. , Schramm C. J. Good Capitalism, Bad Capitalism and the Economics of Growth and Prosperity ［M］. New Haven, CT: Yale University Press, 2007.

［161］ Becker G. S. , Tomes N. An Equilibrium Theory of the Distribution of Income and Intergenerational Mobility ［J］. Journal of Political Economy, 1979, 87(6): 1153 – 1189.

［162］ Becker G. S. , Tomes N. Human Capital and the Rise and Fall of Families ［J］. Journal of Labor Economics, 1986, 4(3): S1 – S39.

［163］ Begley T. M. , Tan W. L. The Socio – Cultural Environment for Entrepreneurship: A Comparison between East Asian and Anglo – Saxon Countries ［J］. Journal of International Business Studies, 2001, 32(3): 537 – 553.

［164］ Belhaj Hassine N. Inequality of Opportunity in Egypt ［J］. The World Bank Economic Review, 2012, 26(2): 265 – 295.

［165］ Bellemare M. F. , Masaki T. , Pepinsky T. B. Lagged Explanatory Variables and the Estimation of Causal Effect ［J］. Journal of Politics, 2017, 79(3): 949 – 963.

［166］ Benjamin D. , Brandt L. , Giles J. Did Higher Inequality Impede Growth in Rural China? ［J］. The Economic Journal, 2011, 121(12): 1281 – 1309.

［167］ Benzell S. G. , Kotlikoff L. J. , Lagarda G. , Sachs J. D. Robots Are Us: Some Economics of Human Replacement ［R］. National Bureau of Economic Research Working Paper Series, 2015: 20941.

［168］ Berg A. , Buffie E. F. , Zanna L. Robots, Growth, and Inequality: The Robot Revolution Could Have Profound Negative Implications for Equality. ［J］. Finance & Development, 2016, 53(3): 4.

［169］ Berkowitz M. K. , Qiu J. A Further Look at Household Portfolio Choice and Health Status ［J］. Journal of Banking & Finance, 2006, 30(4): 1201 – 1217.

［170］ Bertocchi G. , Brunetti M. , Torricelli C. Marriage and Other Risky Assets: A Portfolio Approach ［J］. Journal of Banking & Finance, 2011, 35(11): 2902 – 2915.

［171］ Birch D. The Job Creation Process ［M］. US Department of Commerce, 1979.

[172] Bishop A. , Formby P. , Smith J. International Comparisons of Income Inequality: Tests for Lorenz Dominance across Nine Countries [J]. Economica, 1991, 58(232): 461 –477.

[173] Blundell R. , Preston I. Consumption Inequality and Income Uncertainty [J]. Quarterly Journal of Economics, 1998, 113(2): 603 –640.

[174] Bosma N. , Acs Z. , Autio E. , Coduras A. , Levie J. Global Entrepreneurship Monitor 2007 Executive Report [M]. London: Global Entrepreneurship Research Association, 2009.

[175] Bourguignon F. , Verdier T. Oligarchy, Democracy, Inequality, and Growth [J]. Journal of Development Economics, 2000, 62(2): 191 –209.

[176] Bourguignon F. , Ferreira F. H. G. , Menéndez M. Inequality of Opportunity in Brazil: A Corrigendum [J]. Review of Income and Wealth, 2013, 59(3): 551 –555.

[177] Bowen H. P. , De Clercq D. Institutional Context and the Allocation of Entrepreneurial Effort [J]. Journal of International Business Studies, 2008, 39(4): 747 –768.

[178] Bowles S. , Gintis H. The Inheritance of Inequality [J]. Journal of Economic Perspectives, 2002, 16(3): 3 –30.

[179] Bruni L. , Stanca L. Watching Alone: Relational Goods, Television and Happiness [J]. Journal of Economic Behavior & Organization, 2008, 65(3): 506 –528.

[180] Brunori P. . The Perception of Inequality of Opportunity in Europe [J]. Review of Income and Wealth, 2017, 63(3): 464 –491.

[181] Bruton G. D. , Ketchen D. J. , Ireland R. D. Entrepreneurship as a Solution to Poverty [J]. Journal of Business Venturing, 2013, 28(6): 683 –689.

[182] Brynjolfsson E. , Hitt L. M. , Kim H. H. Strength in Numbers: How Does Data – Driven Decision – Making Affect Firm Performance? [J]. Social Science Electronic Publishing, 2011: 1819486.

[183] Brynjolfsson E. , Mcafee A. The Second Machine Age: Work, Progress, and Prosperity in a Time of Brilliant Technologies [M]. New York: W. W. Norton & Company, 2014.

[184] Brynjolfsson E. , Mcafee A. , Spence M. New World Order: La-

bor, Capital, and Ideas in the Power Law Economy [J]. Foreign Affairs, 2014, 93(4): 44 - 53.

[185] Busenitz L. W. , Barney J. B. Differences between Entrepreneurs and Managers in Large Organizations: Biases and Heuristics in Strategic Decision - Making [J]. Journal of Business Venturing, 1997, 12(1): 9 - 30.

[186] Busenitz L. W. , Gomez C. , Spencer J. W. Country Institutional Profiles: Unlocking Entrepreneurial Phenomena [J]. Academy of Management Journal, 2000, 43(5): 994 - 1003.

[187] Calvet L. E. , Campbell J. Y. , Sodini P. Down or Out: Assessing the Welfare Costs of Household Investment Mistakes [J]. Journal of Political Economy, 2007, 115(5): 707 - 747.

[188] Cameron A. C. , Miller D. L. A Practitioner's Guide to Cluster - Robust Inference [J]. Journal of Human Resources, 2015, 50(2): 317 - 372.

[189] Campbell J. Y. Household Finance [J]. Journal of Finance, 2006, 61(4): 1553 - 1604.

[190] Campbell J. Y. , Viceira L. M. Who Should Buy Long - Term Bonds? [J]. The American Economic Review, 2001, 91(1): 99 - 127.

[191] Campolieti M. , Gunderson M. , Lee B. The (Non) Impact of Minimum Wages on Poverty: Regression and Simulation Evidence for Canada [J]. Journal of Labor Research, 2012, 33(3): 287 - 302.

[192] Capelleras J. L. , Mole K. F. , Greene F. J. , Storey D. J. Do More Heavily Regulated Economies Have Poorer Performing New Ventures? Evidence from Britain and Spain [J]. Journal of International Business Studies, 2008, 39(4): 688 - 704.

[193] Cardak B. A. , Wilkins R. The Determinants of Household Risky Asset Holdings: Australian Evidence on Background Risk and Other Factors [J]. Journal of Banking & Finance, 2009, 33(5): 850 - 860.

[194] Carsrud A. , Brännback M. Entrepreneurial Motivations: What Do We Still Need to Know? [J]. Journal of Small Business Management, 2011, 49(1): 9 - 26.

[195] Case J. The Wonderland Economy [J]. Inc. State of Small Business, 1995, v17(n7): 14 - 29.

[196] Chai J. , Maurer R. , Mitchell O. S. , Rogalla R. Lifecycle Im-

pacts of the Financial and Economic Crisis on Household Optimal Consumption, Portfolio Choice, and Labor Supply [DB/OL]. National Bureau of Economic Research, 2011: w17134.

[197] Chamon M. D. , Prasad E. S. Why Are Saving Rates of Urban Households in China Rising [J]. American Economic Journal: Macroeconomics, 2010, 2(1): 93 – 130.

[198] Checchi D. , Peragine V. Inequality of Opportunity in Italy [J]. Journal of Economic Inequality, 2010, 8(4): 429 – 450.

[199] Chen J. , Deng L. Financing Affordable Housing through Compulsory Saving: The Two – Decade Experience of Housing Provident Fund in China [J]. Housing Studies, 2014, 29(7): 937 – 958.

[200] Chen L. From Fintech to Finlife: The Case of Fintech Development in China [J]. China Economic Journal, 2016, 9(3): 225 – 239.

[201] Chen X. , Zhang X. B. Costly Posturing: Relative Status, Ceremonies and Early Child Development [C]. Paper Presented at the NBER China Group Meeting, Oct. 1 – 2, Boston, 2011.

[202] Chen Y. , Guo Y. , Huang J. , Song Y. Intergenerational Transmission of Education in China: New Evidence from the Chinese Cultural Revolution [J]. Review of Development Economics, 2019, 23(1): 501 – 527.

[203] Chetty R. , Hendren N. , Kline P. , Saez E. Where is the Land of Opportunity? The Geography of Intergenerational Mobility in the United States [J]. Quarterly Journal of Economics, 2014, 129 (4): 1553 – 1623.

[204] Cheung F. , Lucas R. E. Income Inequality is Associated with Stronger Social Comparison Effects: The Effect of Relative Income on Life Satisfaction [J]. Journal of Personality and Social Psychology, 2016, 110(2): 332 – 341.

[205] Chi W. , Qian X. Human Capital Investment in Children: An Empirical Study of Household Child Education Expenditure in China: 2007 and 2011 [J]. China Economic Review, 2016, 37: 52 – 65.

[206] Chrisman J. J. , Bauerschmidt A. , Hofer C. W. The Determinants of New Venture Performance: An Extended Model [J]. Entrepreneurship Theory and Practice, 1998, 23(1): 5 – 30.

[207] Christelis D. , Georgarakos D. , Haliassos M. Differences in Port-

folios across Countries: Economic Environment Versus Household Characteristics [J]. Review of Economics and Statistics, 2013, 95(1): 220 – 236.

[208] Christelis D. , Jappelli T. , Padula M. Cognitive Abilities and Portfolio Choice [J]. European Economic Review, 2010, 54(1): 18 – 38.

[209] Cocco J. F. Portfolio Choice in the Presence of Housing [J]. Review of Financial Studies, 2005, 18(2): 535 – 567.

[210] Cocco J. F. , Gomes F. J. , Maenhout P. J. Consumption and Portfolio Choice over the Life Cycle [J]. Review of Financial Studies, 2005, 18(2): 491 – 533.

[211] Collins C. J. , Hanges P. J. , Locke E. A. The Relationship of Achievement Motivation to Entrepreneurial Behavior: A Meta – Analysis [J]. Human Performance, 2004, 17(1): 95 – 117.

[212] Corak M. Income Inequality, Equality of Opportunity, and Intergenerational Mobility [J]. Journal of Economic Perspectives, 2013, 27(3): 79 – 102.

[213] Corneo G. , Jeanne O. Conspicuous Consumption, Snobbism and Conformism [J]. Journal of Public Economics, 1997, 66(1): 55 – 71.

[214] Corneo G. , Jeanne O. Social Organization, Status and Savings Behavior [J]. Journal of Public Economics, 1998, 70(1): 37 – 51.

[215] Corneo G. , Jeanne O. Social Organization in an Endogenous Growth Model [J]. International Economic Review, 1999, 40(3): 711 – 725.

[216] Cornia G. A. , Addison T. , Kiiski S. Income Distribution Changes and Their Impact in the Post – World War Ⅱ Period. In Cornia, G. A. (Ed.) [M]. Inequality Growth and Poverty in an Era of Liberalization and Globalization. Oxford: Oxford University Press, 2003.

[217] Dahl M. W. , Deleire T. The Association between Children's Earnings and Fathers' Lifetime Earnings: Estimates Using Administrative Data [R]. University of Wisconsin – Madison, Institute for Research on Poverty Discussion Paper, 2008: 1342 – 1308.

[218] Dahl G. B. , Lochner L. The Impact of Family Income on Child Achievement: Evidence from the Earned Income Tax Credit [J]. American Economic Review, 2012, 102(5): 1927 – 1956.

[219] Danzer A. M. , Dietz B. , Gatskova K. , Schmillen A. Showing

Off to the New Neighbors? Income, Socioeconomic Status and Consumption Patterns of Internal Migrants [J]. Journal of Comparative Economics, 2014, 42(1): 230 – 245.

[220] David Benjamin. Computer Technology and Probable Job Destructions in Japan: An Evaluation [J]. Journal of the Japanese & International Economies, 2017, 43: 77 – 87.

[221] Davidsson P., Honig B. The Role of Social and Human Capital among Nascent Entrepreneurs [J]. Journal of Business Venturing, 2003, 18(3): 301 – 331.

[222] Davidsson P., Wiklund J. Levels of Analysis in Entrepreneurship Research: Current Research Practice and Suggestions for the Future [J]. Entrepreneurship Theory and Practice, 2001, 25(4): 81 – 100.

[223] Davis M. H., Norman A. R. Portfolio Selection with Transaction Costs [J]. Mathematics of Operations Research, 1990, 15(4): 676 – 713.

[224] Decanio S. J. Robots and Humans – Complements or Substitutes? [J]. Journal of Macroeconomics, 2016, 49: 280 – 291.

[225] Demarzo P. M., Kaniel R., Kremer I. Diversification as a Public Good: Community Effects in Portfolio Choice [J]. Journal of Finance, 2004, 59(4): 1677 – 1716.

[226] Deng Q., Xue J. Multivariate Tobit System Estimation of Education Expenditure in Urban China [J]. The Singapore Economic Review, 2014, 59(1): 1 – 14.

[227] Deng Q., Gustafsson B. O. R., Li S. Intergenerational Income Persistence in Urban China [J]. Review of Income and Wealth, 2013, 59(3): 416 – 436.

[228] Diamond P. A., Orszag P. R. Saving Social Security [J]. Journal of Economic Perspectives, 2005, 19(2): 11 – 32.

[229] Dittrich M., Knabe A., Leipold K. Spillover Effects of Minimum Wages in Experimental Wage Negotiations [J]. CESifo Economic Studies, 2014, 60(4): 780 – 804.

[230] Docquier F., Paddison O. Social Security Benefit Rules, Growth and Inequality [J]. Journal of Macroeconomics, 2003, 25(1): 47 – 71.

[231] Duarte J., Siegel S., Young L. Trust And Credit: The Role of

Appearance In Peer – To – Peer Lending [J]. Review Of Financial Studies, 2012, 25(8): 2455 –2484.

[232] Dube A. , Lester T. W. , Reich M. Minimum Wage Effects across State Borders: Estimates Using Contiguous Counties [J]. Institute for Research on Labor & Employment Working Paper, 2010, 92(4): 945 –964.

[233] Dube A. , Naidu S. , Reich M. The Economic Effects of a City-wide Minimum Wage [J]. ILR Review, 2007, 60(4): 522 –543.

[234] Duesenberry J. S. Income, Saving, and the Theory of Consumer Behavior [M]. Harvard: Cambridge, 1949.

[235] Dworkin R. What Is Equality? Part 2: Equality of Resources [J]. Philosophy and Public Affairs, 1981, 10(4): 283 –345.

[236] Easterlin R. A. Does Economic Growth Improve the Human Lot? Some Empirical Evidence [J]. Nations and Households in Economic Growth, 1974, 89: 89 –125.

[237] Eibner C. , Evans W. N. Relative Deprivation, Poor Health Habits, and Mortality [J]. Journal of Human Resources, 2005, 40(3): 591 –620.

[238] Eichholtz P. , Lindenthal T. Demographics, Human Capital, and the Demand for Housing [J]. Journal of Housing Economics, 2014, 26: 19 – 32.

[239] Falk A. , Fehr E. , Zehnder C. Fairness Perceptions and Reservation Wages—The Behavioral Effects of Minimum Wage Laws [J]. The Quarterly Journal of Economics, 2006, 121(4): 1347 –1381.

[240] Fan Y. , Yi J. , Zhang J. Rising Intergenerational Income Persistence in China [J]. American Economic Journal: Economic Policy, 2021, 13(1): 202 –230.

[241] Fang H. , Gu Q. , Xiong W. , Zhou L. A. Demystifying the Chinese Housing Boom [J]. NBER Macroeconomics Annual, 2016, 30 (1): 105 –166.

[242] Feldstein M. Social Security, Induced Retirement, and Aggregate Capital Accumulation [J]. Journal of Political Economy, 1974, 82 (5): 905 –926.

[243] Feng W. Housing Improvement and Distribution in Urban China: Initial Evidence from China's 2000 Census [J]. China Review, 2003, 3(2):

121 – 143.

[244] Ferreira F. H. G. Education for the Masses? The Interaction Between Wealth, Educational and Political Inequalities [J]. Economics of Transition, 2001, 9(2): 533 – 552.

[245] Ferreira F. H. G. , Gignoux J. The Measurement of Inequality of Opportunity: Theory and an Application to Latin America [J]. Review of Income and Wealth, 2011, 57(4): 622 – 657.

[246] Ferreira F. H. G. , Lakner C. , Lugo M. A. , Ozler B. Inequality of Opportunity and Economic Growth: How Much Can Cross-Country Regressions Really Tell Us? [J]. Review of Income and Wealth, 2017, 64(4): 800 – 827.

[247] Ferrer – i – Carbonell A. Income and Well – Being: An Empirical Analysis of The Comparison Income Effect [J]. Journal of Public Economics, 2005, 89(5): 997 – 1019.

[248] Festinger L. A Theory of Social Comparison Processes [J]. Human Relations, 1954, 7(2): 117 – 140.

[249] Fisher J. , Johnson D. , Smeeding T. Measuring the Trends in Inequality of Individuals and Families: Income and Consumption [J]. American Economic Review, 2013, 103(3): 184 – 188.

[250] Fleck S. , Glaser J. , Sprague S. The Compensation – Productivity Gap: A Visual Essay [J]. Monthly Labor Review, 2011, 134(1): 57 – 69.

[251] Flinn C. J. Minimum Wage Effects on Labor Market Outcomes under Search, Matching, and Endogenous Contact Rates [J]. Econometrica, 2006, 74(4): 1013 – 1062.

[252] Frank R. H. Positional Externalities Cause Large and Preventable Welfare Losses [J]. American Economic Review Papers and Proceedings, 2005, 95 (2): 137 – 141.

[253] Frank R. H. Should Public Policy Response to Positional Externalities? [J]. Journal of Public Economics, 2008, 92 (8 – 9): 1777 – 1786.

[254] Frey C. B. , Osborne M. A. The Future of Employment: How Susceptible Are Jobs to Computerisation? [J]. Technological Forecasting and Social Change, 2017, 114(1): 254 – 280.

[255] Frey C. , Osborne M. , Holmes C. Technology at Work v2. 0: The Future is not What it Used to Be [R]. Oxford: Oxford Martin School and Citi

GPS, 2016, 155.

[256] Furman J. , Seamans R. AI and the Economy [J]. Innovation Policy and the Economy, 2019, 19(1): 161 – 191.

[257] Gaglio C. M. , Katz J. A. The Psychological Basis of Opportunity Identification: Entrepreneurial Alertness [J]. Small Business Economics, 2001, 16(2): 95 – 111.

[258] Galor O. , Zeira J. Income Distribution and Macroeconomics [J]. Review of Economic Studies, 1993, 60: 35 – 52.

[259] Gao Z. , Zeng Z. Economic Development and Consumption Inequality: Evidence and Theory [R]. Working Paper, Princeton University and Monash University, 2010.

[260] George G. , Prabhu G. N. Developmental Financial Institutions as Catalysts of Entrepreneurship in Emerging Economies [J]. Academy of Management Review, 2000, 25(3): 620 – 629.

[261] George G. , Zahra S. A. Culture and its Consequences for Entrepreneurship [J]. Entrepreneurship: Theory and Practice, 2002, 26(4): 5 – 9.

[262] Giuliano L. Minimum Wage Effects on Employment, Substitution, and the Teenage Labor Supply: Evidence from Personnel Data [J]. Journal of Labor Economics, 2013, 31(1): 155 – 194.

[263] Glomm G. , Kaganovich M. Social Security, Public Education and the Growth—Inequality Relationship [J]. European Economic Review, 2008, 52(6): 1009 – 1034.

[264] Gong H. , Leigh A. , Meng X. Intergenerational Income Mobility in Urban China [J]. Review of Income and Wealth, 2012, 58(3): 481 – 503.

[265] Gonzalez L. , Ortega F. Immigration and Housing Booms: Evidence from Spain [J]. Journal of Regional Science, 2013, 53(1): 37 – 59.

[266] Goos M. , Manning A. Lousy and Lovely Jobs: The Rising Polarization of Work in Britain [J]. The Review of Economics and Statistics, 2007, 89(1): 118 – 133.

[267] Graetz G. , Michaels G. , Others. Robots at Work: The Impact on Productivity and Jobs [R]. IZA Discussion Paper, 2015: 8938.

[268] Grawe N. D. Reconsidering the Use of Nonlinearities in Intergenerational Earnings Mobility as a Test for Credit Constraints [J]. Journal of Hu-

man Resources, 2004, 39(3): 813 – 827.

［269］ Grinblatt M. , Keloharju M. , Linnainmaa J. IQ and Stock Market Participation ［J］. Journal of Finance, 2011, 66(6): 2121 – 2164.

［270］ Grossman J. , Tarazi M. Serving Smallholder Farmers: Recent Developments in Digital Finance ［R］. CGAP, 2014.

［271］ Guiso L. , Paiella M. Risk Aversion, Wealth, and Background Risk ［J］. Journal of The European Economic Association, 2008, 6(6): 1109 – 1150.

［272］ Guiso L. , Sapienza P. , Zingales L. The Role of Social Capital in Financial Development ［J］. American Economic Review, 2004, 94 (3): 526 – 556.

［273］ Guiso L. , Sapienza P. , Zingales L. Trusting the Stock Market ［J］. The Journal of Finance, 2008, 63(6): 2557 – 2600.

［274］ Gustafsson B. , Li S. Expenditures on Education and Health Care and Poverty in Rural China ［J］. China Economic Review, 2004, 15(3): 292 – 301.

［275］ Gustavsson M. , Jordahl H. Inequality and Trust in Sweden: Some Inequalities are More Harmful than Others ［J］. Journal of Public Economics, 2008, 92(1): 348 – 365.

［276］ Gutter M. S. , Fontes A. Racial Differences in Risky Asset Ownership: A Two – Stage Model of the Investment Decision – Making Process ［J］. Journal of Financial Counseling And Planning, 2006, 17(2): 64 – 78.

［277］ Guvenen F. , Kuruscu B. , Ozkan S. Taxation of Human Capital and Wage Inequality: A Cross – Country Analysis ［J］. Review of Economic Studies, 2014, 812(287): 818 – 850.

［278］ Haider S. , Solon G. Life – Cycle Variation in the Association between Current and Lifetime Earnings ［J］. American Economic Review, 2006, 96(4): 1308 – 1320.

［279］ He L. , Sato H. Income Redistribution in Urban China by Social Security System—An Empirical Analysis Based on Annual and Lifetime Income ［J］. Contemporary Economic Policy, 2013, 31(2): 314 – 331.

［280］ Hashimoto K. , Heath J. A. Income Elasticities of Educational Expenditure by Income Class: The Case of Japanese Households ［J］. Economics of Education Review, 1995, 14(1): 53 –71.

[281] Hassine N. Inequality of Opportunity in Egypt [J]. World Bank Economic Review, 2012, 26(2): 265 –295.

[282] Hemous D. , Olsen M. The Rise of the Machines: Automation, Horizontal Innovation and Income Inequality [R]. CEPR Discussion Papers, 2014: 10244.

[283] Heshmati A. , Biwei S. U. Analysis of Gender Wage Differential in China's Urban Labor Market [J]. Singapore Economic Review, 2017, 62(2): 423 –445.

[284] Higgins M. , Williamson J. Explaining Inequality the World Round: Cohort Size, Kuznets Curves, and Openness [R]. Staff Reports 79, Federal Reserve Bank of New York, 1999.

[285] Hin L. L. Urban Land Reform in China [M]. New York: Springer, 1999: 85 –127.

[286] Housing U. S. D. O. The National Homeownership Strategy: Partners in the American Dream [M]. Washington, D. C. : Us Department of Housing and Urban Development, 1995.

[287] Hong H. , Kubik J. D. , Stein J. C. Social Interaction and Stock – Market Participation [J]. The Journal of Finance, 2004, 59(1): 137 –163.

[288] Hoskisson R. E. , Covin J. , Volberda H. W. , Johnson R. A. Revitalizing Entrepreneurship: The Search for New Research Opportunities [J]. Journal of Management Studies, 2011, 48(6): 1141 –1168.

[289] Huang Y. A Room of One's Own: Housing Consumption and Residential Crowding in Transitional Urban China [J]. Environment and Planning A: Economy and Space, 2003, 35(4): 591 –614.

[290] Huang Y. , Clark W. Housing Tenure Choice in Transitional Urban China: A Multilevel Analysis [J]. Urban Studies, 2002, 39(1): 7 –32.

[291] Hubbard R. G. , Judd K. L. Social Security and Individual Welfare: Precautionary Saving, Borrowing Constraints, and The Payroll Tax [J]. American Economic Review, 1987, 77(4): 630 –644.

[292] Hubbard R. G. , Skinner J. , Zeldes S. P. Precautionary Saving and Social Insurance [J]. Journal of Political Economy, 1995, 103 (2): 360 –399.

[293] Hyman H. The Psychology of Subjective Status [J]. Psychological Bulletin, 1942, 39: 473 – 474.

[294] Inglehart R. F. Culture Shift in Advanced Industrial Society [M]. Princeton, NJ: Princeton University Press, 1990.

[295] Ireland R. D. , Hitt M. A. , Sirmon D. G. A Model of Strategic Entrepreneurship: The Construct and Its Dimensions [J]. Journal of Management, 2003, 29(6): 963 – 989.

[296] Jiang G. , He X. , Qu Y. , Zhang R. , Meng Y. Functional Evolution of Rural Housing Land: A Comparative Analysis across Four Typical Areas Representing Different Stages of Industrialization in China [J]. Land Use Policy, 2016, 57: 645 – 654.

[297] Jappelli T. , Pistaferri L. Does Consumption Inequality Track Income Inequality in Italy? [J]. Review of Economic Dynamics, 2010, 13(1): 133 – 153.

[298] Jenkins S. P. Distributionally – Sensitive Inequality Indices and the Gb2 Income Distribution [J]. Review of Income and Wealth, 2009, 55(2): 392 – 398.

[299] Jin Y. , Li H. , Wu B. Income Inequality, Consumption, and Social – Status Seeking [J]. Journal of Comparative Economics, 2011, 39(2): 191 – 204.

[300] Kaganovich M. , Zilcha I. Pay – As – You – Go or Funded Social Security? A General Equilibrium Comparison [J]. Journal of Economic Dynamics & Control, 2012, 36(4): 455 – 467.

[301] Kanbur R. , Wagstaff A. Inequality of Opportunity: Reply to Pedro Rosa Dias and Erik Schokkaert [J]. Health Economics, 2015, 24(10): 1253 – 1255.

[302] Kapoor A. Financial Inclusion and the Future of the Indian Economy [J]. Futures, 2014, 56: 35 – 42.

[303] Karabarbounis L. , Neiman B. The Global Decline of the Labor Share [J]. The Quarterly Journal of Economics, 2014, 129(1): 61 – 104.

[304] Kaus W. Conspicuous Consumption and "Race": Evidence from South Africa [J]. Journal of Development Economics, 2013, 100(1): 63 – 73.

[305] Kawachi I. , Kennedy B. P. Income Inequality and Health: Path-

ways and Mechanisms [J]. Health Services Research, 1999, 34: 215 – 217.

[306] Khamis M. , Prakash N. , Siddique Z. Consumption and Social Identity: Evidence from India [J]. Journal of Economic Behavior & Organization, 2012, 83(3): 353 – 371.

[307] Kulik C. T. , Ambrose M. L. Personal and Situational Determinants of Referent Choice [J]. Academy of Management Review, 1992, 17(2): 212 – 237.

[308] Kuznets S. Economic Growth and Income Inequality [J]. American Economic Review, 1955, 45(1): 1 – 28.

[309] Lazear E. P. Allocation of Income within the Household [M]. Chicago, IL: University of Chicago Press, 1988.

[310] Lee D. S. Wage Inequality in the United States during the 1980S: Rising Dispersion or Falling Minimum Wage? [J]. The Quarterly Journal of Economics, 1999, 114(3): 977 – 1023.

[311] Lee D. , Saez E. Optimal Minimum Wage Policy in Competitive Labor Markets [J]. Journal of Public Economics, 2012, 96(9 – 10): 739 – 749.

[312] Lee S. H. , Peng M. W. , Barney J. B. Bankruptcy Law and Entrepreneurship Development: A Real Options Perspective [J]. Academy of Management Review, 2007, 32(1): 257 – 272.

[313] Lefgren L. , Sims D. , Lindquist M. J. Rich Dad, Smart Dad: Decomposing the Intergenerational Transmission of Income [J]. Journal of Political Economy, 2012, 120(2): 268 – 303.

[314] Lefranc A. , Pistolesi N. , Trannoy A. Inequality of Opportunities vs. Inequality of Outcomes: Are Western Societies All Alike? [M]. Colchester: Institute for Social and Economic Research, University of Essex, 2005.

[315] Lefranc A. , Pistolesi N. , Trannoy A. Equality of Opportunity and Luck: Definitions and Testable Conditions, with an Application to Income in France [J]. Journal of Public Economics, 2009, 93(11): 1189 – 1207.

[316] Leibenstein H. Entrepreneurship and Development [J]. American Economic Review, 1968, 58(2): 72 – 83.

[317] Leibowitz A. Home Investments in Children [J]. Journal of Political Economy, 1974, 82(2): 111 – 131.

[318] Leigh A. Does Equality Lead to Fraternity? [J]. Economics Let-

ters, 2006, 93(1): 121 –125.

[319] Lemos S. Minimum Wage Effects across the Private and Public Sectors in Brazil [J]. The Journal of Development Studies, 2007, 43(4): 700 –720.

[320] Lemos S. Minimum Wage Effects in a Developing Country [J]. Labour Economics, 2009, 16(2): 224 –237.

[321] Leviej. , Autio E. Regulatory Burden, Rule of Law, and Entry of Strategic Entrepreneurs: An International Panel Study [J]. Journal of Management Studies, 2011, 48(6): 1392 –1419.

[322] Li H. , Huang X. , Kwan M. P. , Bao H. X. , Jefferson S. Changes in Farmers' Welfare from Land Requisition in the Process of Rapid Urbanization [J]. Land Use Policy, 2015, 42: 635 –641.

[323] Li H. , Li L. , Wu B. , Xiong Y. The End of Cheap Chinese Labor [J]. Journal of Economic Perspectives, 2012, 26(4): 57 –74.

[324] Li L. , Wu X. Housing Price and Entrepreneurship in China [J]. Journal of Comparative Economics, 2014, 42(2): 436 –449.

[325] Li S. , Wan H. Evolution of Wealth Inequality in China [J]. China Economic Journal, 2015, 8(3): 264 –287.

[326] Liang W. , Lu M. , Zhang H. . Housing Prices Raise Wages: Estimating the Unexpected Effects of Land Supply Regulation in China [J]. Journal of Housing Economics, 2016, 33: 70 –81.

[327] Lim D. S. , Morse E. A. , Mitchell R. K. , Seawright K. K. Institutional Environment and Entrepreneurial Cognitions: A Comparative Business Systems Perspective [J]. Entrepreneurship Theory and Practice, 2010, 34(3): 491 –516.

[328] Lippmann S. , Davis A. , Aldrich H. E. Entrepreneurship and Inequality [J]. Research in the Sociology of Work, 2005, 15: 3 –31.

[329] Locke E. A. Motivation, Cognition and Action: An Analysis of Studies of Task Goals and Knowledge [J]. Applied Psychology: An International Review, 2000, 49(3): 408 –429.

[330] Lordan G. , Neumark D. People Versus Machines: The Impact of Minimum Wages on Automatable Jobs [J]. Labour Economics, 2018, 52(6): 40 –53.

[331] Lucas R. On the Mechanics of Economic Development [J]. Journal of Monetary Economics, 1988, 22(1): 3 – 42.

[332] Lustig N., Pessino C., Scott J. The Impact of Taxes and Social Spending on Inequality and Poverty in Argentina, Bolivia, Brazil, Mexico, Peru, and Uruguay: Introduction to the Special Issue [J]. Public Finance Review, 2014, 42(3): 287 – 303.

[333] Machin S., Manning A., Rahman L. Where the Minimum Wage Bites Hard: Introduction of Minimum Wages to a Low Wage Sector [J]. Journal of the European Economic Association, 2003, 1(1): 154 – 180.

[334] Mak S. W. K., Choy L. H. T., Ho W. K. O. Privatization, Housing Conditions and Affordability in the People's Republic of China [J]. Habitat International, 2007, 31(2): 177 – 192.

[335] Mankiw G., Romer D., Weil D. A Contribution to the Empirics of Economic Growth [J]. Quarterly Journal of Economics, 1992, 107 (2): 407 – 438.

[336] Manning A. How Do We Know that Real Wages Are too High? [J]. The Quarterly Journal of Economics, 1995, 110(4): 1111 – 1125.

[337] Manyika J., Chui M., Miremadi M., Bughin J., George K., Willmott P., Dewhurst M. A Future That Works: Automation, Employment, and Productivity [R]. San Francisco: McKinsey Global Institute, 2017: 119 – 135

[338] Markowitz H. Portfolio Selection [J]. Journal of Finance, 1952, 7(1): 77 – 91.

[339] Marrero G. A., Rodríguez J. G. Inequality of Opportunity in Europe [J]. Review of Income and Wealth, 2012, 58(4): 597 – 621.

[340] Marrero G. A., Rodríguez J. G. Inequality of Opportunity and Growth [J]. Journal of Development Economics, 2013, 104: 107 – 122.

[341] Matlack J. L., Vigdor J. L. Do Rising Tides Lift All Prices? Income Inequality and Housing Affordability [J]. Journal of Housing Economics, 2008, 17(3): 212 – 224.

[342] Mauldin T., Mimura Y., Lino M. Parental Expenditures on Children's Education [J]. Journal of Family and Economic Issues, 2001, 22(3): 221 – 241.

[343] Mayer S. E. , Lopoo L. M. Government Spending and Intergenerational Mobility [J]. Journal of Public Economics, 2008, 92(1 −2): 139 −158.

[344] Mcclelland D. C. Achieving Society [M]. Princeton, N J: Van Nostrand, 1961.

[345] Mcclelland D. C. , Winter D. G. Motivating Economic Achievement [M]. New York: Free Press, 1969.

[346] Mejía D. , St −Pierre M. Unequal Opportunities and Human Capital Formation [J]. Journal of Development Economics, 2008, 86 (2): 395 −413.

[347] Meng X. Unemployment, Consumption Smoothing, and Precautionary Saving in Urban China [J]. Journal of Comparative Economics, 2003, 31(3): 465 −485.

[348] Meng X. , Gregory R. , Wang Y. Poverty, Inequality, and Growth in Urban China: 1986 −2000 [J]. Journal of Comparative Economics, 2005, 33: 710 −729.

[349] Merton R. C. Lifetime Portfolio Selection under Uncertainty: The Continuous −Time Case [J]. The Review of Economics and Statistics, 1969, 51(3): 247 −257.

[350] Michaels G. , Natraj A. , Reenen J. V. Has ICT Polarized Skill Demand? Evidence from Eleven Countries over 25 Years [J]. The Review of Economics and Statistics, 2014, 96(1): 60 −77.

[351] Michalos A. C. Global Report on Student Well −Being, Volume 1: Life Satisfaction and Happiness [R]. New York: Springer, 1991.

[352] Minniti M. The Role of Government Policy on Entrepreneurial Activity: Productive, Unproductive, or Destructive? [J]. Entrepreneurship Theory and Practice, 2008, 32(5): 779 −790.

[353] Mitchell R. K. , Smith B. , Seawright K. W. , Morse E. A. Cross −Cultural Cognitions and The Venture Creation Decision [J]. Academy of Management Journal, 2000, 43(5): 974 −993.

[354] Mokyr J. , Vickers C. , Ziebarth N. L. The History of Technological Anxiety and the Future of Economic Growth: Is This Time Different? [J]. The Journal of Economic Perspectives, 2015, 29(3): 31 −50.

[355] Neumark D. , Wascher W. Minimum Wages, Labor Market Insti-

tutions, and Youth Employment: A Cross-National Analysis [J]. ILR Review, 2004, 57(2): 223 – 248.

[356] Oishi S., Kesebir S., Diener E. Income Inequality and Happiness [J]. Psychological Science, 2011, 22(9): 1095 – 1100.

[357] Palich L. E., Bagby D. R. Using Cognitive Theory to Explain Entrepreneurial Risk-Taking: Challenging Conventional Wisdom [J]. Journal of Business Venturing, 1995, 10(6): 425 – 438.

[358] Payne J. W., Laughhunn D. J., Crum R. Translation of Gambles and Aspiration Level Effects in Risky Choice Behavior [J]. Management Science, 1980, 26(10): 1039 – 1060.

[359] Persson T., Tabellini G. Is Inequality Harmful for Growth? [J]. American Economic Review, 1994, 84(3): 600 – 621.

[360] Phan P. H. Entrepreneurship Theory: Possibilities and Future Directions [J]. Journal of Business Venturing, 2004, 19(5): 617 – 620.

[361] Piketty T. Capital in the Twenty – First Century [M]. Cambridge, MA: Harvard University Press, 2014.

[362] Poterba J. M. Taxation, Risk – Taking, and Household Portfolio Behavior [J]. Handbook of Public Economics, 2002(3): 1109 – 1171.

[363] Qian J. X., Smyth R. Educational Expenditure in Urban China: Income Effects, Family Characteristics and the Demand for Domestic and Overseas Education [J]. Applied Economics, 2010, 43(24): 3379 – 3394.

[364] Quillian L., Lee J. J., Honoré B. Racial Discrimination in the Us Housing and Mortgage Lending Markets: A Quantitative Review of Trends, 1976—2016 [J]. Race and Social Problems, 2020, 12(1): 13 – 28.

[365] Ramos X., Gaer D. Approaches to Inequality of Opportunity: Principles, Measures and Evidence [J]. Journal of Economic Surveys, 2016, 30 (5): 855 – 883.

[366] Reynolds P. D., Hay M., Bygrave W. D., Camp M., Autio E. Global Entrepreneurship Monitor: 2002 Global Executive Report [R]. Kansas City, MO: Kauffman Foundation, 2002.

[367] Rodrik D. Premature Deindustrialization [J]. Journal of Economic Growth, 2016, 21(1): 1 – 33.

[368] Roemer J. Equality of Opportunity [M]. Cambridge: Harvard

University Press, 1998.

[369] Roemer J. E., Trannoy A. Equality of Opportunity: Theory and Measurement [J]. Journal of Economic Literature, 2016, 54(4): 1288 - 1332.

[370] Rosen H. S., Wu S. Portfolio Choice and Health Status [J]. Journal of Financial Economics, 2004, 72(3): 457 - 484.

[371] Ross S. A. Mutual Fund Separation in Financial Theory - The Separating Distributions [J]. Journal of Economic Theory, 1978, 17(2): 254 - 286.

[372] Samuelson P. A. Lifetime Portfolio Selection by Dynamic Stochastic Programming [J]. Review of Economics and Statistics, 1969, 51(3): 239 - 246.

[373] Schendel D., Hitt M. A. Introduction to Volume 1 [J]. Strategic Entrepreneurship Journal, 2007(1): 1 - 6.

[374] Schor J. B. The Overspent American [M]. New York: Basic Books, 1998.

[375] Schumpeter J. A. The Theory of Economic Development [M]. Cambridge, MA: Harvard University Press, 1934.

[376] Sen, A. Commodities and Capabilities [M]. Oxford: Oxford University Press, 1988.

[377] Shane, S. Cultural Influences on National Rates of Innovation [J]. Journal of Business Venturing, 1993, 8(1): 59 - 73.

[378] Shane S., Venkataraman S. The Promise of Entrepreneurship as a Field of Research [J]. Academy of Management Review, 2000, 25(1): 217 - 226.

[379] Shane S., Locke E. A., Collins C. J. Entrepreneurial Motivation [J]. Human Resource Management Review, 2003, 13(2): 257 - 279.

[380] Sharpe W. F. A Simplified Model for Portfolio Analysis [J]. Management Science, 1963, 9(2): 277 - 293.

[381] Shen X., Huang X., Li H., Li Y., Zhao X. Exploring the Relationship between Urban Land Supply and Housing Stock: Evidence from 35 Cities in China [J]. Habitat International, 2018, 77: 80 - 89.

[382] Shorrocks A. F. Inequality Decomposition by Population Subgroups [J]. Econometrica, 1984, 52(6): 1369 - 1385.

[383] Shum P., Faig M. What Explains Household Stock Holdings? [J]. Journal of Banking & Finance, 2006, 30(9): 2579 – 2597.

[384] Simon H. A. Theories of Decision – Making in Economics and Behavioral Science [J]. American Economic Review, 1959, 49(3): 253 – 283.

[385] Sinn H. Why a Funded Pension System is Needed and Why It is Not Needed [J]. International Tax and Public Finance, 2000, 7(4 – 5): 389 – 410.

[386] Soares F. A. B. V., Ribas R. P., Osório R. G. Evaluating the Impact of Brazil's Bolsa Familia: Cash Transfer Programs in Comparative Perspective [J]. Latin American Research Review, 2010, 45(2): 173 – 190.

[387] Solon G. Intergenerational Income Mobility in the United States [J]. American Economic Review, 1992, 82(3): 393 – 408.

[388] Song J. Official Relocation and Self – Help Development: Three Housing Strategies under Ambiguous Property Rights in China's Rural Land Development [J]. Urban Studies, 2015, 52(1): 121 – 137.

[389] Song Y. Poverty Reduction in China: The Contribution of Popularizing Primary Education [J]. China & World Economy, 2012, 20(1): 105 – 122.

[390] Song Y. Rising Chinese Regional Income Inequality: The Role of Fiscal Decentralization [J]. China Economic Review, 2013, 27(27): 294 – 309.

[391] Song Y. What Should Economists Know about the Current Chinese Hukou System? [J]. China Economic Review 2014, 29: 200 – 212.

[392] Song Y. Hukou – Based Labour Market Discrimination and Ownership Structure in Urban China [J]. Urban Studies, 2016, 53(8): 1657 – 1673.

[393] Song Y., Zhou G. Inequality of Opportunity and Household Education Expenditures: Evidence from Panel Data in China [J]. China Economic Review, 2019, 55: 85 – 98.

[394] Stark O. Status Aspirations, Wealth Inequality, and Economic Growth [J]. Review of Development Economics, 2006, 10(1): 171 – 176.

[395] Steil J. P., Albright L., Rugh J. S., Massey D. S. The Social Structure of Mortgage Discrimination [J]. Housing Studies, 2018, 33(5): 759 – 776.

[396] Stewart M. B. The Employment Effects of the National Minimum Wage [J]. Economic Journal, 2004, 114(494): C110 – C116.

[397] Stigler G. J. The Economics of Minimum Wage Legislation [J]. The American Economic Review, 1946, 36(3): 358 – 365.

[398] Stiglitz J. The Price of Inequality [M]. New York: Norton & Company, 2012.

[399] Stock J. H., Yogo M. Testing for Weak Instruments in Linear IV Regression [R]. Department of Economics, Harvard University, 2004.

[400] Strauss J., Thomas D. Health over the Life Course [J]. Handbook of Development Economics, 2007(4): 3375 – 3474.

[401] Stutzer A. The Role of Income Aspirations in Individual Happiness [J]. Journal of Economic Behavior & Organization, 2004, 54(1): 89 – 109.

[402] Sun W. K., Wang X. H. Do Relative Income and Income Inequality Affect Consumption? Evidence from the Villages of Rural China [J]. Journal of Development Studies, 2013, 49(4): 533 – 546.

[403] Susskind D. A Model of Technological Unemployment [R]. Economics Series Working Papers, 2017: 819.

[404] Tajfel H. E. Differentiation between Social Groups: Studies in the Social Psychology of Intergroup Relations [M]. Oxford: Academic Press, 1978.

[405] Tamai T. Inequality, Unemployment, and Endogenous Growth in a Political Economy with a Minimum Wage [J]. Journal of Economics, 2009, 97(3): 217 – 232.

[406] Tansel A., Bircan F. Demand for Education in Turkey: A Tobit Analysis of Private Tutoring Expenditures [J]. Economics of Education Review, 2006, 25(3): 303 – 313.

[407] Teulings C. N. Aggregation Bias in Elasticities of Substitution and the Minimum Wage Paradox [J]. International Economic Review, 2000, 41(2): 359 – 398.

[408] Tsai K. S. Imperfect Substitutes: The Local Political Economy of Informal Finance and Microfinance in Rural China and India [J]. World Development, 2004, 32(9): 1487 – 1507.

[409] Thomas A. S., Mueller S. L. A Case for Comparative Entrepreneurship: Assessing the Relevance of Culture [J]. Journal of International

Business Studies, 2000, 31(2): 287 - 301.

[410] Thornton P. H. The Sociology of Entrepreneurship [J]. Annual Review of Sociology, 1999, 25: 19 - 46.

[411] Tobias J. M., Mair J., Barbosa - Leiker C. Toward a Theory of Transformative Entrepreneuring: Poverty Reduction and Conflict Resolution in Rwanda's Entrepreneurial Coffee Sector [J]. Journal of Business Venturing, 2013, 28(6): 728 - 742.

[412] Tobin J. Liquidity Preference as Behavior towards Risk [J]. The Review of Economic Studies, 1958, 25(2): 65 - 86.

[413] Todd P. E., Kenneth I. W. The Production of Cognitive Achievement in Children: Home, School, and Racial Test Score Gaps [J]. Journal of Human Capital, 2007, 1(1): 91 - 136.

[414] Trajtenberg M. AI as the Next GPT: A Political - Economy Perspective [R]. CEPR Discussion Papers, 2018: 12721.

[415] Turvey Calum G. Borrowing amongst Friends: The Economics of Informal Credit in Rural China [J]. China Agricultural Economic Review, 2010, 2(2): 133 - 147.

[416] Van Rooij M., Lusardi A., Alessie R. Financial Literacy and Stock Market Participation [J]. Journal of Financial Economics, 2011, 101(2): 449 - 472.

[417] Veblen T. The Theory of the Leisure Class [M]. New York: McMillan Co., 1899.

[418] Vigdor J. L., Massey D. S., Rivlin A. M. Does Gentrification Harm the Poor? [With Comments] [J]. Brookings - Wharton Papers on Urban Affairs, 2002: 133 - 182.

[419] Vissing - Jorgensen A. Towards an Explanation of Household Portfolio Choice Heterogeneity: Nonfinancial Income and Participation Cost Structures [R]. National Bureau of Economic Research, 2002: w8884.

[420] Walasek L., Brown G. D. Income Inequality and Status Seeking Searching for Positional Goods in Unequal US States [J]. Psychological Science, 2015, 26(4): 527 - 533.

[421] Wan G., Lu M., Chen Z. Globalization and Regional Income Inequality: Empirical Evidence from within China [J]. Review of Income and

Wealth, 2007, 53(1): 35 – 59.

[422] Wang F.. Job Proximity and Accessibility for Workers of Various Wage Groups [J]. Urban Geography, 2003, 24(3): 253 – 271.

[423] Wang X. R., Hui E. C. M., Sun J. X. Population Migration, Urbanization and Housing Prices: Evidence from the Cities in China [J]. Habitat International, 2017, 66: 49 – 56.

[424] Wang X., Zheng T., Zhu Y. Money – Output Granger Causal Dynamics in China [J]. Economic Modelling, 2014, 43: 192 – 200.

[425] Wang Z., Zhang Q. Fundamental Factors in the Housing Markets of China [J]. Journal of Housing Economics, 2014, 25: 53 – 61.

[426] Weiss Y., Fershtman C. Social Status and Economic Performance: A Survey [J]. European Economic Review, 1998, 42(3): 801 – 820.

[427] Wilkinson R. G., Pickett K. E. Income Inequality and Social Dysfunction [J]. Annual Review of Sociology, 2009, 35: 493 – 511.

[428] World Bank. World Development Report 2006: Equity and Development [R]. Washington, DC: World Bank, 2005.

[429] Wu J., Deng Y., Liu H. House Price Index Construction in the Nascent Housing Market: The Case of China [J]. The Journal of Real Estate Finance and Economics, 2014, 48(3): 522 – 545.

[430] Xavier – Oliveira E., Laplume A. O., Pathak S. What Motivates Entrepreneurial Entry under Economic Inequality? The Role of Human and Financial Capital [J]. Human Relations, 2015, 68(7): 1183 – 1207.

[431] Xie Y., Hu J. An Introduction to the China Family Panel Studies (CFPS) [J]. Chinese Sociological Review, 2014, 47(1): 3 – 29.

[432] Xie Y., Lu P. The Sampling Design of the China Family Panel Studies (CFPS) [J]. Chinese Journal of Sociology, 2015, 1(4): 471 – 484.

[433] Yan W., Deng X. Intergenerational Income Mobility and Transmission Channels in a Transition Economy: Evidence from China [J]. Economics of Transition and Institutional Change, 2022, 30(1): 183 – 207.

[434] Yang D. T., Chen V., Monarch R. Rising Wages: Has China Lost Its Global Labor Advantage? [J]. Pacific Economic Review, 2010, 15(4): 482 – 504.

［435］ You J. S. , Khagram S. A Comparative Study of Inequality and Corruption ［J］. American Sociological Review, 2005, 70(1): 136 – 157.

［436］ Zeldes S. P. Consumption and Liquidity Constraints: An Empirical Investigation ［J］. Journal of Political Economy, 1989, 97(2): 305 – 346.

［437］ Zhang C. Income Inequality and Access to Housing: Evidence from China ［J］. China Economic Review, 2015, 36: 261 – 271.

［438］ Zhang C. , Jia S. , Yang R. Housing Affordability and Housing Vacancy in China: The Role of Income Inequality ［J］. Journal of Housing Economics, 2016, 33: 4 – 14.

［439］ Zhang X. , Yang J. , Wang S. China Has Reached the Lewis Turning Point ［J］. China Economic Review, 2011, 22(4): 542 – 554.

［440］ Zhang Y. , Eriksson T. Inequality of Opportunity and Income Inequality in Nine Chinese Provinces: 1989 – 2006 ［J］. China Economic Review, 2010, 21(4): 607 – 616.

［441］ Zhou G. , Chu G. , Li L. , Li L. , Meng L. The Effect of Artificial Intelligence on China's Labor Market ［J］. China Economic Journal, 2020, 13(1): 24 – 41.

［442］ Zimmerman D. J. Regression toward Mediocrity in Economic Stature ［J］. American Economic Review, 1992, 82(3): 409 – 429.